W9-CHX-436

김난도의

내:일

김난도의

내:일

FUTURE: MY JOB

내 일을 잡으려는
청춘들이 알아야 할 11가지 키워드

오우아

| 작가의 말 |

젊은 영웅들이 개척한 일자리 시장의 거대한 변혁 앞에서

일자리를 찾지 못해 수많은 청춘이 좌절하고 있다.

결국 일자리다. 현재 대한민국이 직면한 핵심적인 난제들, 복지, 교육, 경제, 청년 문제 해결의 중심에 "어떻게 좋은 일자리를 많이 만들어낼 것인가?" 하는 질문이 있다.

첫 에세이집 『아프니까 청춘이다』를 쓴 이후로 이 문제는 내게 더욱 큰 무게로 다가왔다. 이 책에서 나는 이렇게 썼다.

"알은 스스로 깨면 생명이 되지만, 남이 깨면 요릿감이 된다고 했다. '내 일My Job'을 하라. 그리고 '내일Tomorrow'이 이끄는 삶을 살라."

이후 수많은 청춘들에게 그렇다면 '내 일'을 찾기 위해서는 어떻게 해야 하느냐는 질문이 쏟아졌다. 독자들이 보내온 편지에서 가장 많이 등장한 질문, 진로상담을 위해 찾아온 지도학생들과 가장 먼저 함께 해답을 찾아보고 싶은 질문은 바로 이것이었다.

"선생님, 제가 하고 싶은 일이 뭔지, 앞으로 무슨 일을 해야 좋을지 모르겠어요……"

내가 청춘들에게 던진 '내:일'이라는 화두에 일종의 책임감을 느끼기도 했고, 학생들을 가르치는 선생으로서, 또 소비와 트렌드의 비밀을 연구하는 학자로서, 이 문제를 한 권의 책으로 좀더 깊게 파고들어보고 싶었다. 그렇게 이 주제를 두고 1년여의 모색을 거듭하던 2012년 초봄, 〈KBS 파노라마〉 팀의 이재혁 프로듀서를 만났다.

이후 구체적인 논의를 거쳐 우리 사회에서 가장 뜨거운 이슈 중의 하나인 일자리 문제를 정치적이고 이념적인 기존의 패러다임이 아닌, '내:일'의 개념에 입각해 미래지향적 트렌드에 기반한 새로운 패러다임에서 조망할 수 있는 다큐멘터리 프로그램을 함께 만들어보기로 의기투합했다. 그 결과 책의 집필과 다큐멘터리 프로그램 제작을 동시에 진행하게 되었다.

오랫동안 트렌드를 연구해온 소비자학자로서, 또 사회 구석구석 가려 있던 문제와 실태를 파헤쳐온 다큐멘터리 피디로서, 우리는 이 문제를 감성적이고 개인적인 차원이 아니라 미래 트렌드 전망이라는 분석적 차원에서 일자리 시장을 철저하게 탐색하고, 청년들에게 또다른 대안과 답을 보여주어야겠다는 계획을 세우고 준비를 시작했다. 다시 말해 1) 미래FUTURE의 글로벌 일자리 트렌드는 어떻게 변화할 것인가? 나아가 2) 나만의 천직MY JOB을 찾기 위해서는 어떠한 전략이 필요한가? 하는 문제를 글로벌하고 미래지향적인 시각에서 살펴보고자 했던 것이다.

위의 두 질문에 대해 보다 적실한 대답을 찾기 위해 어렵게 맞은 연구년sabbatical을 고스란히 쏟아부어 세계 각국을 돌며 '내일이 보이지 않는 시대'에 '내 일'을 만들어가는 지구촌 젊은이들의 일과 시간을 고스란히 담기 위해 노력했다. 아시아에서 유럽까지 10개국의 수많은 청년들과 각계의 전문가들을 만났다. 일 때문에 고달픈 청년들, 일 때문에 행복한 청년들, 숨가쁘게 바뀌는 취업시장, 직업교육에 사활을 건 학교 등등…… 그들의 생생한 육성과 고민, 소소한 보람과 거대한 좌절이 번갈아 몰아치는 일상의 풍경을 가감 없이 기록했다. 그 긴 여정 끝에 발견한 것은 자기만의 '내:일'을 찾아내 분투하는 그 젊은 영웅들이 바꾸고 있는 세계 일자리 시장의 새로운 판도였다.

이제 '좋은 일자리'란 특정 직업군을 지칭하는 '무엇what'의 문제가 아니다. 어떤 일에서나 숨은 가치를 찾아내 자아를 실현할 수 있도록 만드는 '어떻게how'의 문제다. 그리고 우리는 그 '어떻게'의 구체적인 노력들에 주목하고 지원을 아끼지 말아야 하는 것이다. 『아프니까 청춘이다』가 '왜' 우리가 내:일이 이끄는 삶을 살아야 하는가에 대한 동기부여를 해준 책이었다면, 이 책은 내:일을 갖기 위해서는 '어떻게' 해야 할 것인가, 라는 질문에 실제적으로 답하는 책이다.

• • •

이제는 바꿀 때다. 일자리에 대한 소모적인 대립과 구태의연한 사고의 프레임을 바꿀 때다.

사회가 바뀌고 있기 때문이다. 그것도 시간이 갈수록 눈부시게 빠른 속도로 변화하고 있기 때문이다. 극장에서 대사를 읊어주던 변사의 인기가 최고이던 시절도 있었으며, 은행원과 교사가 모든 젊은이들의 꿈이던 시기도 있었다. 오랫동안 좋은 직업의 상징처럼 불리던 변호사들이 최근에는 적당한 직장을 구하지 못해 전전긍긍하고 있으며, 신용불량인 의사가 속출한다는 뉴스도 들린다. 그렇다. 좋은 일자리의 개념은 시대에 따라 바뀐다. 일자리에도 '트렌드'가 있는 것이다.

이러한 도도한 흐름 속에서 먼저 첫번째 질문, 즉 침체되어 있던 구인구직 시장을 격렬하게 흔들고 있는 세계 일자리 시장의 변화 양상을 'FUTURE'라는 여섯 개의 잡트렌드Job Trend로 정리했다. 이어 두번째 질문, 즉 이러한 글로벌 잡트렌드의 흐름 속에서 나만의 일자리를 찾기 위한 다섯 가지 대안과 제안을 'MY JOB'이라는 키워드로 완성했다. 이처럼 각 키워드의 첫 글자를 모으면 'FUTURE'와 'MY JOB'이라는 단어를 구성하도록 머리글자를 맞춘 것은 일자리 시장의 '미래'를 전망하고 '내 일'을 잡으려는 청년들에게 도전의 영역과 시야를 넓히는 유용한 잣대가 되었으면 하는 바람이 담겨 있다.

이 열한 가지의 열쇳말은 단순한 문헌조사나 직관, 혹은 취재만으로 도출된 것은 아니다. 매년 『트렌드 코리아』 시리즈를 발간하며 대한민국 트렌드를 추적해온 서울대학교 생활과학연구소 소비트렌드분석센터의 연구인력들이 그동안 축적해온 연구방법론과 데이터를 총동원해 과학적인 분석을 시도한 결과물이다.

이 책은 자신의 일을 손에 쥐고 살아가는 행복한 청년들의 현재와 미래상을 취재하고 분석한 다큐멘터리이자, 단순한 직장인이 아니라 '내 일'을 가진 직업인이 되고자 하는 모든 이를 위한 전략서이다. 나아가 이 책을 통해 개인적 지침과 사회정책적 함의를 동시에 제공하고자 했다. 다시 말해 이 책이 자신의 미래를 설계하는 청춘이나 제2의 인생을 향해 새출발하려는 모든 분들에게 새로운 지침을 제시할 수 있을 뿐만 아니라, 대한민국 일자리 창출 전략을 모색하는 정책가, 기업인, 교육자 등이 보다 미래지향적이고 적실성 있는 이론적 토대로 사용할 수 있도록 하기 위해 노력했다.

더욱 완성도 높은 책과 방송을 만들기 위해 서울대 소비트렌드분석센터와 〈KBS 파노라마〉 팀의 많은 분들이 수고를 아끼지 않았다. 서울대에서 트렌드 분석을 위해 수고해준 전미영 박사와 김서영, 서은진, 최지혜, 이계연, 장리리, 이일순 연구원, KBS에서 각종 자료를 수집하고 정리해준 전하연, 지선숙, 이진주 작가, 더욱 실감나는 영상을 위해 고군분투한 정희천, 박대근, 조운호 촬영감독, 이 모든 촬영과정을 꼼꼼히 챙겨준 이동환 FD에게 감사한다. 특히 산만하고 복잡한 자료를 체계적으로 정리해 책 집필에 큰 도움을 준 조미선 작가에게 특별한 감사를 전한다.

이분들의 수고가 아니었다면 지구촌을 오가며 수집하고 진단한 이 방대한 작업을 갈무리하는 책도 방송도 가능하지 않았을 것이다. 부디 이 모든 분들의 노고가 자기만의 꿈을 실현하려는 많은 분들에게 하나의 지침이 되고, 대한민국에 더 좋은 일자리를 더 많이 만들어낼 수 있는 방향을 제시하는 데 일조할 수 있기를 희망한다.

거대한 변혁은 이미 시작되었다.

청년들이여, 이제 나만의 일을 찾아나서라, 나만의 내일을 위해.

2013년 6월

이재혁과 함께

김난도 쓰다

차례

U Utopia for 'Nomad-Workers'
당신은 노마드 워커입니까?

T Towards Social Good
착한 일 전성시대, 소셜 사업을 주목하라

U Unbelievable Power of Fun
여유경영의 힘, 적게 일하고 많이 번다

R Return to Local Places
컨트리보이스의 시대가 온다

E Entrepreneurship for Micro-Startups
마이크로창업이 뜬다

제2부

나만의 천직을 찾기 위한 일자리 전략 : MY JOB

M Mismatch, Good-bye!

굿바이, 미스매칭! 구인구직의 패러다임이 바뀐다

Y Your Brand is Your Power

당신만의 브랜드는 무엇입니까?

| 프롤로그 |

우리는 왜 일을 하는가

태어날 때부터 죽을 때까지 스스로를 미운오리새끼라고 생각하고
생을 낭비하는 수백만의 백조가 있다.
나렌드라 자다브, 『신도 버린 사람들』 중에서

없으면 고통스럽고, 있으면 힘겨운 것

지난 한 해에만 대학 졸업자 56만 명, 고등학교 졸업자 63만 명이 사회로 쏟아져나왔다. 대졸자 중 29만 명이 취업에 성공했고, 고졸자 중에서는 대학에 진학한 45만 명을 빼고 불과 5만 명만이 일자리를 잡았다. 이들 중 안정적이고 보수도 좋은 대기업이나 공기업 취업에 성공한 사람은 더 적다. 지금 대한민국 청년들은 실업 대란으로 신음하고 있다.

어디 젊은이들뿐이랴. 다니던 직장을 퇴직하고 아직 창창한 여생을 다시 설계하면서 인생의 이모작을 꿈꾸는 장노년층에게도 적당한 일자리를 마련하는 것은 참으로 버거운 과제다.

일자리는 단순히 돈과 생계의 문제가 아니다. 인간의 사회적 가치와

존엄에 관한 문제다. 그래서 장기 실업은 사람의 영혼을 병들게 한다. 취업박람회장의 줄어들지 않는 기나긴 줄에서 뻣뻣해진 다리를 두드리며 내뱉는 한 구직자의 토로가 예사롭지 않다.

"좋은 직업을 가질 수 있다면 영혼이라도 팔 수 있을 것 같아요."

그렇다면 정작 바라던 일자리를 찾고 나면 문제는 해결되는가?

가까스로 취업을 하더라도 일에 대한, 일로 인한 고민은 끝나지 않는다. 아침에 일어나 졸린 눈을 억지로 뜨고 출근전쟁을 치른다. 이리 뛰고 저리 뛰고, 총 대신 펜을 들고 다른 회사와의 경쟁에서 이길 작전을 짜고, 생존을 위한 온갖 전략이 난무하는 일터를 직장인들은 전쟁터에 비유한다. 어쩌다 천금 같은 '칼퇴'를 하면 교통 대란 속에서 퇴근전쟁을 벌여야 하고, 야근이라도 하는 날엔 피로와의 전쟁을 한번 더 치른다. 그렇게 한 달을 꽉 채우고 나면 은행계좌에 반가운 숫자가 새겨진다. 일의 보람도 함께 새겨진다. 하지만 바로 다음날이면 수많은 자동이체들이 그 숫자를 이내 0에 가깝게 만들고 만다. 노동의 소중한 대가인 급여통장이란, 새겨진 숫자들이 잠깐 동안 머물다 떠나버리는 정거장일 뿐인가?

많은 대한민국 직장인들에게 일의 보람은 자아실현이 아니라 이번 달도 무사히 버텼다는 안도감에서 나온다. 집보다 더 많은 시간을 보내는 직장과 일상의 대부분을 차지하는 일. 우리에게 직장과 일은 스트레스와 직결되는 존재이자 불안의 원천이다.

없으면 고통스럽고 있으면 힘겨운 것, 일자리. 도대체 인간은 왜 일을 해야 할까? 일이란 시시포스의 바위처럼 인간에게 주어진 천형인 것일까? 우리에게 일이란 무엇인가?

일은 '업'인가

'신들의 나라'로 불리는 인도, 10억이 넘는 인구 중 80% 이상이 힌두교도인 그곳엔 인간을 닮은 신에서 동물 형상을 한 신에 이르기까지 수많은 신들이 있다. 그리고 그 다양한 신들의 모습처럼 다채로운 수많은 일이 존재한다. 귀 파주는 사람, 빨래해주는 사람, 휴대폰 빌려주는 사람, 소똥 말리는 사람, 인력거 모는 사람…… 심지어 구걸하는 사람조차 일을 한다고 여겨진다. 한 조사에 따르면 인도 인구의 약 50%가 자신이 어려서부터 꿈꾸던 일을 하고 있다고 대답했다. 반면 선진국인 미국과 영국은 이에 대해 각각 29%, 21%만이 꿈꾸는 일을 지금도 하고 있다고 답했다. 인구의 절반이 자신의 일을 천직이라고 믿는 나라. 대체 인도의 무엇이 사람들을 이렇게 자기 일에 만족하게 하는 것일까?

힌두교에서 일의 목적은 돈이 아니다. 바로 종교적인 행위, 그 자체다. 힌두교에는 카르마karma라는 단어가 있다. 이는 우리말로 '업業'이라 번역된다. 현생은 전생의 결과이며 다음 생을 위한 준비이기도 하므로, 신분은 물론 직업까지 고스란히 '업'의 결과라고 생각하는 것이다. 즉, 인도에서 직업은 숙명과 같으며, 일을 한다는 것은 수행의 일부이다. 시대가 변했지만 여전히 인도의 많은 사람들은 태어날 때부터 천직은 정해져 있다고 생각한다. 그리고 그 직업을 열심히 수행하면 다음 생애에 더 나은 사람으로 태어날 수 있다고 믿는다. 일의 귀천을 떠나 온전한 자신만의 소명으로 받아들이기 때문에 그들에게 직업은 누구도 대신할 수 없는 '내 일'이다.

그래서일까? 최근 서구사회의 핵심 화두가 되고 있는 '일과 삶의 조화work-life balance'가 인도에서는 자연스럽게 이루어지고 있다. 극심한 가난 속에서도 "현재의 생활에 만족하는가?"라는 질문에 국민의 60% 이상이 "그렇다"고 답변하는 나라가 바로 인도다. 반면 일 때문에 삶의 균형이 깨지고, 가족 간의 오붓한 시간도 줄어드는 경우가 다반사인 우리나라 사람들은 단 19%만이 삶에 만족한다고 답했다. 전체 국민의 81%가 현재의 삶에 만족하지 못한다는 것이다(2012년 세계 24개국 대상 조사, 로이터통신 발표 자료).

인도인의 직업에 대한 만족도와 삶의 행복지수는 모두 우리보다 높다. 설문 결과만 보면 태평한 나라처럼 보이지만 실상을 자세히 들여다보면 인도 역시 갈수록 심화되는 양극화 문제로 몸살을 앓고 있다. 특히 '불가촉천민'으로 불리는 인도 최하위 계층인 '달리트'는 여전히 차별과 천대의 희생양으로 살아간다. 불가촉천민이란 말은 닿기만 해도 부정不淨하다는 뜻으로, 이 계층은 자신이 남긴 발자국조차 지워가며 걸어야 했다고 한다. 1950년, 인도는 신분제도인 '카스트'를 법적으로 폐지했지만, 오랜 세월 인도인의 삶을 지배한 카스트는 법을 뛰어넘는 관습으로 엄존하고 있다. 인간으로서 최소한의 존엄도 지킬 수 없는 이 달리트 계급의 수는 전체 인구의 15%, 무려 1억 7천만 명이 넘는 사람들이 극심한 차별 속에서 미운오리새끼의 삶을 벗어나지 못하고 있는 것이다.

그런데 이 미운오리새끼 집단에서 스스로를 백조라고 믿고 현실의 벽을 뛰어넘어 인도의 영웅이 된 주인공이 있다. 불가촉천민으로 태어나 인도 중앙은행의 수석보좌관을 지내고, 인도의 차기 대통령 후보로 거론되고 있는 나렌드라 자다브. 천민 출신 최초로 국제적 명성을 지닌

경제학자가 된 자다브는 카스트 제도의 완전한 철폐를 위해 다방면으로 노력을 기울이고 있다. 인도에선 '살아 있는 현인'으로 큰 존경을 받고 있는 나다브는 저서 『신도 버린 사람들』(강수정 옮김, 김영사)에서 태어날 때부터 미운오리새끼인 사람은 없다고 말한다.

"나는 성공이란 잠재력을 실현시키는 것이라 생각한다. 세상에 쓸모없는 사람이란 없다. 누구나 내면에 엄청난 힘을 지니고 있다. 동화 『미운오리새끼』처럼 말이다. 하지만 안타깝게도 인도의 계급사회 안에서는 태어날 때부터 죽을 때까지 스스로를 미운오리새끼라고 생각하고 생을 낭비하는 수백만의 백조가 있다."

세상의 그 누구도 미운오리라는 낙인을 찍고 태어나지 않는다. 자다브가 뛰어넘은 벽은 그저 높은 신분의 장벽만이 아니다. '할 수 없다' '어쩔 수 없다'고 말하며 날개를 접은 전 세계 수많은 백조들의 마음속 장벽을 그는 보아란듯이 허물어 보인 것이다.

일의 목적을 다시 생각하다

사람은 생각하는 존재다. 프랑스 작가 폴 부르제의 말처럼 생각대로 살지 않으면, 살아가는 대로 생각하게 된다. 우리는 어렸을 때부터 직업 그 자체가 마치 삶의 최종목표인 양 주입받으며 자랐다. 어른들이 "네 꿈이 뭐니?"라고 물으면 '어떤 심성과 가치관을 가진 사람이 될 것인가'가 아니라 '무슨 직업을 가진 사람이 될 것인가'에 대해 하나의 딱 떨어지는 직업으로 답해야 했다. "넌 커서 뭐가 될래?"라는 질문을 수없이

들으며 커서 '뭐'가 되는 것 그 자체가 목표가 되어버린 것이다.

'왜?'라는 목적 없이 목표만 좇고 있기 때문에 직장을 가져도 일의 만족과 보람은 느끼지 못하고 불안과 피곤만 쌓여가는 것이 아닐까? 급속도로 진행된 산업화와 자본주의는 일의 진정한 목적을 잊게 만들었다. 하지만 최근 경제 위기와 대량 실업 사태가 오히려 직업에 대해 다시 생각해보게 하고 있다. 불안정한 경제상황 속에서도 돈이나 지위보다는 나에게 꼭 맞는, 내가 꿈꾸는 일을 찾는 사람들이 주목받고 있는 것이다.

사람들에게 '일의 목적이 무엇이라고 생각하느냐'고 물은 한 설문조사에서 '돈'은 4위에 꼽혔다고 한다. 사람들이 '일의 목적'으로 가장 많이 꼽은 것은 '즐거움을 찾기 위해서'였다. 아마도 이 질문이 조금만 바뀌었다면, 즉 '오늘 당신이 일하러 나가는 목적이 무엇이냐'고 물었다면, 돈이 대번에 1순위가 될지도 모르겠다. 하지만 사람들은 지금 내가 발딛고 있는 현실이 어떻든, 내가 지금 무슨 일을 하고 있건, 궁극적으로는 일 속에서 즐거움을 찾고 더 나아가 일이 곧 즐거움이 되기를 희망한다. 그러나 불행하게도 어디서 어떻게 즐거움을 찾고, 일의 목적을 세울 수 있는지 답을 주는 곳은 많지 않다.

이제 우리 모두 스스로에게 진지한 질문을 던져야 할 시점이다.

"내게 즐거움을 줄 수 있는 나만의 일은 어디에 있는가?"

답답한 현실, 출구는?

'직장'은 나를 보호해주지 않지만, '직업'은 나를 보호해줄 수 있다.
이제 직장생활을 시작하는 네게
길어야 20~30년 지속할 수 있는 직장이 아니라
네 삶을 바칠 수 있는 직업을 찾으라고 꼭 말해주고 싶다.
김호(더랩에이치 대표)

안타깝게도 우리 사회의 일자리 현실은 답답하기 그지없다. 인도의 미운오리새끼가 카스트에 의해 만들어진다면, 대한민국의 미운오리새끼는 정체를 알 수 없는 '타인의 시선'과 거기에 스스로를 맞추지 못하는 자기비하가 낳은 체념의 산물이다. 대한민국의 백조는 그저 '일자리 없는 (여자) 백수'의 다른 말일 뿐, 가능성과 아름다움의 상징은 빛바랜 지 오래다.

어느 샐러리맨의 죽음

60세가 넘은 윌리는 아직도 산더미처럼 남은 보험료와 할부금에 허덕인다. 평생을 외판원으로 살아온 그는 넉넉하지 않은 형편을 타개하고자 이직을 시도한다. 하지만 환갑이 지난 그에게 이직은 만만한 일이 아니다. 오히려 다니고 있던 직장에서 해고까지 당한 그는 완전히 희망을 잃어버리고 극단적인 선택을 하게 된다. 가족에게 보험금이라도 타게 해주겠다는 생각으로 자가용에 오른 그는 가속페달에서 발을 떼지 않는다.

1949년에 쓰인 아서 밀러의 희곡 「세일즈맨의 죽음」에 묘사된 장면이다. 성공을 꿈꾸던 한 평범한 사람의 몰락을 그린 이 작품에서 비극을 만드는 핵심적인 사태 중 하나가 바로 '실업'이다. 이처럼 직업을 잃는다는 건 한 사람에게서 삶을 이어나갈 의지를 빼앗아갈 만큼 끔찍한 일이다. 윌리의 죽음이 더욱 비극적으로 느껴지는 건 그의 죽음이 '윌리'라는 한 인간의 죽음이 아니라 그저 '어느 무명 세일즈맨'의 죽음으로 남았기 때문이다. 20세기에 쓰인 작품이지만 21세기의 현실까지 내다본 듯 생생한 이 '세일즈맨의 죽음'은 현대문명의 희생자로서의 영업사원의 비애를 대변한다.

이러한 비극은 비단 영업사원에게만 해당되는 것은 아니다. 지금 세계는 '샐러리맨의 죽음'이란 말이 보편화될 만큼 수많은 직장인들의 미래가 위협받고 있다. 특히 일본은 '종신고용제'라는 특유의 직장문화가 사라지면서 샐러리맨들의 불안이 고조되고 있다. 일본의 많은 기업들이 정규직 노동자를 줄이고 그 자리를 임시직과 계약직 등 비정규직 노동자로 채우고 있기 때문이다. 1985년 85%에 달했던 정규직 노동자 비중은 2007년 64.8%로 낮아졌다. 반면에 비정규직 노동자는 같은 기간 15%에서 35.2%로 뛰어올랐다. 경제 불황 속에서 비용 절감에 나선 기업들에게 가장 쉽고 빠른 해결책은 인건비 절감이다. 그리고 인건비 절감을 위해선 무엇보다 신규 채용을 줄이고, 보호해야 할 정직원의 수를 줄여야 한다. 이런 방식이 지속되면서 일본 젊은이들이 정규직으로서 대기업의 정문으로 들어갈 수 있는 문은 더욱 좁아졌고 뒷문으로 들어갔다가 다시 뒷문으로 나오는 비정규직의 수가 급증한 것이다.

일자리 양상의 변화는 일본 사회의 전반적인 모습까지 바꾸어놓았다. 아르바이트를 직업으로 삼고 일하는 프리타족, 일하기를 포기하고 집 안에서 나오지 않는 히키코모리족, 일할 의지 자체를 못 느낀다는 니트족 등 다양한 신조어가 등장하며 불안한 젊은이들의 삶을 빗대고 있다. 이제 일본에서 평생직장에 다니는 샐러리맨들의 시대는 종말을 맞았다.

이는 비단 일본만의 문제가 아니다. 샐러리맨의 죽음은 IMF 외환위기와 세계적인 금융위기를 지나온 2000년대 이후 지구촌을 휩쓰는 일상이 되어버렸다. 특히 그 피해는 이제 막 사회에 진출하려는 청년들에게 직격탄을 퍼붓고 있다. 최근 발표된 국제노동기구의 보고서는 전 세계적으로 12.7%에 이르는 청년실업률이 향후 5년간 더 악화될 것이란 절망적인 전망을 내놓고 있다. 실업의 재앙 속에서 일자리 열병을 앓고 있는 세계와 잃어버린 세대로 불리는 젊은이들. 지금, 지구촌 청년들의 '내 일'이 흔들리고 있다.

높은 성장률로 비교적 사정이 양호하다는 이웃나라 중국에서도 상황은 심상치 않다. 청년 10명 중 1명이 일자리를 구하지 못하고 있고 그 숫자는 점점 커지고 있다. 개혁개방 이후 지난 30년간 고속성장을 이루어온 중국에서 왜 청년들의 일자리가 부족한 것일까? 바로 일자리 양극화 때문이다. 괜찮은 일자리, 좋은 일자리가 부족한 것이다. 높은 보수의 안정된 직장은 제한되어 있지만 고등교육을 마친 능력 있는 젊은이들의 수는 계속 늘고 있다. 교육에 많은 투자를 한 젊은이들은 보수가 적은 직장에 억지로 자신을 꿰맞추려 하지 않고 취업을 미루고 있는 상황이다. 중국도 우리나라와 마찬가지로 일자리와 구직자 간의 눈높이는 좀처럼 맞춰지지 않는다. 이러한 상황은 '식스포켓 세대'로 불리는 중국 청년들의 부담을 더욱 가중시키고 있다.

식스포켓 신드롬이란 중국의 1인 1자녀 정책 이후 외동자녀 가정이 늘어나서 귀한 독자獨子를 위해 부모, 조부모, 외조부모 등 6명이 한꺼번에 지갑을 열어준다는 의미다. 이들은 어렸을 때부터 소황제라 불릴 정도로 온갖 혜택을 누리지만 문제는 성장하고 나서다. 그 여섯 명이 차츰 나이들어가면서 거꾸로 대가족을 홀로 부양해야 한다는 부담감이 날로 육중해지며 일의 보상에 대한 기대는 높아지고 자신감은 떨어진다. 원하는 직장을 갖기도 어렵지만 그런 직장을 갖게 되어도 치열한 경쟁구조 속에서 의존할 곳이 없어 깊은 좌절감을 느낀다. 중국의 식스포켓 세대는 행복하지 않다. 출산율이 저하되고 고령화 사회가 될수록 청년들의 우울증은 더욱 심해질 것이다.

'알바렐라' 청년들의 불안한 내일

한국에서도 상황은 절박하다. 이제는 빼앗길 직업조차 없는 사람들의 불행이 우리 사회를 뒤덮고 있다. 단 한 번도 직업을 가져보지 못한 청년 취업준비생들이 그들이다. 취업준비생들은 그 어느 때보다도 취업을 위해 많은 노력을 기울이지만 일자리를 얻기는 갈수록 어려워지고 있다. 이력서를 보내면 서류전형에 통과했다는 연락이 올 확률이 평균 20%라고 한다. 물론 이 20%의 기회조차도 선뜻 만족할 만한 일자리를 보장해주지는 않는다. 전체 일자리 중 비정규직은 50%에 육박하고 그 중에서도 고용조건이 열악한 파트타임, 간접고용의 비율이 압도적으로 높아졌다. 우리나라의 비정규직 노동자 수는 지난 10년 새 두 배 가까이 늘었다. 일자리 증가폭은 둔화되고 있는데 고용 안정성까지 훼손되고 있는 상황이다. 게다가 우리나라는 정규직과 비정규직의 임금 격차가 크다. 2013년 통계청 발표 자료에 따르면 1분기 정규직의 월평균 임금은 253만원이었던 반면 비정규직은 141만원에 불과해, 통계 작성 시작 이래 가장 큰 임금 격차를 기록했다고 한다.

사정이 이렇다보니, 오늘날 한국의 젊은이들에게 아르바이트는 더이상 용돈벌이가 아닌 생존을 위한 어쩔 수 없는 선택이 되고 있다. 자정이 되기 전 집에 가야만 하는 신데렐라처럼, 무언가를 하다가도 정해진 시간만 되면 아르바이트를 하러 가야 하는 20대를 빗댄 신조어도 생겨났다. 이른바 '알바렐라'이다. 이들은 스스로 생활비를 벌어야 하는 상황에 내몰렸음에도 안정적인 직장을 구하지 못하고, 상대적으로 임금 수준이 낮으면서도 언제 그만둬야 할지 모르는 아르바이트로 생계를 감당하고 있다. 고용시장이 불안정해지고 정규직 노동시장에 진입하지 못하는 젊은이들이 늘면서 과거 용돈벌이와 사회 체험의 성격이 강했던 아르바이트가 이제는 모두의 '밥줄'이 된 것이다.

아르바이트의 생업화가 고용시장의 불안정성과 비례한다는 사실은 최근의 각종 통계에서도 뚜렷하게 드러난다. “왜 아르바이트를 하는가?”라는 질문에 “생활비 때문”이라고 응답한 비율이 2010년 약 26%에서 2013년 48%로 두 배 가까이 급증했다(아르바이트 전문 포털 ‘알바천국’ 매년 2천여 명 구직자 상대 설문조사 자료). 이 수치는 그동안 아르바이트의 목적 1위를 고수했던 ‘용돈 마련’(33%)을 처음으로 앞지른 것으로 정규직 일자리를 찾지 못한 젊은 세대의 아르바이트 참여가 늘고 있음을 보여준다.

왕자를 만나기 전까지 신데렐라는 계모의 구박을 받으며 궂은일을 도맡아 해야 했다. 아직 ‘내 일’을 만나지 못한 우리 사회의 알바렐라들 역시 온갖 눈치와 악조건 속에서 꿈이 아닌 생존을 위해 일한다. 오늘도 대학 캠퍼스는 희망찬 내일을 준비하는 젊은이들의 열정으로 가득 차 있는 듯 보이지만, 강의실 밖으로 나온 어떤 학생들은 자정이 지나면 초라한 재투성이로 변하는 신데렐라처럼 캠퍼스를 벗어나는 순간, 알바렐라가 되어 남의 일을 내 일처럼 하기 위해 뛴다.

그저 가만히 도서관 자리를 지키며 책을 파고드는 일만 하는 것조차 사치가 되어버린 학생들에게 취업시장은 출발부터 공정하지 않다. 남들이 하나라도 더 나은 스펙을 쌓기 위해 노력할 때, 한 시간이라도 더 알바를 뛰어야 하는 알바렐라들의 고달픔이 국경을 넘어 지구촌 전체로 확대되고 있는 시대다.

‘취업 빙하기’가 좀처럼 해소될 기미를 보이지 않자, 주위의 지나친 관심과 부담감 때문에 취업 기피증에 걸린 젊은이들이 많다. 그 결과 대학생들 사이에서 알바로 생계를 유지하면서 대책 없이 졸업을 유예하는 경향이 대세로 자리잡고 있다. 조사 결과 실제로 2013년 졸업을 앞둔 대학 4학년생 중 약 42%가 졸업을 연기할 계획인 것으로 나타났다. 연기 이유는 '아직 취업을 하지 못해서'(67.3%)가 가장 많았다(온라인 취업포털사이트 '사람인' 전국 대학교 4학년생 623명 대상 조사). 취업이 보장되지 않은 상태에서 졸업과 동시에 실업자로 전락하는 일이 잦아졌기 때문이다.

언제 끝날지 모르는 구직기간에 대한 두려움이 젊은이들을 캠퍼스 안의 '장長학생', 올드보이로 만들고 있다. 그리고 이러한 현상은 취업시장의 문제로 그치지 않는다. 대학을 떠나지 못하는 젊은이들이 많아질수록 사회의 균형도 흔들린다. 졸업해 도심의 빌딩숲으로 가야 할 많은 선배들이 여전히 대학가 자취방에 남아 도서관으로 출퇴근을 하면서 신입생, 재학생들과 '방 구하기' 전쟁마저 치르고 있다. 졸업 유예자들 역시 비정규직으로 '방살이'(고시나 공무원시험 준비를 위해 고시원에서 생활하는 것)를 하며 살아가는 것이 태반인 캠퍼스 밖의 불안한 현실 앞에서 도서관 자리를 지키지 않고는 내일이 보이지 않는다.

우리 젊은이들은 단군 이래 최고의 학력을 갖춘 세대로 불리지만 아이러니하게도 부모보다 돈을 못 버는 첫 세대가 되고 말았다. 극심한 경제 위기의 덫이 이제 막 사회로 진출하려는 젊은 세대를 옭아매고 있다. 최악의 고용한파 속에서 7~8년째 취업 준비로 캠퍼스에 갇힌 만년 대학생, 올드보이들에게 가장 필요한 건 내 일이다.

내 일을 잡기는커녕 준비하지도 못하는 젊은이들을 위해 이제 대학과 사회가 더 적극적으로 나서야 할 때다. 학생이 흔들리면 학교도 흔들린다. 그리고 학교가 흔들리면 국가의 미래도 흔들린다.

알바렐라와 올드보이들을 위한 '내 일 찾기' 전략이 필요하다!

위기관리 및 컨설팅 전문가인 더랩에이치의 김호 대표는 최근 한겨레 신문과의 인터뷰에서 사회초년생들에게 이렇게 당부했다.

"'직장'은 나를 보호해주지 않지만, '직업'은 나를 보호해줄 수 있다. 이제 직장생활을 시작하는 네게 길어야 20~30년 지속할 수 있는 직장이 아니라 네 삶을 바칠 수 있는 직업을 찾으라고 꼭 말해주고 싶다."

내일이 보이지 않는 시대다. 이제 더이상 직장은 나를 보호해주지 않는다. 나를 보호해줄 수 있는 건 직업, '내 일'이다. '샐러리맨의 죽음'이란 표현은 그저 월급을 받을 수 있는 회사가 줄고 있다는 사실을 의미하는 것이 아니다. 월급을 주는 회사의 존재가치가 떨어지고 있음을 말하기도 한다. 이제 직장이 아니라 직업 그 자체가 중요한 시대다. 내 일에 대한 확신과 목적이 분명하다면 위기는 기회가 될 수 있다.

세계 100대 기업에 꼽히는 일본 '교세라'의 창업자인 이나모리 가즈오는 '살아 있는 경영의 신'으로 불린다. 영세 기업을 세계적인 기업으로 키우기까지 그에겐 수많은 굴곡이 있었다. 월급도 제때 나오지 않는 직장에서 고생하기도 했고, 막막하게 출퇴근길을 오가며 이직을 고민하던 시절도 있었다. 그러나 그는 체념하지 않았다. 그 누구도 아닌 자기 자신의 삶에 가장 큰 부분을 차지하는 일에 관한 고민이었기에, 그는 일과 적당히 타협하는 순간 자신의 인생도 꺾이는 것이라 믿었다. 그래서 그는 자기 자신에게 아주 중요하고도 결정적인 질문을 던졌다. 바로 "왜 일하는가?"라는, 일의 의미와 가치를 찾기 위한 질문이었다.

그 질문을 통해 그는 '남의 일'을 '내 일'로 만들어가기 시작했다. 일을 즐기게 됐고, 이는 뛰어난 성과로 이어졌다. 그는 삶의 가치를 발견하기 위해서는 인생에서 일이 얼마나 중요한 가치를 지니는지 깨달아야 한다고 말한다. 평범했던 한 회사원을 '일본 최고의 기업가' '경영의 신'으로 만든 힘은 바로 '지금 하는 일을 즐기자'라는 아주 사소하고 평범한 생각으로부터 시작되었다. 그는 자신의 직업관과 세계관을 담은 『왜 일하는가』(신정길 옮김, 서돌)라는 책에서 이렇게 썼다.

"'도대체 무엇을 위해 일하는가?' 궁금하다면 이것만은 명심해주기 바란다. 지금 당신이 일하는 것은 스스로를 단련하고, 마음을 갈고닦으며, 삶의 가치를 발견하기 위한 가장 중요한 행위라는 것을."

일의 가치를 찾는다는 것은 거창한 철학이나 전문지식이 필요한 것이 아니다. 이나모리 가즈오처럼 그저 스스로에게 일의 동기를 묻고 먼 미래보다 당장 눈앞에 닥친 나의 내일이 행복할 수 있는 방법을 찾는 것에서부터 시작하면 된다. 내일이 보이지 않는 시대라지만 어떤 이들에겐 그런 시대의 불행도 장애가 아닌 무한한 내일을 만드는 기회가 된다.

프로골퍼인 리 트레비노는 이렇게 말했다.

"세상에서 잠드는 게 제일 힘들다. 얼른 일어나서 내일 해야 할 일을 하고 싶어 조바심이 나기 때문이다."

하지만 우리의 현실은 어떠한가? '일하는 시간'과 '일에 대한 부담감'은 세계 최고이지만 '일을 통한 행복'은 최악이다. 일주일 동안 가장 행복한 순간이 고작 일이 끝나는 '불금'(불타는 금요일) 하루뿐이고, '황토'(황금 같은 토요일)를 지나 일요일 밤이 되면 급속도로 우울해져 결국 '월요병'에 시달린다.

월요일이 되어 일을 시작할 때 가장 행복하다는 사람들이 많이 나올 때 진정한 '일을 통한 행복'이 실현될 수 있지 않을까? 이 녹록지 않은 노동현실에서 잠이 오지 않을 만큼 자기 일을 사랑할 수 있으려면 역시 내일Tomorrow을 만들어가기 위한 밑바탕이 되는 내 일My Job을 할 수 있는 마인드와 사회경제적 구조의 변화가 있어야 할 것이라고 믿는다.

부디 지금부터 하려는 이야기가 한국 사회와 우리 개개인의 마음속에 그 해결의 초석을 구할 수 있는 작은 실마리가 되었으면 좋겠다.

시작은 이제부터다.

제1부

일자리의 미래, 잡트렌드를 읽어야 '내:일'을 잡는다

: FUTURE

'좋은 일자리'란 무엇일까? 대기업에 취직하거나 공무원이 되어 도시의 높은 빌딩에서 하얀 와이셔츠에 감색 정장을 입고 '펜대를 굴리며' 일하는 것이 좋은 일자리의 전형이던 시절이 있었다. 고용의 기회는 줄어들고 업무의 강도는 갈수록 높아지는 현대 경제에서도 이러한 시각은 여전히 유효할까? 직업의 종류가 2만 개를 넘어설 만큼 사회가 극도로 전문화되고 직업의 가치가 다원화되는 현대사회에서, 농경시대의 '사농공상士農工商'적 직업관으로는 더이상 '좋은 일자리'를 이야기하기 어렵다.

전문화, 정보화, 다원화, 지방화, 개성화, 유목화 등 새로운 사회 변화의 패러다임 키워드가 속출하는 현대사회에서 가장 두드러지게 관찰되는 글로벌 일자리 트렌드는 크게 여섯 가지로 정리할 수 있다. 1) 브라운칼라 직업의 등장 2) 유목형 근로를 하는 노마드 워커의 탄생 3) 착한 소셜 사업의 대두 4) 취미의 직업화와 여유경영의 확대 5) 지역으로 회귀한 컨트리보이스 6) 소규모 마이크로창업의 증가다.

From White-Collar to 'Brown-Collar'

브라운칼라 청년들이 몰려온다

FUTURE

:F

선망받던 화이트칼라white-collar 노동과 기피되던 블루칼라blue-collar 노동의 이분법이 무너지고 있다.

사람들은 왜 그토록 화이트칼라 직업을 선망했을까? 안정성이 높고 근무강도는 낮으면서 보수는 높기 때문이다. 하지만 이 전제는 더이상 유효하지 않게 되었다. 경제 위기 이후 고임금, 사무직 인력이 먼저 감원되기 시작하면서 화이트칼라의 직업 안정성은 현격하게 떨어졌다. 반면 업무 관련한 심리적, 감정적 스트레스가 심해지고 보상 없는 초과근무가 일상화되며 근무강도는 갈수록 높아지고 있다. 또한 최근 많은 블루칼라 직종의 보수와 근로조건이 개선되면서 화이트칼라라고 해서 적어도 블루칼라보다는 더 안정적이라거나 더 편하다거나 더 보수를 많이 받는다고 하기 어려워졌다.

이러한 변화 속에서 육체노동이 필요한 블루칼라 기술직에 새로운 시각으로 도전하는 청년들이 많아지고 있다. 젊은이들의 칼라 파괴 현상이 시작된 것이다. 과거 블루칼라 노동으로 폄훼되던 육체노동에 새로운 전문성과 부가가치를 가미함으로써 화이트칼라를 능가하는 새로운 블루오션을 창출하는 청춘들이 떠오르고 있다. 화이트칼라와 블루칼라의 이분법적 경계를 무너뜨리는, 소위 '브라운칼라' 직업의 대두다.

기피되던 일자리에 새로운 부가가치를 더하여 자기만의 '색'다른 직업을 만들어가고 있는 이 별난 청춘들에 대한 이야기를 들어보자.

무릎을 조금만 굽히면 사람과 세상을 얻습니다

최근 몇 년 동안 전 세계적으로
백만장자와 억만장자의 수가 엄청나게 급증했어요.
그들은 자신을 대신해 집안의 대소사를 관리해줄 집사를 찾고 있죠.
자신이 꼭 해야 하는 일을 제외하고
나머지를 맡길 수 있는 훈련된 전문가를 원하는 거예요.
게리 윌리엄스(집사학교 글로벌 훈련 교장)

최근 영국인들의 일자리에 대한 생각이 바뀌고 있다고 한다. 영국의 직업교육기관인 '시티 앤드 길드City&Guilds'에서 직업의 행복도를 조사했는데, 가장 만족도가 높은 직업은 간호보조사였으며, 그다음으로 미용사, 플로리스트, 요리사 등이 높은 순위를 차지했다. 반면 금융이나 IT 분야 사무직 종사자들의 일의 행복도는 매우 낮았다. 의외로 사무직인 화이트칼라보다 육체노동을 하는 블루칼라들이 자신의 직업에 더 만족한다는 결과가 나온 것이다.

이러한 배경 속에서 영국에서 새롭게 주목받고 있는 직업이 있다. 바로 집사butler이다. 영화 〈배트맨〉에서 단정한 옷차림과 한결같은 자세로 배트맨의 모든 일상을 보필하는 앨프리드. 그의 직업이 집사이다. 하지만 말이 좋아 집사이지, 사실상 '하인' 혹은 '가사도우미'다.

최근 영국의 고학력자들이 그 '하인'이 되기 위해 전문학교로 모여들고 있다고 한다. 무슨 까닭일까? 쉽게 이해하기 힘든 현상이다. 하지만 하인의 연봉이 최고 24만 달러(약 2억 7천만 원)에 이른다면 얘기가 달라진다. 그 속내를 들여다보자.

: 하인? 가사도우미? 최고 연봉 24만 달러의 특급 집사 교육기관!

'영국 버틀러 인스티튜트British Butler Institute', 세계적으로 유명한 영국 집사학교다. 겉으로 보기엔 평범한 현대식 건물이지만 안으로 들어서자 강의실이라기엔 낯설고 어색한 풍경이 펼쳐진다. 학생들 앞에 놓인 것은 책상이 아닌 식탁, 그 위에는 책이나 노트북이 아닌 와인병과 와인잔, 갖가지 식기류들이 있다. 바로 이곳에서 집사교육과 관련된 다양한 프로그램이 진행된다. 와인 테이블 세팅 수업을 예로 들어보자.

"와인 오프너를 마개 가운데에 꽂은 다음 빙빙 돌려요. 마지막에 뽑을 때 코르크가 어떻게 반응하는지를 느껴야 해요. 인공마개는 깨끗하게 뽑혀 나오지만 코르크 마개는 자칫하면 부서질 수 있거든요."

강사는 와인병 하나를 책상 위에 올려놓더니 천천히 설명을 곁들이며 코르크 뽑기 시범을 보였다. 칼로 호일을 벗겨내고 와인 오프너로 코르크를 뽑아내는 간단한 과정이건만, 시범이 끝나자 학생들의 질문이 쏟아진다.

"호일을 전부 벗겨내는 건 구식인가요? 제 생각에는 다 벗겨내는 게 더 깨끗할 것 같아서요."

"코르크에 오프너 꽂는 과정을 다시 보여주실 수 있나요? 각도를 맞추시는 것 같은데 한번 더 보고 싶어요."

그러자 곧장 강사가 말을 받는다.

"미안해요. 더이상 오픈할 와인이 없네요. 아쉬운 대로 코르크를 병에 다시 밀어넣고 각도만 보여줄게요."

강의실에 한바탕 웃음이 와르르 휩쓸고 지나간 후 본격적인 실습이 시작됐다.

"서빙하러 다가갈 때의 자세예요. 똑바로 다가가서 오른발을 앞으로 내밀고 등을 쭉 편 상태에서 테이블을 향해 몸을 숙이는 거예요."

"오른쪽 다리는 구부려야 하나요?"

"네. 자세를 유지하면서 이렇게 말하면 됩니다. '실례하겠습니다, 선생님. 레드와인 좀 드려도 되겠습니까?' 자, 한번 해보세요."

강사의 지도에 따라 자세를 이리저리 바꿔가며 연습을 거듭하는 학생들의 표정에 진지함이 가득하다. 대개 영화 속에선 주인을 보조하는 하인이고, 우리나라에선 가사도우미로 불리는 집사, 이들은 왜 이토록 저평가된 직업을 학교까지 다니면서 배우려는 것일까? 이곳에서 집사과정을 수료하기 위해 네덜란드에서 온 여성이 먼저 이야기를 시작했다.

"영국의 집사문화는 훌륭한 전통이에요. 그 전통의 일부가 된다는 건 멋진 일이죠. 사람들을 보살피면서 잊지 못할 따뜻하고 특별한 경험을 만들어줄 수 있다는 것에도 큰 만족감을 느껴요. 그들이 행복해하는 모습을 보면서 내가 그 배경과 분위기를 준비했다는 사실에 보람을 느낍니다."

실제로 영국에는 집사만 전문적으로 양성하는 학교가 몇 군데나 있

A–Z of
Modern Manners

는데다, 집사가 되기 위해 이들 학교를 찾는 젊은이들도 급속도로 늘고 있다. 1980년대에 단 100명에 불과했던 집사가 2007년 현재 5천 명 규모로 늘어난 것만 봐도 그 인기를 실감할 수 있다. 불황으로 영국에서 집사일을 구하기란 쉽지 않다고 하지만, 중국 등지의 신흥 부유층과 호텔과 같은 관광업종에서 영국 집사들의 인기는 날로 올라가고 있다. 집사학교 출신들의 보수는 천차만별이지만 최소 연봉 2만 달러에서 특급 집사의 경우 최대 24만 달러까지 받는 것으로 알려졌다.

그리고 영국의 수많은 집사학교 가운데 이곳 버틀러 인스티튜트가 유독 인기가 높은 이유는 트레이너가 모두 수십 년간 집사로 활동해온 전문가들이기 때문이다. 그중 닉은 여덟 살 때부터 개인 저택에서 부집사(언더 버틀러)로 일했고, 최근까지 영국 총리와 귀족, 기업 CEO 등 영국의 내로라하는 명사들의 개인 집사를 도맡았다. 호텔과 고급 식당에서도 여러 직책을 맡았다. 집사 트레이너로 그만한 적임자도 없을 것이다.

"저는 아주 어릴 때부터 중요한 분들의 개인 집사 일을 해왔어요. 테이블 매너부터 민감한 사생활 보호까지 제가 다루지 않은 분야가 없을 정도죠. 이런 경험을 모두 거친 사람은 영국에서도 흔치 않아요. 5년 전부터 집사 트레이너로 활동하고 있는 것은 그래서예요. 제가 가진 기술과 경험이 저한테만 고여 있다 끝나는 것이 아니라 더 많은 학생들에게 전해져서 훌륭한 집사를 탄생시킬 수 있다면 그것만큼 기쁜 일이 없을 테니까요."

그의 바람은 현실이 되고 있다. 이곳을 거쳐간 학생들의 상당수가 세계 각지에서 전문 집사로 활동하고 있다. 종사하는 분야도 고급 저택의 개인 집사부터 럭셔리 레일 크루즈 승무원, 개인 제트기 승무원, 슈퍼

요트 승무원, 대사관 및 외교관 레지던스 매니저, 호텔·리조트·레스토랑 매니저 등 광범위하다. 이토록 다양한 분야에서 자부심을 갖고 일하는 세계 속 집사들의 활약 덕분에 지금 영국은 신사의 나라에서 '집사의 나라'로 새롭게 주목받고 있다.

: 백만장자, 억만장자, 전 세계 슈퍼엘리트 들이 찾는 훈련된 전문가

집사학교 학생들 중엔 특히 요트 승무원을 꿈꾸는 이들이 많다. 영국은 요트 산업이 발달했는데, 승객들에게 음료와 식사, 숙박, 인테리어 등 여행에 필요한 각종 서비스를 제공하는 것이 이들의 역할이다. 항공 승무원의 서비스를 바다 위에서 제공한다고 생각하면 쉽다. 게다가 상당한 고소득 직업으로 알려져 인기가 높다. 바다 위, 그것도 호화로운 요트 안이 일터가 될 수 있다면 그야말로 꿈의 직업일지도 모른다.

사실 그들의 현실은 영화 속 우아함과는 거리가 멀다. 고용주를 비롯해 모든 방문객에게 늘 예의를 갖춰 머리를 숙여야 하고, 식사와 청소 등 온갖 허드렛일을 모두 처리해야 한다. 실제로 영국 집사 전문학교의 교육 프로그램을 들여다보면 청소, 요리, 다림질은 물론, 와인과 샴페인 따르는 법, 승마부츠 닦는 법, 애완동물 돌보기 등 허드렛일이 상당수를 차지한다. 집사의 가장 큰 역할 중 하나가 바로 집안일이기 때문이다. 우리나라에는 집사문화가 없어서 이러한 교육과정이 더욱 낯설게 느껴지는지도 모르지만, 요즘 젊은이들이 감당할 수 있을지 의구심이 드는 것은 어쩔 수가 없었다. 하지만 현직 요트 승무원으로서 더 전문적인 기술을 습득하기 위해 집사학교를 찾은 드닐 루이즈 루던은 의외의 반응을 보였다.

“요트 승무원은 겉보기엔 정말 화려하죠. 호텔에 버금가는 시설에 최고급 요리를 즐기며 세계 여러 나라를 여행하는 일이니까요. 하지만 실제 업무의 대부분은 승객들에게 음식을 서빙하고 요트 안을 청소하는 거예요. 집사처럼 요트 안의 모든 허드렛일을 도맡는 거죠. 그래서 처음에는 적응하기 쉽지 않았어요. 부유층 사람들과 어울리며 럭셔리한 생활을 즐길 수 있을 거란 어설픈 환상이 깨졌다고나 할까요. 하지만 이 일을 하면 할수록 굉장한 자부심을 갖게 돼요. 제가 땀 흘린 덕분에 깨끗해진 요트를 보고 있으면 그렇게 자랑스러울 수가 없어요. 손님이 있을 때나 없을 때나, 누가 보지 않아도 한결같이 요트를 정리하고 관리하는 일에 굉장한 보람을 느껴요. 제가 생각해도 놀라운 변화예요. 가장 하찮은 일이라고 생각했던 청소에 큰 자부심을 느끼고 있으니까요.”

장기 불황으로 일자리 구하기가 쉽지 않은 영국에서 이제 집사는 새로운 블루오션 직업으로 떠오르고 있다. 노후에도 전문성을 살릴 수 있는 정년 없는 직업이니만큼 젊은이들뿐 아니라 타 분야의 전문직 종사자들과 직장인들에게도 새로운 일자리로 관심받고 있다. 영국 집사학교에서 글로벌 훈련 교장을 맡고 있는 게리 윌리엄스는 집사 시장이야말로 가장 큰 성장세를 보이고 있는 일자리라고 말한다.

“최근 몇 년 동안 전 세계적으로 백만장자와 억만장자의 수가 엄청나게 급증했어요. 그들은 자신을 대신해 집안의 대소사를 관리해줄 집사를 찾고 있죠. 자신이 꼭 해야 하는 일을 제외하고 나머지를 맡길 수 있는 훈련된 전문가를 원하는 거예요. 삶의 질이 높아질수록 집사에 대한 수요는 더욱 늘어날 겁니다. 실제로 영국의 집사 서비스 산업은 지난해 전년 대비 200% 이상의 성장을 기록했어요. 현 추세라면 앞으로 집사 시장의 성장 가능성은 무궁무진하다고 할 수 있죠."

이러한 분위기를 타고 집사라는 직업에 대한 인식도 큰 변화를 보이고 있다. 기존의 '청소나 잡일을 하는 하인'에서 '세상을 움직이는 소수 엘리트를 가장 가까이에서 보살피는 전문가'로 집사에 대한 이미지가 바뀌고 있는 것이다.

"영국은 물론이고 미국, 핀란드, 뉴질랜드, 중국 등 세계 각국에서 수많은 사람들이 우리 학교를 찾아와요. 오로지 집사가 되기 위해서요. 예약이 꽉 차서 다 받아주지 못할 정도예요. 집사는 정년이 없다보니 지원자들이 16세부터 70세까지 모든 연령대를 넘나들고, 이전 경력도 천차만별이에요. 변호사도 있고, 치과의사도 있고, 대학을 갓 졸업한 사람도 있어요. 특별히 공통점을 찾기가 어려울 정도로 다양한 사람들이 집사의 꿈을 꾸고 있는 거예요. 하지만 이것만은 분명하죠. 그들은 지금 자신의 인생을 바꾸기 위해 집사라는 직업에 도전하고 있다는 거예요. 그리고 저는 그들의 판단이 정답에 가깝다고 확신합니다."

신사의 나라에서 집사의 옷을 입고 색다른 내 일을 만들어가는 청춘들, 그들은 타인을 보살피는 것으로 스스로의 내일을 보살필 줄 아는 겉과 속이 꽉 찬 젊은이들이었다. 단지 다른 것이 있다면 보살핌을 받을 때보다 보살핌을 줄 때 더 큰 성취를 느낀다는 것이다. 그들의 그 정직한 땀방울이 누구도 돌아보지 않았던 '집사'라는 직업의 색을 서서히 다른 색채로 물들이고 있었다.

네덜란드 말발굽 기술 전문가

소녀의 망치질이 아름다운 이유

일곱 살 때부터 말을 탔기 때문에 말을 정말 좋아해요.
말이 아프면 저도 아플 만큼 좋아하죠.
저는 작업을 나가서도 늘 말발굽만 생각하다보니까,
매번 나중에 일이 다 끝나고 나서야 '앗, 계산은?' 할 정도로 일에 푹 빠지곤 해요.
로테(말발굽 기술자)

네덜란드는 다채로운 직업교육으로 명성이 높은 나라이다. 여기에선 일반대학에 진학하지 않고 기술전문학교에서 당당하게 멋진 꿈을 키워가는 젊은이들의 모습을 흔히 볼 수 있다. 올해 열여섯 살이 된 로테 역시 그런 젊은이들 중 하나이다. 하지만 로테는 또래의 여자 친구들이 선택하는 안정된 일터를 마다하고 스스로 들판으로 나왔다. 이유는 단 하나, 그저 말이 좋아서다.

어릴 때부터 말과 함께 컸다는 이 소녀의 직업은 편자공, 쉽게 말하자면 말발굽 기술자이다. 말의 건강상태, 종자, 쓰임 등을 고려하여 말굽에 편자를 박아 붙이는 일을 하는 사람을 일컫는다. 사람이 신발을 신듯이 말도 말굽에 편자를 붙여야만 발을 보호할 수 있는데, 이 편자를 제때 점검해주지 않으면 발에 상처를 입어 말이 제대로 달릴 수가

없다. 말에게 로테와 같은 기술자가 꼭 필요한 이유이다.

그런데 편자공은 육체노동의 강도가 높아 남자도 하기 어려운 일이라고 한다. 게다가 말을 육안으로 직접 확인하고 치수를 재야 말발굽 제작에 들어갈 수 있기 때문에 여기저기 일터를 바꾸며 이동해야 한다. 아무리 생각해도 열여섯 살 소녀에겐 도무지 어울리지가 않는 직업이다.

하지만 로테는 지금 직업학교에서 씩씩하게 편자공 학사과정을 밟고 있다. 직접 창업해서 자신의 회사까지 소유한 유능한 기술자다. 최근 '유로스킬'이라 불리는 직업경연대회에서 1등을 거머쥐며 어린 나이에도 불구하고 숙련공으로 인정받은 몇 안 되는 젊은이다. 로테는 현재의 직업이 어릴 때부터 바라던 꿈의 직업이라고 했다.

"일곱 살 때부터 말을 탔기 때문에 말을 정말 좋아해요. 말이 아프면 저도 아플 만큼 좋아하죠. 제가 편자공이 된 이유이기도 하고요. 말은 발을 잘 관리해주지 않으면 오래 걸을 수가 없어요. 말에겐 발이 건강의 척도나 마찬가지고요. 어릴 때부터 줄곧 말을 관리하는 직업을 갖겠다고 다짐해왔죠. 그런데 중학생 때 부모님이 제 진로를 너무 걱정하셨어요. 여자가 하기엔 너무 힘들다는 거죠. 그래서 잠깐 승마를 전공하기도 했는데, 그 와중에도 이 직업에 대한 관심을 끊지 못했죠. 그래서 다시 전공을 바꿔서 여기까지 왔어요."

말발굽을 만들고 수선한다는 건 결국 쇳덩이를 다루는 일이다. 묵직한 쇠붙이를 갈고 닦고 펄펄 끓는 용광로에 담갔다 빼기를 반복해야 하는 결코 쉽지 않은 일인 것이다. 그럼에도 무언가를 진심으로 열렬하게 좋아하게 되면 그 무엇도 전혀 장애의 조건이 되지 않음을, 이 여리고도 강한 소녀는 확인시켜주었다.

"제겐 말이 건강하고 편안하게 걸을 수 있도록 돕는 일이 가장 큰 도전이에요. 그래서 끊임없이 관심을 갖고 관리해줘야 하고요. 돈은 전혀 고려 대상이 아니에요. 물론 돈이 필요하긴 하지만 하고 싶은 일을 하며 사는 게 더 중요해요. 저는 작업을 나가서도 늘 말발굽만 생각하다 보니까 매번 나중에 일이 다 끝나고 나서야 '앗, 계산은?' 할 정도로 일에 푹 빠지곤 해요."

대화를 마친 로테가 자신의 밴으로 향한다. 차에는 '로테의 편자 가게'라는 그녀의 회사명이 큼직하게 쓰여 있다. 로테는 깨끗한 사무실보다 말들이 달리는 거친 들판을 더 좋아하는 특별한 소녀이다. 한때 어떤 이는 이 소녀를 향해 "여자가……"라고 시작되는 고정관념으로 그녀의 '내일'을 만류했고, 또 어떤 이는 "젊은 애가 왜 굳이……"라고 시작되는 잔소리로 그녀의 '내일'을 걱정했다. 하지만 이젠 그들 모두가 그녀를 향해 박수를 친다. 자신의 이름을 내건 회사 이름 앞에서, 보아란듯이 망치를 내려치는 그 당당한 모습을 보고 박수 치지 않을 사람은 없을 것이다. 건강한 직업의 힘, 네덜란드의 순박한 소녀 로테는 온몸으로 그 힘을 세상 속에 퍼뜨리고 있다.

네덜란드 목수학교

그곳의 목수들은 꿈을 DIY한다

저에게 중요한 건 돈을 많이 버는 게 아니라
남들은 못하는 창조적인 일을 하는 거예요.
나무를 만지고 있으면 한없이 행복하고
시간이 어떻게 흘러가는지 모르겠더라고요.
그게 바로 의사 대신 목수를 선택한 이유고요.
유리안(목수학교 학생)

"신은 세상을 창조했고 네덜란드인들은 육지를 만들었다"는 말이 있듯 네덜란드는 전 국토의 40%를 사람의 손으로 간척한 나라이다. 바다를 메워 영토를 늘린 개척자 정신의 발로일까? 네덜란드에서는 화이트칼라보다 블루칼라 기술직에 대한 인식이 유독 좋은 편이다. 전 세계적인 불황으로 인해 '그나마 기술이라도 있으면 굶어죽지 않는다'는 위기의식에서 마지못해 업종 전환을 하는 것이 아니다. 네덜란드인들에게는 기술직에 대한 기본적인 존중과 우대가 있다. 최근 직업학교를 찾는 젊은이들도 크게 늘고 있는데, 특히 목공기술은 가장 인기 있는 코스 중의 하나이다. 산업이 자동화되면서 기계와 로봇이 사람의 손을 대신하는 시대가 왔지만, 이곳의 젊은이들은 모든 것이 자동화되었기 때문에 오히려 사람의 손길이 더 가치 있다고 믿는다.

직업학교를 찾는 수강생들은 고등학생부터 직장인까지 출신과 조건도 매우 다양하다. 수강생이 자신의 상황에 맞게 교육코스를 선택할 수 있기 때문에, 화이트칼라 직장인들도 부담 없이 도전한다. 회사에 다니면서도 자신만의 일을 찾기 위해 컴퓨터를 끄고 거친 연장을 손에 쥔 청년들, 하얀 와이셔츠 대신 작업복을 입고 톱밥이 날리는 작업대 앞에 선 그들은 무엇을 DIY[Do-It-Yourself]하고 있는 것일까?

: '내 일'에 나이테를 새기는 청춘들

Hout- en Meubilerings College[HMC], 우리말로 풀면 '나무와 가구 전문학교'쯤 되는 일명 '목수학교'다. 1929년에 설립된 이곳은 일종의 직업전문학교로, 가구 제작자, 목선 건조가, 골동품 복원 전문가, 실내 가구장식 전문가, 인테리어 컨설턴트, 피아노 기술자 등을 양성하고 있다. 특히 가구 제작 분야에서 독보적인 전통을 가지고 있다.

이 목수학교에 이르는 국도변 숲에는 많은 나무들이 서로 다투며 자라고 있었다. 누군가에겐 그저 보기 좋은 나무 한 그루가 어떤 젊은이에겐 희망의 대상이라는 사실에 새삼 경외감이 밀려온다. 문득 숲이 아닌 도시의 도로변에서 먼지를 뒤집어쓰고 매연을 마시며 뿌리내린 가로수들의 처지가 안타깝다. 남들이 좋다고 하는 '대도시의 큰 회사'만이 세상의 전부라고 생각하는 청춘들의 모습이 중첩됐기 때문일까? 나무는 숲에 있을 때 더 단단히 뿌리내리고 울창하게 자랄 수 있다. 목수학교의 예비 목수들은 어쩌면 대도시 도로변의 가로수가 되기 싫어 숲으로 돌아간 나무들일지도 모른다.

목수학교의 강의실 안에는 항상 향긋한 나무 냄새가 코끝을 찌른다. 뒤이어 톱질과 망치질 소리 등 거친 연장이 내뱉는 뭉뚝한 소음이 공간을 가득 메운다. 둘러보니 학생들이 하나같이 일어서서 나무를 자르거나 사포로 나뭇결을 다듬거나 망치로 못질을 하고 있다. 그중에 덥수룩한 수염과 빨간 모자가 인상적인 남학생, 유리안이 말한다.

"아, 나무에 홈을 파는 중이었어요. 톱니 모양으로 홈을 만들어서 나무가 서로 연결될 수 있게 하는 거예요. 이번주는 다양한 공구를 이용해서 나무를 연결하는 방법을 배우고 있는데, 생각만큼 잘되지가 않네요. 이건 어제 만들어본 건데 마음에 안 들어서 다시 만들고 있어요. 다시 하면 잘할 수 있을 것 같아서요."

25세의 유리안은 특이한 이력의 소유자이다. 3년간 다니던 의대를 그만두고 목수가 되기 위해 전문학교에 다시 입학한 것이다. 네덜란드 대학은 모두 국공립이기 때문에 학교 간 서열은 없지만, 의대만큼은 경쟁이 치열하다. 특히 유리안이 다니던 암스테르담 대학의 의대는 최고 경쟁률을 자랑한다. 네덜란드 역시 직업으로 의사를 선호하는 경향은 우리와 크게 다르지 않은 것이다. 그대로 대학을 다녔다면 의사가 돼서 남부럽지 않은 사회적 지위를 누렸을 유리안. 그는 왜 의사라는 보장된 직업을 포기하고 목수를 선택했을까.

"처음에는 의학 공부가 무척 흥미로웠어요. 생명을 살리는 일이라는 자부심도 높았고요. 그런데 시간이 지날수록 제가 원하는 직업이 아니라는 생각이 들더라고요. 의학 공부를 하는 동안 아무런 열정도 성취감도 느낄 수가 없었거든요. 그래서 제 자신을 찬찬히 돌아봤고, 그 결과 어릴 때부터 제가 손으로 뭔가 만드는 일을 좋아했다는 걸 깨달았죠. 시험 삼아 가구 제작과정을 공부해봤는데 저랑 딱 맞았어요. 나무를 만지고 있으면 한없이 행복하고 시간이 어떻게 흘러가는지 모르겠더라고요. 그래서 목수가 되기로 결심하고 이 학교에 들어온 거예요."

유리안의 꿈은 목선 건조가wooden boat builder가 되는 것이다. 아직은 나무로 된 서핑보드를 만드는 정도의 실력이지만, 몇 년간 열심히 기술을 연마하면 큰 나무배도 얼마든지 만들 수 있을 거라 믿고 있다. 함께 수업을 듣는 친구들과 목선 건조 사업을 위한 구상까지 해둔 상태란다. 그에게서 의사란 직업에 대한 미련은 조금도 찾아볼 수 없었다.

"물론 의사가 되면 돈도 많이 벌고 사람들에게 존경도 받을 수 있겠죠. 하지만 그건 제가 원하는 삶이 아니에요. 저에게 중요한 건 돈을 많이 버는 게 아니라 남들은 못하는 창조적인 일을 하는 거예요. 사람들에게 존경받는 것도 중요하지만 자유롭게 여행을 즐기는 삶이 저에겐 더 소중해요. 그게 바로 의사 대신 목수를 선택한 이유고요."

하얀 의사 가운을 벗어던지고 다시 나뭇결 앞에 선 청년, 그 역시 지금 자신의 내일에 다른 색을 물들이고 있었다. 톱질을 하며 털털하게 웃는 유리안의 미소에서 푸른 숲의 청량함이 느껴진다.

유리안이 있는 강의실을 나오자마자 옆 강의실에서 들려오는 기계음이 날카롭다. 그 방에서는 학생들이 모두 커다란 귀마개를 하고서 전기톱으로 나무를 자르고 있다. 나무를 잡은 손과 엄청난 굉음을 내는 톱날의 간격이 어찌나 좁던지, 까닥 잘못하면 손을 벨 듯이 위험해 보인다. 한 청년이 반창고를 친친 감은 검지를 치켜들고 함박웃음을 날린다.

"어제 작업하다가 살짝 베였는데 이젠 괜찮아요. 여기선 늘 있는 일

이거든요."

모자 사이로 삐져나온 금발이 매력적인 스물세 살의 토마스도 새로운 직업을 찾아 이곳에 왔다. 그는 몇 년간 굴착엔지니어로 일했지만 그 일을 계속할 만한 흥미를 느끼지 못했고, 결국 고민 끝에 목수학교에 발을 내딛었다. 목공일을 배운 지 얼마 되진 않았지만 그는 이미 목수를 자신의 두번째 직업으로 결정했다.

"사실 쉬운 결정은 아니었어요. 그동안 익힌 기술을 포기하고 다시 새로운 기술을 배운다는 게 말처럼 간단하진 않으니까요. 저축해놓은 돈도 많지 않고요. 하지만 전 만족해요. 제가 좋아하는 일을 하고 있으니까요. 나무로 뭔가를 만드는 것, 특히 배를 만드는 일은 정말 특별한 것 같아요. 혼자서 배 한 척을 만들려면 2년은 족히 걸리는데, 완성하고 나면 정말 큰 성취감을 느낄 수 있을 것 같아요. 그래서 제대로 배워보려고요. 제 실력으로 돈을 벌 수 있을 때까지, 지금까지 모아놓은 돈을 절약하면서 견뎌볼 생각이에요."

직업을 바꾼다는 건 쉬운 일이 아니다. 그동안 축적한 기술과 노하우를 모두 내려놓고 다시 출발선에 서야 한다. 그 출발선에서 혹시 후회는 없었는지, 부모님의 반대는 없었는지 궁금했다.

"전혀요. 네덜란드에선 직업을 바꾸는 게 점점 더 쉬워지고 있어요. 지금 54세인 저희 아버지도 다른 직업에 도전하기 위해 학교에 다니시는걸요."

54세의 아버지와 23세의 아들이 나란히 직업학교에 다니는 모습이 낯설지 않은 나라, 그것이 오늘의 네덜란드를 있게 한 실용의 힘이 아닐까?

그 옆 강의실은 악기를 만드는 곳이었다. 평범한 나무가 학생들의 손끝을 거쳐 매끈한 곡선의 기타로 다듬어진다. 고등학교를 졸업하고 곧장 이곳에 들어와 막 열여덟 살이 된 입은 말한다.

"평소에 손으로 뭔가를 만드는 걸 좋아했어요. 그렇다고 딱히 직업으로 생각해본 적은 없었고, 어머니가 추천해주셔서 오게 됐죠. 처음엔 반신반의하는 마음이었는데, 직접 배워보니 저와 잘 맞는 것 같아요. 저는 책 보고 공부하는 걸 별로 안 좋아하는데 이곳은 실습이 대부분이거든요. 다양한 기술을 배우는 것도 즐겁고요."

네덜란드 직업학교는 16세 이상이면 누구나 지원할 수 있다. 덕분에 이곳은 직업을 탐색중인 10대 청소년들로 늘 북적인다. 한눈에 봐도 앳된 얼굴들이다. 직업학교의 교육기간은 짧게는 6개월, 길게는 4년까지 걸린다. 이르면 스무 살에 직장인이 되는 셈이다. 과연 이렇게 어린 나이에 직업전선에 뛰어들어도 괜찮은 걸까?

"자신만의 직업이란 게 뭔데요? 어차피 내 마지막 직업에 이르는 데는 평생이 걸리는 거 아닌가요? 지금은 일단 제가 정말 좋아하고 하고 싶은 일을 찾아서 직접 경험해보고 싶어요. 제 취미가 기타 연주거든요. 가끔 제 손으로 만든 기타로 무대에서 직접 연주하는 모습을 그려보곤 해요. 실제로 그렇게 된다면, 정말 행복할 것 같아요."

기술을 배우기 위해 직업학교로 몰려드는 네덜란드 젊은이들은 첫 직업을 준비하는 16세 어린 학생부터 새로운 직업을 모색중인 20~30대 직장인까지, 연령도 출신도 가지각색이다. 네덜란드 직업학교들은 지원자가 어찌나 많은지 모집공고가 뜨기 무섭게 정원을 가뿐히 넘긴다고 한다.

이유가 뭘까? 목수학교에서 가구 제작기술을 가르치고 있는 교사 아이노는 "직업을 선택하는 기준이 '타인의 시선'에서 '자신의 행복'으로 바뀌고 있기 때문"이라고 말한다.

"저는 어릴 때부터 유독 뭔가를 자르고 두들기고 붙이는 걸 좋아했어요. 덕분에 망치, 못, 페인트 같은 것들이 손에서 떠난 적이 없었죠. 그건 24년째 가구를 만들고 있는 지금도 마찬가지예요. 아무리 좋은 기계가 많이 나왔어도 수작업의 매력에는 절대 미치지 못해요. 그런데 신기하게도 요즘 어린 학생들이 그걸 아는 것 같아요. 제가 그랬던 것처럼 스스로를 단순한 목수가 아니라 가구 장인으로 생각하는 거죠. 아마 학생들이 '내 손으로 작품을 만든다'고 생각하지 않았다면 그 고되고 힘든 훈련과정을 견뎌내지 못할 거예요. 일이 단순히 돈을 벌기 위한 수단이 아니라는 걸 조금씩 알아가고 있는 거죠."

진정 좋아하는 일이라면 이들에겐 세상의 어떤 편견도, 걱정 어린 시선도 상관없다. 그저 나무가 좋고 손을 움직이는 게 즐겁다는 이 젊은이들과 그들을 길러내는 사람들에게 화이트칼라와 블루칼라의 구분은 중요하지 않았다. 비록 그들은 안전한 필기구 대신 거친 연장을 들었지만 자신이 흘린 굵은 땀방울의 가치를 누구보다 잘 알고 있다. 아마도 세월이 흐르면 이들의 손가락 마디마디엔 굳은살이 가득하겠지만, 이 젊은이들에게 그 굳은살은 나이테와 같을 것이다. 세월이 흐를수록 더욱 또렷해지는 나이테 말이다.

아띠 인력거

고난의 언덕을 넘어
행복을 달리는 인력거꾼

사회적인 통념? 그런 것보다 자신의 마음이 더 중요해요.
마음이 원하면 몸도 원하죠.
내 마음이 정말 원하는 것을 찾고,
그걸 발견했을 때 남의 시선에 상관없이
뜻대로 밀고 나갈 수 있는 용기가 필요해요.
이인재(아띠 인력거 대표)

화이트칼라 청년들이 블루칼라잡에 도전하여 행복과 성공을 동시에 거머쥐는 브라운칼라 열풍은 이렇듯 유럽 대륙에 강하게 몰아치고 있었다. 하지만 이 트렌드가 과연 한국적인 상황에도 적용될 수 있을까? 한국에서는 여전히 넥타이에 정장 차림의 대기업 직장인이 '성공한 취업'의 표본으로 여겨지고, 오랜 역사 속에서 '사농공상'의 신분질서가 유구하게 이어져왔기 때문이다. 그러나 우리나라에도 그 오랜 전통과 편견을 깨고 당당하게 브라운칼라를 달겠다는 젊은이들이 하나둘 생겨나고 있다.

유례없는 취업난이 계속되는 가운데 사무실 칸막이 안에서의 정신노동과 갑갑한 조직문화에 적응하길 거부하고, 당당하게 앞치마와 작업복을 입은 젊은이들이 주위의 우려와 반대를 무릅쓰고 시작한 언더밸

류드잡Undervalued Job으로 놀랄 만한 성과를 거두고 위풍당당하게 '행복한 성공'을 향해 달려가고 있는 것이다.

: 시간을 거꾸로 달리는 북촌의 유명인사 청년

광화문에서 종로로 이어지는 도심 한복판은 복잡하다. 인파에 치이고 사방에서 들려오는 자동차 경적 소리에 잔뜩 신경이 곤두서기 일쑤다. 하지만 종로에서 북악산을 향해 방향을 틀어 윗동네로 올라가면 고즈넉한 북촌 골목길이 거짓말처럼 이어진다. 특히 이곳은 전통 한옥들이 밀집되어 있어 도심 속에선 느끼기 힘든 옛 동네의 운치를 즐길 수 있다. 오래된 가옥들과 그보다 더 오랜 세월 마을을 지켰을 울창한 나무들 사이로 작은 공방과 전시관, 가게 들이 옹기종기 모여 있다. 과거와 현재가 사이좋게 공존하는 평화로운 풍경. 그 속에선 마음도 느려지고 걸음도 느려진다.

이 느릿느릿한 골목길을 힘차게 달리는 청년이 있다. 우리나라에선 사라진 지 오래, 이제는 외국 여행길에서나 마주칠 법한 인력거를 끌고 서울의 골목길을 달리는 낯선 청년이 있다. 그런데 이 낡은 골목길은 마치 오래전부터 그래왔다는 듯 저 낯선 인력거꾼을 자연스럽게 품어준다. "안녕하세요!" 활기찬 청년의 목소리가 조용한 골목을 깨우고, 어르신 한 분이 익숙한 듯 인력거에 올라탄다. 이제 청년은 경사진 고갯길을 오르기 위해 더 힘껏 페달을 밟는다. 달리는 인력거의 모습을 보고 있자니 마치 시간이 거꾸로 흐르는 것만 같다. 21세기에 느닷없이 마주

친 지난 세기의 풍경, 인력거. 혹시 타임머신이라도 타고 온 청년일까? 북촌 일대에선 이미 유명인사가 된 젊은 인력거꾼, 그 청년의 땀방울엔 또 어떤 이야기가 스며들어 있을까?

: '엄친아' 증권맨에서 인력거꾼으로 옷 색깔을 바꾸다

'아띠 인력거'는 서울 북촌과 서촌, 인사동과 광화문 일대를 운행하는 전국 유일의 인력거업체이다. 이곳의 창업자이자 현직 인력거꾼은 올해 스물아홉의 이인재씨로, 하루에도 수십 번씩 자전거 페달을 밟으며 서울의 고갯길을 오르내린다. 그들의 차량기지는 종로4가에 위치한 작은 차고이다. 차고에 들어서자 인력거를 정비하던 인재씨가 기름때 가득한 장갑을 벗는다. 손가락 마디마다 굳은살이 깊이 박여 있고 손등과 팔 여기저기에 상처가 많다. 오랫동안 육체노동에 단련된 청년인 걸까? 질문도 하기 전에 인재씨가 먼저 이 특별한 사업을 소개한다.

"인력거는 이동수단이기도 하지만 훌륭한 관광상품이 될 수 있어요. 특히 서울에서도 북촌은 볼거리가 굉장히 많잖아요. 그런 관광지를 천천히 편안하게 즐길 수 있는 수단으로 인력거만큼 좋은 게 없죠. 특히 북촌, 서촌은 직접 가이드까지 해주는 40분 투어 코스를 개발했어요. 이게 저희 코스입니다. 히스토리 코스와 로맨스 코스, 두 가지 테마예요. 인력거를 타고 서울의 전통을 체험하는 코스와 커플들이 오붓하게 데이트를 즐길 만한 코스를 따로 만들었어요. 지금은 덕수궁 뒤에 정동길을 중심으로 새로운 코스를 개발중입니다."

국화빵호떡오뎅
번데기
모두와
아띠인력거
골목길여행
☎1666-1693
SAM

인재씨와 같은 인력거꾼을 일컬어 인도에선 '릭샤왈라'라 부른다. 그곳에서 인력거는 최하층, 이른바 불가촉천민이라 불리는 가난한 사람들이 선택하는 절박한 생존의 도구다. 중국에선 북경과 같은 대도시의 관광명소를 중심으로 인력거꾼들이 대거 몰려 있다. 그들이 모는 인력거는 실질적인 교통수단이라기보다 관광객들을 위한 체험수단이다. 그러나 그 인력거를 모는 인력거꾼들에게 그것은 고달픈 노동의 무게다. 이처럼 외국에서 볼 수 있는 인력거꾼들의 경우 대개 사회적 지위는 매우 낮고 수입도 지나치게 적다. 아무리 자전거를 좋아하고 육체노동의 보람을 최우선으로 여긴다 해도 평생을 인력거꾼으로 살고 싶은 사람은 많지 않을 것 같다. 게다가 인재씨는 미국 웨슬리안 대학을 졸업하고 한국에 들어와 맥쿼리 증권에서 근무하던 '엄친아'였다. 모두가 선망하는 화이트칼라 직업을 박차고 나와 육체노동의 세계에 제 발로 들어온 까닭은 무엇일까? 늘 듣는 질문이란 듯, 인재씨가 씩 웃으며 준비한 것처럼 술술 이야기를 풀어낸다.

"회사에 다닐 땐 신경써야 할 게 너무 많았어요. 항상 정장을 입어야 하는 것도 싫었고 사소한 일들에서 스트레스를 많이 받았죠. 회사 안에서 전문성은 키울 수 있었지만 시야가 좁아지는 기분이 들었어요. 무엇보다 일에서 보람을 찾을 수가 없었죠. 매일 출퇴근하고 반복되는 일상이 점점 견디기가 힘들어졌어요. 그러다 생각했죠. 한 번 사는 인생, 내가 꿈꿔왔던 삶을 살아보자, 꽉 막힌 사무실이 아닌 자유로운 곳에서 다양한 인연을 만들며 살자. 그렇게 고민하던 중에 대학 시절 보스턴에서 인력거 아르바이트를 했던 기억이 떠올랐어요. 그때 정말 즐겁게 일했거든요. 다행히 한국엔 전문적으로 인력거를 끄는 사람이 없더라고요. 아무도 안 하는 일이라면 더 가치가 있을 테니 바로 이거다, 싶었죠."

아무도 안 하는 일, 모두가 기피하는 일에서 가치를 발견한 인재씨에게 일은 단순한 돈벌이가 아니다. 스스로 즐길 수 있고, 더 많은 사람과 행복할 수 있다면 타인의 시선이나 사회의 편견 따위는 중요하지 않다. 그에게 일은 '삶' 그 자체이기 때문이다. 막 정비를 마친 인력거를 끌고 나가던 인재씨가 꼭 하고픈 이야기라며 덧붙였다.

"저는 일단 남의 눈치를 안 봐야 한다고 생각해요. 사회적인 통념? 그런 것보다 자신의 마음이 더 중요해요. 마음이 원하면 몸도 원하죠. 내 마음이 정말 원하는 것을 찾고, 그걸 발견했을 때 남의 시선에 상관없이 뜻대로 밀고 나갈 수 있는 용기가 필요해요. 그렇게 적극적으로 꾸준히 노력하다보면 돈은 자연스럽게 따라온다고 생각해요. 저 역시 앞으로 힘든 시간도 있을 테고, 돈이 안 될 수도 있을 거예요. 그래도 제 마음이 원하는 일이기 때문에 끈질기게 해낼 겁니다."

인재씨의 저 패기와 근성이 한여름 뙤약볕 아래서도 웃으며 페달을 밟을 수 있는 동력일 것이다. 사회가 바라보는 곳이 아닌 마음이 향하는 곳을 볼 줄 아는 청년, 그의 뚝심이 도시 청년들의 마음을 움직인 것일까? 창업 1년 만에 벌써 여섯 대의 인력거를 마련하고 16명의 청년들이 인력거꾼으로 변신해 도심을 달리고 있다. 아띠 인력거는 오르기 힘든 언덕길을 넘고 깨기 힘든 편견의 틀을 부수는 서울의 단 하나뿐인 인력거이다.

門鳳丹
rideartee.com
아띠인력거
골목길여행

: "안쓰러워하지 마세요. 한 걸음 한 걸음 저는 매번 다른 행복을 느껴요."

안 타본 사람은 아무리 설명해도 모른다는 인재씨의 말처럼 직접 인력거를 타고 서울을 가로지르는 경험은 무척이나 특별하다. 시간조차 빨리 흐르는 도심의 풍경이 슬로모션으로 펼쳐지고 덩달아 마음도 여유로워진다. 한 가지 흠이 있다면 눈앞에서 쉼 없이 페달을 밟는 인력거꾼의 모습에 안쓰러움과 미안함이 교차한다는 것이다. 그런 승객들의 마음까지 헤아린 걸까? 인재씨가 잠시 속도를 늦추고 말을 꺼낸다.

"손님이 탑승하면 꼭 당부드리는 말씀이 있어요. 절대로 뒤에서 안쓰러워하시면 안 된다고요. 이건 저희가 좋아서 하는 일이고 저희 입장에선 운동하면서 돈까지 버는 거니까 전혀 미안해하실 필요가 없거든요. 오히려 승객들을 태울 때마다 저는 매번 다른 행복을 느껴요. 매일 다른 사람들과 인연을 맺을 수 있어 설레고 좋아요. 그러니까 절대 안쓰러워하지 마세요!"

직업에 자부심을 갖고 일하는 누군가에게 가벼운 동정을 건네는 것은 어쩌면 그 직업을 폄하하는 일이 될지도 모른다. 눈에 보이는 모습만 믿고 그가 불행할 거라고 속단하는 것, 직업을 향한 편견은 이처럼 우리의 마음속 깊이 뿌리내리고 있다. 또한 정반대 지점에서 겉보기에 화려하고 멋져 보이는 직업을 향해 막연한 동경과 선망을 보내는 것 역시 잘못된 직업관에 기반한 고정관념에 불과할지도 모른다. 요즘 어린이와 청소년들의 직업 선호도 1위라는 연예인 역시 우리가 아는 것은 그저 무대 위의 모습일 뿐이다. 타인을 판단할 때 흔히 그러하듯이 우리는 직업 역시도 '겉모습'만 보고 판단하길 좋아한다.

인재씨의 당부 덕분에 쉽사리 인지하지 못했던 편견의 실체가 어렴풋이 보인다. 저 단순하고 정직한 육체노동 속에 세상을 바꿀 변화의 싹이 트고 있는 것이다.

힘차게 달리던 인력거가 멈춰 섰다. 인재씨가 또 할말이 있는 모양이다. 관광가이드 역할까지 하고 있으니 페달을 밟으며 이야기를 하는 습관이 몸에 뱄을 것이다. 인재씨가 앞쪽의 언덕길을 가리키며 말했다.

"이게 저희 출근길 같은 거예요. 차고에서 인력거를 몰고 나와서 늘 지나는 언덕인데요. 처음 인력거를 몰 땐 저길 고난의 언덕이라고 불렀어요. 저기만 올라가면 고장이 잘 났거든요. 그때는 인력거가 두 대였는데 점점 찾는 사람이 많아지다보니까 욕심이 생기더라고요. 그래서 자전거에 모터를 달았어요. 그럼 좀 덜 힘들고 더 많은 지역을 갈 수 있을 테니까요. 그런데 모터를 달았더니 웬걸, 고장이 더 많이 나서 애를 먹었어요. 오히려 아띠 인력거만의 경쟁력이었던 인간적인 매력이랄까, 그런 걸 잃어버린 것 같았죠. 그래서 다시 초심으로 돌아갔어요. 모터 다 빼고 다시 이렇게 발로 페달을 밟기로 한 거죠. 저 언덕 볼 때마다 괜히 그때 생각이 나요."

고난의 언덕. 탄탄하고 안정적이던 직장을 벗어나 스스로 언덕길을 오른 인재씨에게 인력거가 늘 즐거움을 주는 선물만은 아닐 것이다. 그러나 그 언덕을 넘고 또 넘으며 그는 고난을 보람으로 바꾸는 새로운 길을 냈다.

"어떤 날은 승객들이 아예 없기도 해요. 그럴 땐 저 위에서 걸어가는 사람들이 보이면 어차피 내려가는 길이니까 이렇게 소리쳐요. '그냥 타세요!' 동네 어르신들이 그래서 저희를 좋아하는 것 같아요."

아띠 인력거는 고난의 언덕을 많은 사람들의 행복한 퇴근길로 바꿨다. '아띠'란 친한 친구, 오랜 친구란 의미를 담고 있다고 한다. 그 이름처럼 인재씨의 인력거는 아스팔트 도심과 공존할 수 있는 친한 친구로 자리매김해가고 있다. 그러면서 동시에 전통과 어우러져 서울 도심의 풍경을 따뜻하게 바꾸는 오랜 친구로 대활약중이다. 앞으로 아띠 인력거는 서울을 넘어 전국 곳곳을 달릴 수 있는 발 넓은 친구가 되기를 꿈꾼다.

아띠 인력거의 인재씨는 고달픈 노동의 상징이었던 직업을 또다른 꿈의 직업으로 바꾼 용감한 청년이었다. 그 청년의 담대한 도전이 흑백영화 속에서나 등장하던 인력거를 생생한 현실 속으로 끌어내 우리 곁의 친근한 아이템이 되게 하고, 그 자신의 인생마저 환하게 밝히고 있었다.

취재를 마친 인재씨가 천천히 멀어져간다. 아띠 인력거 티셔츠를 입고 있는 그의 등에 '욜로YOLO'라는 글씨가 쓰여 있다. 인재씨의 인생 모토인 'You Only Live Once'의 약자이다.

"인생은 단 한 번! 한 번 사는 인생, 내가 꿈꾸는 일, 내가 할 수 있는 일, 단 하나뿐인 내 일…… 행복하게 하면서 살 거예요. 또 인생에서 단 한 번 만나는 나의 인연들도 소중히 여기고 다 기억할 거구요."

잠시 후 젊은 커플이 그의 인력거에 올라탄다. 손님을 태운 인력거가 그제야 제 주인을 만났다는 듯 날아갈 것처럼 속도를 낸다. 그 풍경화 같은 모습이 다큐멘터리 영화 〈오래된 인력거〉의 마지막 대사를 떠오르게 한다.

"인력거꾼은 누군가를 싣지 않으면 길을 잃는다. 샬림에게 누군가는 가족이었다."

아띠 인력거의 젊은 인력거꾼 인재씨도 다르지 않았다. '내일'을 잃지 않기 위해 누군가를 싣고, 그 누군가와 '친구'가 되고 있었다.

Utopia for 'Nomad-Workers'

당신은 노마드 워커입니까?

F U T U R E

:U

'노마드 워킹'이라는 말은 지난 2009년 사사키 도시나오라는 작가가 처음 사용하면서 주목받았다. 유목민이란 뜻의 노마드Nomad와 모바일 기기를 이용해 시간과 장소의 제약 없이 이동하며 일한다는 워킹Working의 의미가 합쳐져 탄생한 신조어다. 언제 어디서나 일할 수 있는 '스마트 워크'가 확산되면서 평범한 샐러리맨들이 '노마드 워커Nomad Worker'로 변신하고 있다. 기술이 발전하고 IT인프라가 확대되면서 누구나 어디서든지 인터넷을 이용해 원하는 정보를 얻을 수 있는 세상, '에브리웨어 인터넷everywhere internet' 시대에 꽉 막힌 사무실에서 일할 필요가 없는 전문직 종사자들이 도시를 유랑하며 돈을 쓰고, 또 돈을 벌고 있다. 일본에선 몇 년 전만 하더라도 작은 사무실에서 창업하거나 재택근무를 하는 소호SOHO족들이 주목받았지만 이제는 와이파이 환경만 갖춰지면 일할 수 있는 노마드 워커들이 인기를 끌고 있다. 자신이 원하는 곳에서 자유롭게 일하고 싶어하는 젊은 사람들이 늘면서 새로운 일자리 방식으로 부상한 것이다.

자유로운 노동을 하는 노마드 워커는 단순한 '비정규직'이 아니다. 보다 유연한 근무여건 속에서 삶과 노동의 질을 조화시키고 있는 새로운 자유인들이다. 정규직이라는 천국으로 구원받지 못한 패배자들이 아니라 자신 있게 자유로운 삶을 선택한 승리자들이다. 중요한 것은 정규직과 비정규직의 간극을 좁히고, 양자를 스스럼없이 넘나들며 선택할 수 있도록 '다리'를 놓아주는 일이다. 다양한 사례를 통해 성공적인 '한국형 노마드 워커'를 만들어낼 수 있는 가능성을 모색하려 한다.

일본 코워킹 스페이스 '더 터미널'

디지털 유목민, 일자리의 판을 바꾸다

회사를 다닐 땐 매일 아침 9시 출근, 저녁 6시 퇴근이 반복됐죠.
하지만 아이디어는 꼭 9시와 6시 사이에만 번뜩이는 게 아니잖아요.
저는 노마드 워커가 되고 나서 제가 저녁형 인간이라는 걸 알았어요.
야마노 코헤이(노마드 워커)

일본 도쿄 중심가에 있는 젊음의 거리, 시부야의 밤은 화려한 네온사인으로 뒤덮여 대낮처럼 밝다. 하지만 이 환한 인공 불빛의 그늘 뒤에는 불안한 내일을 잊기 위해 어둠 속으로 숨어들어간 일본의 젊은이들이 있다. 히키코모리, 사회적인 접촉을 끊고 자기 방에만 틀어박혀 지내는 청년을 일컫는 말이다. 통계에 의하면 일본의 히키코모리는 70만 명에 이른다. 이들 중 절반가량이 스스로 원해서가 아니라, 직장에 적응할 수 없거나 취업을 하지 못해 어쩔 수 없이 히키코모리 생활을 이어가고 있다. 장기화된 일본의 경기 침체와 일자리 부족이 일본 젊은이들의 삶과 미래마저 앗아가버린 것이다. 그렇다면 일본 젊은이에게 꿈과 희망을 줄 수 있는 길은 어디에 있는 것일까? 답은 하나, 일자리다.

시부야의 늦은 밤, 환하게 불을 밝힌 24시간 패스트푸드점 안에는 두 부류의 사람만 존재한다, 돈을 쓰는 사람과 돈을 버는 사람. 심야의 허기는 채웠지만 밤이 깊어져도 좀처럼 노트북을 닫지 않는 젊은이들의 모습과 앞치마를 두르고 쟁반을 내려놓지 못하는 젊은이들의 모습이 묘하게 엇갈린다. 한쪽은 내내 앉아 있고, 다른 한쪽은 내내 서 있다. 이렇게 같은 공간에서 두 부류의 입장은 다르지만 사실 이들은 모두 같은 행동을 하고 있다. '일'을 하고 있는 것이다.

: 취직 빙하기가 낳은 일본의 프리타족

일본에서 평생직장 개념이 빠르게 무너지고 있다. 일본 기업들은 어려운 경제 상황 속에서 경쟁력을 유지하기 위해 정규직보다는 비정규직 고용에 더 적극적이기 때문이다. 연공서열에 따른 임금과 평생고용이라는 일본 특유의 노동 관습은 차츰 옛말이 되어가고 있다. 정규직 노동자가 떠난 자리는 임시직과 계약직 등 비정규직 노동자로 채워졌다. 이로 인해 현재 일본은 1985년 85%에 달했던 정규직 노동자 비중이 지난해 64.8%로 낮아졌고, 비정규직 노동자는 같은 기간 15%에서 35.2%로 뛰어올랐다. 사회에서 점점 노동의 사각지대로 밀려나는 청년들의 수도 함께 급증했다.

안정적인 내일이 사라져가는 사회 현실에서 젊은이들은 고정된 일자리 구하기를 포기할 수밖에 없었다. 일정한 직업을 갖지 않고 두세 개의 아르바이트를 하며 자유롭게 살아가는 삶을 선택한 것이다. 일명 프리타족, 자유롭다는 뜻의 'free'와 노동자를 뜻하는 독일어 'Arbeiter'가 합쳐진 일본식 신조어다. 안간힘을 다해도 내게는 오지 않을 정규직 일자리를 막연히 쫓아다니기를 포기하고 불안정하고 단순한 일이지만 내가 지금 잡을 수 있는 일자리를 선택해 생계를 꾸려나가는 파트타이머를 지칭하는 말이자, 일본 청년층의 불안한 현실을 대변하는 말이기도 하다. 후생노동성에 따르면 일본의 프리타족은 34세 이하 노동인구의 10%에 해당하는 약 220만 명이라고 한다. 하지만 전문가들은 다시 찾아온 취직 빙하기로 앞으로 프리타의 수는 더 크게 늘어날 것이라고 전망한다.

최근에는 사회여건상 어쩔 수 없이 프리타족이 된 젊은이들과 달리 자발적으로 프리타의 삶을 선택한 젊은이들이 늘어나고 있다. 이들은 직업을 찾을 때까지 임시 아르바이트로 생계를 이어가야 하는 단기 프리타족이 아니다. 이들은 경쟁과 눈치 속에서 사는 삶에 회의를 느끼고 자신의 삶을 위해 기꺼이 프리타의 삶을 선호한다. 일본의 개인주의적인 성향, 그리고 '막연한 미래보다는 지금 이 순간의 현실을 즐기자'는 특유의 자유분방한 사고방식과 불안한 사회현실이 맞물려 자발적 프리타들이 도시의 틈새를 메우고 있는 것이다. 이제 일본에서 '프리타'는 능동적으로 선택할 수 있는 또하나의 직업군으로 대두되고 있다. '조직에 얽매이지 말고 자유롭게 살자'는 청년들의 외침이 일본의 직업지형도를 새롭게 그려가고 있다.

일본 사회에서 프리타는 더이상 낯선 존재가 아니다. 상황을 바꿀 수 없다면 즐기라는 말처럼 자발적 프리타들은 불안정한 현실을 인정하고 받아들인다. 그리고 일자리를 따라 더 적극적으로 움직이는 진화된 프리타족이 등장했다. 직장 없이 자유롭게 일한다는 점은 프리타와 같지만 그보다 더 큰 자유를 추구하며 도시를 가로지르는 유목민들, 노마드 워커가 일본의 정체됐던 일자리 판을 흔들고 있다.

: 새로운 근무 패러다임, 노마드 워킹

노마드 워커들을 가장 많이 발견할 수 있는 곳은 도쿄다. 도쿄는 패밀리 레스토랑, 카페, 패스트푸드점 등 24시간 영업을 하는 곳이 많아서 노마드 워커들이 일하기에 좋은 최적의 환경을 가지고 있기 때문이다. 일본 청년 렌 역시 노마드 워커다. 렌에게 시부야의 카페는 분주한 도시생활에서 여유를 만끽할 수 있는 휴식공간인 동시에 일하는 작업실이다. 노트북과 인터넷만 있으면 어디서든 일할 수 있어 취직하는 것보다 지금의 생활이 더 만족스럽다고 한다. 그런데 노마드 워커들은 집 안에 은둔하는 히키코모리와 달리 왜 밖에 나와서 일하기를 선호하는 걸까? 사람도 많고 공공장소라는 특수성으로 인한 스트레스도 적지 않을 텐데 왜 스스로 낯선 장소를 찾아다니는 것일까?

"매 순간 아이디어가 필요해요. 꽉 막힌 장소보다 어수선하더라도 개방적인 곳에서 작업할 때 일의 능률이 더 높아지죠. 한 장소에 오래 머물러 있는 것도 싫고요. 집은 너무 좁아서 답답해요. 도쿄에 독립해서 살고 있는 젊은이들의 경우 대부분 집이 좁아요. 일할 수 있는 공간이 충분하지 않기 때문에 밖으로 나와야 하죠."

기술의 발전은 도심의 거리를 넘어 세계 곳곳에서도 일할 수 있는 기반을 만들어냈다. 그리고 노마드 워커들의 수는 전 세계적으로 점차 늘어나고 있는 추세다. 미국 경제전문지인 『비즈니스 2.0』은 이들을 일컬어 '화이트칼라 노마드'라고 표현했다. 여기저기를 떠도는 단순한 '방랑자'가 아니라 부유함과 전문성을 갖춘 지식노동자란 뜻이다. 일본에서 불고 있는 노마드 워킹 붐 또한 이러한 전문직 청년들을 중심으로 일고 있다.

노마드 워커 렌의 하루는 조금 특별하다. 그는 아침 일찍 집 밖으로 나선다. 그가 매일 아침 향하는 곳은 패스트푸드점, 이곳에서 아침을 먹으며 하루의 스케줄을 짠다. 이메일을 통해 일거리를 받고 오전 작업을 진행한다. 점심이 되면 혼잡해지는 패스트푸드점을 나와 편의점으로 향한다. 그곳에서 도시락을 먹고 다시 거리로 나와 산책을 하며 휴식을 취하기도 하고 아이디어를 구상하며 한낮을 보낸다. 오후의 대부분은 카페에서 일하거나 책을 읽는다. 한 카페에 오래 앉아 있을 때도 있지만 하루 동안 두세 군데의 카페를 거치는 경우도 많다고 한다. 일은 이메일로 주고받고 회의는 휴대폰으로 하기 때문에 다른 사람을 만날 일은 별로 없다. 그러면 외롭지 않느냐는 물음에 그는 자유로워서 괜찮다고 답한다. 길에서 지내는 것은 그에게 자연스러운 일상이자 스스로 선택한 삶의 방식일 뿐이었다. 그는 노마드 워킹이 변화된 시대에 자신의 일을 똑똑하게 즐기는 방법이라고 생각한다.

스마트 시대의 노마드 워커들, 첨단 디지털제품으로 무장한 젊은이들이 변화하는 일자리 시장에서 제자리를 찾기 위해 자기 자신을 움직이고 있다. 그리고 지금 일본은 그들의 움직임에서 높은 효율과 가능성을 발견하고 지지와 응원을 보내고 있다. 일자리 시장은 끊임없이 변화하고 청년들은 제자리에 머무르길 거부한다. 그리고 그들의 만남을 이어주기 위해 특별한 터미널도 등장했다. 도쿄 하라주쿠에 위치한 '더 터미널'이다.

: 9 to 6? 우리는 24시간 Free!

도쿄 하라주쿠에 있는 '더 터미널', 이곳은 누구나 와서 일할 수 있도록 사무공간과 컴퓨터를 제공하는 이른바 '코워킹 스페이스Co-working Space'이다. 여느 회사의 사무실 풍경과 다름없어 보이지만 이곳에서 일하는 사람들은 언제든 자리를 옮길 수 있는 노마드 워커들이다.

회사를 그만둔 지 3년 6개월 정도 되었다는 인테리어 디자이너 야마노 코헤이는 퇴사 이후 회사에 출근하는 대신 매일 이곳에 나오고 있다. 이제는 아무리 대단한 대기업일지라도 회사에 다니는 인간으로는 살고 싶지 않다고 했다. 그에게 전쟁을 방불케 하는 출근길 풍경은 먼 과거의 일이 되었다. 그는 매일 느지막이 '더 터미널'에 도착해 자리를 잡고 여유롭게 커피 한잔을 하며 이곳에 설치된 컴퓨터를 이용해 파트타임 일을 한다. 온라인으로 작업하기 때문에 하루에 서너 개 기업의 일을 처리할 수 있다. 당연히 수입도 직장 다닐 때와 비교해 결코 적지 않다. 오히려 근무시간에 구애받지 않고 남의 눈치를 보지 않아도 돼서 대만족이라고 한다.

"날씨가 좋으면 근처 공원에 가서 모바일로 작업을 하기도 해요. 하루의 시간을 내 의지대로, 내 방식대로 보내며 일할 수 있어서 정말 행복해요. 카페나 도서관에서 일할 때도 있지만 이곳 '더 터미널'에선 저와 같은 부류의 사람들과 정보도 나누고 함께 일한다는 소속감도 주기 때문에 더 자주 와요. 컴퓨터는 물론이고 팩스나 복사기 같은 사무용 기계도 쓸 수 있어서 일하는 데 부족함이 없죠."

코헤이는 노마드 워킹의 장점으로 효율적인 시간관리를 꼽았다. 출근시간과 퇴근시간이 정해진 회사를 다닐 땐 늘 쫓기듯 살았다고 회고하며 오히려 자유로운 근무시간이 작업 효율을 더 높여준다고 확신했다.

"회사를 다닐 땐 매일 아침 9시 출근, 저녁 6시 퇴근이 반복됐죠. 하지만 아이디어는 꼭 9시와 6시 사이에만 번뜩이는 게 아니잖아요. 저는 노마드 워커가 되고 나서 제가 저녁형 인간이라는 걸 알았어요. 푹 자고 아침에 늦게 일어나서, 다음날 새벽 즈음에 늦게 자는 게 제 생체리듬에 더 맞았던 거죠. 저 스스로 가장 일하기 좋은 시간을 찾았더니 업무 집중도가 비교도 안 될 만큼 높아졌어요."

요즘 대학생과 직장인들에게 가장 중요한 건 시간관리다. 이미 우리의 스마트폰 속에 한두 개쯤 담아두고 있는 각종 일정관리 애플리케이션 또한 '시간이 곧 돈이고 경쟁력'이라는 변화된 세태를 보여준다. 그러나 '9 to 6'라 불리는 고정된 업무시간 속에선 스스로 시간을 활용해 최적의 생산성을 창출하기란 쉽지 않다. 우리나라처럼 '9 to 6'로 굳어진 일본의 근무시간에 변화를 요구하는 목소리가 부쩍 높아진 이유이기도 하다. 강제적으로 시간을 할당하는 것이 아니라 스스로 시간을 분배할 수 있는 새로운 근무체계로, '양'에서 '질' 중심으로, 업무의 방점이 다르게 찍히고 있는 것이다. 일본의 젊은이들은 '9 to 6'의 틀을 깨고 24시간 자유롭게 스스로 일할 시간을 선택하며 일자리에 자신을 맞추는 것이 아니라 일자리를 자신에게 맞춘다. 그리고 그 변화의 중심에 노마드 워킹이 있다.

경기 침체와 비정규직의 증가로 어쩔 수 없이 일자리를 잃은 사람들에게 노마드 워커는 외롭고 고단한 삶처럼 보일 수도 있다. 하지만 그들은 하루를 스스로 설계하고 적극적으로 내일을 준비하며 자신의 전문성을 더 키워나가고 있었다. 움직이는 일자리의 꽁무니를 쫓기보다 스스로 일자리를 붙잡아 내 것으로 만드는 사람들. 이제 일본에서 노마드 워킹은 부족한 일자리 문제를 풀어줄 현실적인 대안이자, 안으로 숨어든 젊은이들을 밖으로 불러내는 기회가 되고 있다.

갓 깨어난 노마드의 잠재력, 그 속에 담긴 새로운 잡트렌드가 일본을 넘어 세계를 향해 기지개를 펴고 있다.

영국 코워킹 센터 '센트럴 워킹'

이랜서의 탄생

미국에 갈 때면 뉴욕 JFK공항의 라운지가 제 작업실이었어요.
그러다 다시 돌아오면 문제가 생기는 거예요.
카페에서 일을 하자니 화장실이 불편하고, 호텔에 있자니 너무 외로웠죠.
그래서 생각했어요.
그 공항 라운지를 도시 한가운데로 옮겨오면 어떨까 하고요.
제임스(센트럴 워킹 대표)

런던은 일 년 중 거의 300일 이상 비가 내려 화창한 날씨를 자주 만나기 어려운 도시다. 특히 잔뜩 흐린 날씨에 지하철이나 기차역 승강장에 서 있노라면 무거운 실내 공기와 침침한 조명 때문에 기분이 더 가라앉는 것만 같다.

자유가 더 소중해 혼자 일하기를 택한 노마드 워커들이지만 그들도 때론 돌아갈 곳이 필요하진 않을까. 특히 이토록 흐리고 거대한 도시, 런던에서의 홀로서기는 어쩐지 자유롭다기보단 일종의 고립처럼 느껴질 수도 있을 것 같다. 영국 교통의 허브라 불리는 킹스크로스 스테이션. 기차에 올라탄 사람들은 습관처럼 노트북을 펼쳐든다. 저들의 목적지는 어디일까? 몸을 실은 기차가 향하는 곳이 아니라, 저들이 펼친 노트북 속 가상의 세계가 향하는 목적지는 어디일까?

킹스크로스엔 교통의 허브만 있는 것이 아니다. 나 홀로 흩어진 노마드 워커들이 기차를 타고 내리듯 함께 모여 따로 가는 그들만의 허브가 있다. 오프라인과 온라인 세상 모두를 가로지르는 숨겨진 기지, 그곳을 찾아 킹스크로스에 노마드 워커들이 모여들고 있다.

: 노마드 워커들이 접속하는 오프라인 허브, '센트럴 워킹'

흩어져 있던 영국의 노마드 워커들이 뭉치기 시작했다. 그들만의 코워킹 센터, 창조적인 네트워크 비즈니스 공간이 탄생했기 때문이다. 세상 속에서 고립된 섬처럼 보였던 프리랜서들이 오프라인 공간에서 함께 허브를 이뤄 거대한 대륙을 만들고 있다. 교통의 요지라는 명성답게 킹스크로스엔 여러 개의 코워킹 센터들이 영국 각지의 노마드 워커들을 불러들이고 있다. 가장 대표적인 곳이 '더 허브'다. 영국의 코워킹 센터들은 단순히 사무공간을 대여해주는 일본의 '더 터미널'과는 달리 공간을 공유하면서 서로의 정보까지 나누고 협력할 수 있도록 하드웨어와 소프트웨어를 같이 제공함으로써 노마드 워커들이 '각자'가 아닌 '함께' 일할 수 있도록 해준다.

'더 허브'와는 꽤 떨어져 있으나 최근 다른 지역에서 또다른 허브가 되고 있다는 '센트럴 워킹'을 찾았다. 건물 안으로 들어서면 그야말로 별천지다. 대기업 못지않은 넓은 규모에 각양각색의 사무실이 꾸며져 있다. 어떤 곳은 카페 같고 어떤 곳은 공항 라운지 같다. 또 어떤 곳은 레스토랑 같고, 집 거실처럼 아늑하고 포근해 보이는 곳도 있다. 특히 벽

없이 탁 트인 공간과 공동으로 사용하도록 만들어진 긴 책상들이 눈에 띄었는데, 바로 이 책상에서 여러 프리랜서들이 만나 정보를 공유하거나 아예 새로운 사업을 함께 도모한다. 또한 센트럴 워킹은 프리랜서들을 지원하기 위해 전문적인 컨설팅과 세미나를 개최하는 것은 물론, 관련 전문가들과의 만남을 주선하는 등 다양한 서포팅 프로그램까지 갖추고 있었다.

센트럴 워킹의 대표 제임스는 이 새로운 공간을 '기존의 사무실들이 하지 않는 것'을 실현해낸 곳이라고 설명한다.

"미국에 갈 때면 뉴욕 JFK공항의 라운지가 제 작업실이었어요. 그 라운지를 매달 방문하며 며칠씩 뉴욕에 머물곤 했죠. 그리고 그 라운지에서 일하는 것이 정말 편안하다는 생각이 들었어요. 그러다 다시 돌아오면 문제가 생기는 거예요. 다른 사람들도 다 겪는 문제들이죠. 카페에서 일을 하자니 화장실이 불편하고, 호텔에 있자니 너무 외로웠죠. 그래서 생각했어요. 그 공항 라운지를 도시 한가운데로 옮겨오면 어떨까 하고요."

그는 사람들이 칸막이로 분리된 사무실 혹은 자기 혼자만 있는 집에서 일하는 방식에서 벗어나면 더 큰 능력을 발휘할 수 있을 것이라 믿었다. 그리고 이제 수많은 노마드 워커들이 더이상 공항 라운지나 카페를 배회하지 않고 새로운 코워킹 센터에서 커뮤니티와 교류하고 참여함으로써 창의성과 생산성을 끌어올리고 있다.

"사람들은 기본적으로 다른 사람들과 함께 있는 것을 좋아해요. 누가 곁에 있어주는 것을 좋아하고 커뮤니티를 이루는 것을 좋아합니다. 기술이 자유를 주긴 했지만 그럴수록 커뮤니티로부터 자신을 분리시키

COKE

COKE

게 되죠. 이것이 현대인들이 잃어버리고 있는 부분 중 하나입니다. 프리랜서들도 집과 같은 고립된 공간에서 계속 일하면 이내 한계를 느끼게 됩니다. 다시 사회로 돌아가고 싶어지죠. 하지만 오랫동안 프리랜서로 일해온 사람이 다시 회사에 소속되기는 결코 쉽지 않아요. 그만큼 또 많은 것을 포기해야 하니까요. 그래서 그들에겐 이렇게 커뮤니티를 형성하고, 서로 도움을 주고받고, 사람들과 함께할 수 있는 장소가 필요한 겁니다. 자신이 철저히 혼자라고 느껴질 때 도움을 받을 수 있는 곳이요."

초원의 유목민들도 때로는 머무르기를 꿈꾸듯 노마드 워커들 역시 그러한 바람을 지니고 있었을지 모른다. 무엇이든 혼자 척척 해나가는 프리랜서들의 씩씩한 모습 뒤엔 누군가와의 동행을 바라는 고독한 개인이 숨어 있었던 건 아닐까? 영국의 코워킹 센터는 그런 개인들에게 자유를 보장하는 것은 물론, 공동체의 에너지를 지원하는 활력충전소였다. 그래서 제임스는 코워킹 센터의 가장 큰 역할은 사람들과의 어울림이라고 말한다.

"무엇보다 서로 다른 개인이 협업할 수 있는 환경을 조성해야 해요. 사람들을 모을 수 있는 순간을 만들어내는 거죠. 그렇게 모여서 서로 이야기할 수 있는 환경이 중요해요. 저와 우리 직원들 모두 정기적으로 이곳에 오는 사람들과 함께 어울립니다. 그들이 필요한 것을 파악하고 도움을 줘야 하니까요. 제가 주로 하는 일은 여기 모인 사람들과 이야기하는 일이에요."

실제로 영국은 프리랜서들의 전성시대가 열렸다고 할 만큼 그 수가 급증하고 있다. 이곳 센트럴 워킹만 해도 벌써 지점을 세 곳이나 열었고 올해 여섯 곳을 더 오픈할 예정이라고 한다. 프리랜서들이 잠시 머무는 공간을 넘어 아이디어가 만들어지고 일자리가 공유되는 오프라인 네트워크 기지가 구축된 것이다. 이제 영국의 유목민들은 더이상 혼자가 아니다. 그들은 가상의 창이 아니라 현실의 문을 열고 세상과 접속한다. 그곳엔 경쟁도 없고, 강제적인 업무도 없다. 대신 서로의 '내 일'을 이야기하고 나눌 수 있는 자유로운 사람들이 있다.

: 컴퓨터와 접속하는 21세기형 프리랜서, 이랜서

노마드 워커에게 꼭 필요한 건 다른 무엇보다 일거리다. 일거리가 사라지는 순간 그들은 더이상 노마드 워커가 아니라 실업자가 된다. 특히 일자리 부족에 시달리는 영국에서 소속된 집단도 없고, 인맥도 없는 프리랜서가 일을 잡기란 쉬운 일이 아니다. 아무리 자신의 전문성을 키워도 그 능력을 선보일 수 있는 무대가 없다면, 누군가에게 프리랜서는 자유는 마음껏 누리지만 기회는 잡기 힘든 좌절의 직업이 될 것이다.

그런데 그 기회의 무대를 디지털이란 시대의 흐름 속에서 찾은 이들이 있다. 인터넷에 접속해 컴퓨터로 내 일을 만드는 21세기형 프리랜서, 이랜서E-lancer다. 현실세계뿐 아니라 가상공간까지 넘나들며 활동무대를 넓힌 이랜서 청년들, 그들의 일터는 카페도 코워킹 센터도 아닌 '집'이다.

프리랜서인 동시에 이랜서로 활약하는 제이슨은 세계 곳곳을 누비며 사진을 찍거나 비디오 촬영일을 하는 프리랜서다. 영화사와 프로젝트를 진행해 컴퓨터 애니메이션을 제작하는 이랜서이기도 하다. 제이슨은 지난 15년간 수많은 기업들과 다양한 일을 함께 했다. 그중엔 외국 기업도 많다. 하지만 그가 회사에 출근하는 경우는 거의 없었다고 한다. 영상통화나 이메일로도 충분히 업무가 가능했기 때문이다.

"이랜서가 된 후, 보통 프로젝트를 시작하면 매주 두세 번의 화상통화를 통해 관계자들과 회의를 해요. 삼자통화로 토론을 하기도 하죠. 작업은 웹드라이브에 서너 명과 폴더 하나를 공유해서 제 작업과정을 올려요. 그들은 제 작업을 확인한 뒤에 다시 화상통화로 피드백을 주고요."

이랜서는 제이슨처럼 컴퓨터와 인터넷을 활용해 자신의 전문 분야에 해당하는 프로젝트를 수행하는 프리랜서가 늘어나면서 등장했다. 기존의 프리랜서들이 주로 인맥을 통해 일을 얻었다면, 이랜서들은 일을 찾는 것부터 시작해 일을 마무리하고 결과물을 전달하는 과정은 물론, 비용 결제에 이르는 모든 단계를 인터넷에서 해결한다. 실제로 '이랜서닷컴Elancer.com'과 같은 웹사이트들이 등장해 기업과 이랜서를 연결해주고 있는데, 그 사용자가 폭발적으로 증가하고 있다. 제이슨 또한 이랜서로 일하는 것이 다른 어떤 일보다 효율적이라고 생각한다. 일정한 사무실이나 작업 현장 없이도 컴퓨터와 네트워크를 이용해 다양한 업무를 처리할 수 있기 때문이다.

"여러 다른 방법으로 돈을 벌 수 있으니 좋아요. 지금은 컴퓨터 아티스트로서 새로운 애니메이션 프로젝트를 하고 있어요. 시작한 지 5, 6개월쯤 된 것 같아요. 거의 마무리되고 있는 시점이라 요즘은 틈틈이 이랜서닷컴에 접속해서 다른 일을 찾고 있고요. 이번엔 비디오나 사진 관련된 일을 찾아보려고요. 만약 6, 7년 전이었다면 이런 삶이 불가능했겠죠. 일을 찾으려면 직접 발품을 팔아 움직여야 했으니까요. 수입은 애니메이터 일이 훨씬 낫지만 돈 때문에 한 가지 일만 하고 싶진 않아요. 더 창의적인 사람이 되기 위해서 이 프로젝트가 끝나면 당분간 컴퓨터로부터 멀리 떨어져서 일할 거예요."

이랜서는 직접 대면이 아닌 가상 대면으로 일을 진행하는 탓에 보이지 않는 위험도 크다.

"이랜서들은 숱한 거절과 끝없는 최종컨펌 거부에도 대비해야 해요. 온라인에서 좋은 인상을 남겼더라도 일이 성사되지 않는 경우도 있고, 다른 사람들을 뽑는다거나 스케줄이 맞지 않아서 불발되는 경우도 많아요. 아무래도 쉽게 이어지다보니 거절도 쉽게들 하는 것 같아요."

그럼에도 제이슨은 자신만의 전문성을 키워서 원하는 삶의 방식을 얻고 있다. 그에게 온라인 세상은 더 많은 사람들과 효과적으로 교류할 수 있는 또하나의 창이다. 그 창이 사라지지 않는 한 제이슨의 접속은 멈추지 않을 것이다.

: 세상에 없던 '내 일'에 접속하다

오프라인 대신 온라인을 떠도는 사이버 세계의 유목민, 이랜서는 IT 기술의 진화가 낳은 또다른 모습의 노마드 워커이다. 이제 굳이 모여서 일하지 않고, 단지 연결되는 것만으로도 엄청난 효율을 발휘할 수 있게 됐다. 한 명 한 명의 이랜서들이 세상에 내놓는 전문성과 창의력이 모여 커다란 경제적 가치를 만들어내고 있는 것이다.

기타리스트 청년 렉스 역시 자신의 능력을 온라인 세상에 선보이며 새로운 가치를 창조해낸 이랜서다. IT 분야와는 거리가 있어 보이는 기타리스트가 어떻게 이랜서라 불리게 된 것일까? 렉스의 집은 조금 특별하다. 영상 스튜디오를 옮겨놓은 듯 방 한쪽을 채우고 있는 카메라와 조명, 각종 음향시설들은 이곳이 그저 기타만 치는 공간이 아님을 단박에 알려준다. 렉스는 유튜브에서 기타 강의 채널을 운영하고 있다. 유튜브에 자신이 직접 촬영하고 편집한 강의 동영상을 올리고 조회수에 따른 광고 수익을 받는다. 몇몇 동영상은 크게 인기를 끌어 높은 수입을 올리기도 했다. 그는 일주일에 두세 번 학생들을 대상으로 기타 강습도 하는데, 유튜브 동영상의 인기 때문에 수강생이 점점 많아지고 있다고 한다. 최근에는 음악 프로듀싱도 한다. 아이튠스는 자신의 음악을 선보이기에 최적의 무대다. 사람들이 그의 음악을 구매하면 또 수익이 발생한다. 렉스는 자신이 좋아하는 음악으로 이렇게 돈을 벌 수 있다는 것에 큰 자부심을 느낀다.

"저 혼자 일할 수 있다는 사실은 정말 멋져요. 왜냐면 제가 좋아하는 기타 연주를 마음껏 할 수 있으니까요. 항상 해보고 싶었지만 가능할 거라고 생각하지 않았어요. 하지만 지금은 매일 하고 있죠. 돈까지 벌면서요."

렉스는 자신이 새로운 직업 하나를 만들었다고 자부한다. '멀티플레이어 음악강사'라는 타이틀이다. 그는 스스로 새로운 일을 만들 수 있게 한 가능성이 디지털 기술과 아이디어에 있었다고 믿는다.

"런던에 와서 일 년 동안 직장을 구하지 못했어요. 그러다가 그 시간을 제가 잘할 수 있는 일에 투자하기로 했죠. 그렇게 시작된 일이 기타 연주 강의예요. 9시에 출근해서 6시에 퇴근하는 그런 평범한 직업은 아니지만 인터넷을 통해 돈을 벌 수도 있는 확실한 전문 분야였죠. 전에는 이런 기회가 없었지만 지금은 달라요. 누구든 기술과 아이디어만 있다면 얼마든지 유튜브를 통해 수익을 만들 수 있어요."

렉스가 카메라 앞에 선다. 화면 사이즈를 조절하고 플레이 버튼을 누르더니 잽싸게 그만의 작은 스튜디오에 들어가 기타를 잡으며 말한다.

"저는 전 세계 사람들에게 기타 치는 법을 가르쳐주는 것이 제 임무라고 생각해요. 하지만 무엇보다 음악을 새로운 시각으로 바라볼 수 있도록 사람들에게 영감을 줄 수 있다면 좋겠어요. 그래서 음악도 일이 될 수 있다는 것을 모두가 깨닫고 다양하게 음악을 직업으로 변신시켜 나갔으면 좋겠어요."

렉스는 왜 이랜서가 미래형 일자리로 주목받을 수 있는지 그 이유를 분명하게 보여준다. 그들은 단지 전문기술만으로 어떤 비어 있던 일자리를 대체하는 사람이 아니다. 스스로 일구고 가꾼 유토피아에 접속해 세상에 없던 새로운 일을 만드는 사람인 것이다.

렉스의 집을 떠나 다시 킹스크로스 스테이션에 들어서자 나올 땐 미처 보지 못했던 낯선 승강장이 눈에 띈다. 꽉 막힌 벽 앞에 캐리어와 새장을 붙여놓고 버젓이 승강장이란 표지판까지 달아놓았다. 바로 〈해리포터〉 시리즈에 등장하는 9와 4분의 3 승강장이란다. 해리포터의 나라다운 발상이다. 영화 속에서 꼬마 마법사들은 저 9와 4분의 3 승강장을 통과해 현실에서 마법의 세계로 이동했다. 현실에서 가상의 세계로 이동하고 있는 노마드 워커들 역시 저 9와 4분의 3 승강장과 같은 보이지 않는 통로를 통해 자신만의 내밀한 꿈에 접속하고 있는 것만 같다. 간절히 원하고 스스로 꿈꾸는 유토피아로 접속하기 위해, 영국의 노마드 워커들은 그렇게 자신만의 9와 4분의 3 승강장을 만들고 있었다.

네덜란드 노동조합총연맹 대표 엘코 타스마 & 빔 콕 전 총리

일할 맛 나는 비정규직의 유토피아, 네덜란드

돈은 아주 중요하죠. 일도 아주 중요해요.
하지만 사람은 일을 위해 사는 게 아니라, 살기 위해 일하는 겁니다.
무엇보다 중요한 건 삶의 질이에요.
사람들이 자발적으로 짧게 일하기를 원하고,
기업도 그로 인해 인력을 늘릴 수 있다면 전부 승자가 되는 셈이죠.
빔 콕(네덜란드 전 총리)

틀에 박힌 일터를 벗어나 자신만의 일터를 만들어가는 세계 속의 노마드 워커들. 하지만 그들이 거머쥔 자유는 아무런 대가 없이 찾아온 선물이 아니다. 대부분의 노마드 워커들은 자유와 성취를 마음껏 누리고 있으나 소속이 없기 때문에 그 어떤 사회적 보장도 받지 못한다. 그들의 오늘은 만족과 행복으로 채워져 있지만 다가올 그 언젠가의 내일엔 비정규직 노동자라는 위태로운 현실과 마주해야 할지도 모른다. 진정 노마드 워커들의 삶에서 '내 일'과 '안정'은 서로 만날 수 없는 평행선을 달릴 수밖에 없는 걸까?

세계에서 가장 선진적이고 합리적이라는 네덜란드의 노동정책은 그 해답의 가능성을 보여준다. '유럽의 모범생'이라 불리며 성공적인 고용 모델을 만들어온 네덜란드는 계약직의 천국이라 여겨질 만큼 안정적이

고 유연한 노동시장을 완성해가고 있는 나라다.

네덜란드의 노동정책을 살펴보기 전에 먼저 이곳에서 살아가는 비정규직 젊은이들의 실생활을 세심하게 관찰할 필요가 있다. 알려진 대로 진정 그들의 삶에 일자리에 대한 불안은 없는 것인지, 혹시나 일본의 프리타족 절반이 그랬듯 자신의 의지와 상관없이 고용시장의 사각지대로 밀려난 것은 아닌지, 정책을 이해하기 전에 현실에 발붙이고 사는 젊은이들의 이야기를 들어보는 것이 먼저일 것이다.

: 일자리는 계약직, 꿈은 평생직, 생활은 자유직

"연봉 3천만 원인 너랑 1200만 원인 이 언니가 친구구나. 내가 몰랐네. 정년 3개월짜리 이 언니랑 정년 30년짜리 너랑 친구인 걸 정말 몰랐어." (KBS 드라마 〈직장의 신〉 중에서)

정규직과 비정규직의 고용현실을 비꼬며 수많은 직장인들을 웃프게(웃긴데 슬픈) 만들었던 드라마 속 한 장면이다. 우리나라는 IMF 이후 평생직장이라는 개념이 사라지면서 비정규직의 수가 급증했다. 그리고 차이가 나면 기필코 차별하고야 마는 냉혹한 근로조건 속에서 많은 젊은이들이 상처받고 있는 게 현실이다.

만약 네덜란드 사람에게 이 드라마 속 장면을 보여준다면 어떤 반응을 보일까? 네덜란드는 전체 노동자 중 다수가 시간제 임시노동자들이다. 하지만 정규직과 비정규직 간의 차별이 없기 때문에 근로조건과 임금격차 등 비정규직 문제가 불거지지 않는다고 한다. 비정규직 문제로 몸살을 앓고 있는 우리나라의 현실과 많이 다르다. 네덜란드에서 프리랜서로 살아가는 서른 살의 청년, 다이스 루젠은 전혀 '다른' 현실을 이야기한다.

다이스는 암스테르담에 위치한 네덜란드 암협회에서 모금 프로그램을 개발하는 일을 하고 있다. 8년 동안 한 직장에서 안정적으로 일하다가 2년 전, 프리랜서를 선언하고 여러 직장을 유랑하고 있는 비정규직 노마드 워커다. 다이스는 이 암협회에서 6개월 계약직으로 일하고 있다. 벌써 두번째 연장계약인데, 이전 근무 때 좋은 평가를 받아 이번에도 일을 계속할 수 있었다. 다이스에게 프리랜서로 살면서 내 일을 갖고 있는 사람들의 이야기를 듣고 싶어 네덜란드까지 찾아왔다고 하니 대뜸 묻는다.

"프리랜서가 뭐가 특별한데요?"

"프리랜서로 일하면 차별대우를 받지 않나요?"

"도대체 왜 차별대우를 받아요?"

"……"

이들에겐 정규직과 비정규직을 특별히 구분해야 할 이유가 없다. 네덜란드에서 다이스 같은 청년은 너무도 흔한데 한국이란 먼 나라에선 특별한 청년으로 소개된다는 사실이 이들의 눈엔 더 낯설게 보였을 것이다. 만약에 재계약이 성사되지 않았더라도 다이스는 지금처럼 환하게 웃으며 말할 수 있었을까? 정말로 어떠한 종류의 차별도 없는 것일까?

"물론 공평하죠. 하지만 실제로는 또 그렇지 않아요. 제가 기금 모금을 유독 잘하기 때문에 암협회 측에서 절 고용한 거잖아요. 그것은 결국 일반 직원들보다 저에게 더 큰 기대를 걸고 있다는 뜻이에요. 일반

직원보다 부담이 더 큰 건 사실이죠. 따라서 공평하다고는 볼 수 없지만 기분은 나쁘지 않아요. 제 능력을 인정해준다는 거니까요. 또 전 그저 자유롭게 시간을 활용하면서 주어진 일만 완수하면 돼요."

임금이나 근로조건과 같은 차별이 아닌 업무에 대한 기대감이 너무 높은 게 차별이라니! 이곳의 비정규직들이 어떠한 지위에서 일하고 있는지 충분히 짐작이 된다.

암스테르담 외곽에 위치한 다이스의 아파트. 그는 부모님으로부터 일찌감치 독립해 이 작은 월세 아파트에서 청춘을 보내고 있다. 한 달 임대료는 약 1천 유로이다. 식비로만 평균 500유로 정도를 지출하고 있어서 한 달에 적어도 2천 유로는 벌어야 살 수 있다.

"직업도 임시이고 이 아파트도 임대지만 불안하진 않아요. 무슨 일이 생겨도 항상 또다른 일을 찾을 수 있으니까요. 집도 계약이 끝나면 새로 구하면 돼요."

다이스에겐 조만간 결혼할 여자친구도 있다. 비정규직이고 집도 마련하지 못했지만 이런 현실이 결혼에 문제가 되지는 않는다고 한다. 때마침 그의 여자친구인 에스터가 찾아왔다. 에스터는 정규직 직원이지만 비정규직인 다이스가 부러울 때도 있다고 한다.

"네덜란드에서 정규직과 비정규직의 근무조건은 거의 공평하다고 봐요. 때로는 정규직에 비해 훨씬 자유로운 임시직을 동경하는 이들도 많죠. 근무시간에 비해 수입은 더 높기 때문이에요. 물론 임시직이 감수하는 리스크가 크다는 것도 알지만 네덜란드에선 임시직도 제대로 대우받고 있으니까요. '무엇을 추구하느냐'가 더 중요한 문제라고 생각해요."

Ik sta op
voor

네덜란드의 젊은이들은 이렇게 일과 삶의 균형을 스스로 맞춰가고 있었다. 정규직과 비정규직 사이의 차별로 얼룩진 우리의 고용현실과 달리 이곳엔 함께 일자리를 나눈다는 파트너십이 강하게 뿌리내리고 있었다. 다이스는 이제 곧 암협회에서의 계약이 끝나고 다시 실업 상태가 될 예정이다. 그러나 그는 불안하지 않다. 오히려 또다른 일을 기대하며 설렐 수 있다.

"이렇게 일하는 방식이 저에게 잘 맞는다는 걸 알기 때문이에요. 그리고 늘 새로운 일거리를 만날 수 있어서 기대되기도 하고요. 물론 다음 일이 아직 확정된 건 아니지만 지금 열심히 찾고 있어요. 하지만 이대로라면 잠시 동안은 일이 없게 될 것 같아요. 그래도 크게 걱정은 안 해요. 그냥 내게 주어진 휴가를 즐기면 되니까요. 일 년 동안 열심히 일했기 때문에 내년 1월에 장기여행을 떠날 생각이에요. 일반직장이라면 한국도 그렇겠지만 한 달 휴가는 불가능하잖아요. 저는 그런 자유를 누릴 수가 있어요. 1월에는 일이 없으니까 브라질로 여행을 떠날 겁니다."

그리고 다시 한번 자신의 의지를 다지듯, 이렇게 덧붙였다.

"나는 한 직장에서 평생을 보내고 싶지 않아요."

다이스의 마지막 다짐이 저토록 확고할 수 있었던 이유는 무엇일까? 그 확신 속엔 내 일을 스스로 만들길 바라는 개인의 열정과 그 열정을 뒷받침해주는 국가와 사회의 든든한 버팀목이 있다. 개인의 열정과 용기만을 다그치기에 앞서, 그것을 가능하게 하는 버팀목을 살펴봐야 한다. 정규직과 비정규직의 벽을 무너뜨린 네덜란드의 고용정책에서 그 해답의 가능성과 방향을 가늠할 수 있다.

: 일자리 문제의 구원투수, 폴더 모델을 주목하라

네덜란드는 현재 25세 이하 청년층의 파트타임 비율이 무려 71.9%에 이른다. 2011년 기준 네덜란드 전체 노동인구 중 파트타임 노동자의 비중은 37.2%이다. 무려 한국의 2.8배에 이르지만 비정규직의 노동조건 문제는 불거지지 않는다. 바로 '동일노동-동일임금'이라는 고용차별금지법이 네덜란드 노동정책의 가장 큰 축을 이루기 때문이다. 네덜란드는 고용차별을 없애고 비정규직 비율을 높이는 노동시장 유연화 정책을 통해 실업률을 낮추고, 다른 유럽 국가에 비해 안정적인 성장을 유지할 수 있었다. 도대체 어떻게 이런 사회적 합의를 이룰 수 있었을까? 바로 정부, 기업, 노동자들이 대립과 투쟁이 아닌 협력을 근간으로 조금씩 양보했기 때문이다. 이는 오래전부터 조화와 협동을 추구해온 이곳의 역사적 배경에서 비롯됐다.

네덜란드는 전 국토의 27%가 바다보다 낮아 항상 자연재해를 겪었다. 그들은 오랜 시간 힘을 합쳐 풍차를 활용해 땅을 건조시켰다. 그처럼 바다를 메워 만든 땅(간척지)을 '폴더polder'라고 부른다. 매우 오래전부터 네덜란드 사람들은 공동의 문제를 풀 때 개인의 힘만으로는 불가능하며 협동이 필요하다는 사실을 알았던 것이다. 이 깨달음이 네덜란드 폴더 모델의 기본 원리다. 분열하거나 대립각을 세우기보다 힘을 합쳐 문제를 해결해가는 것이 모두가 함께 사는 길이란 인식이 바로 지금의 비정규직 천국, 네덜란드의 고용문화를 지탱하고 있는 힘이었다.

네덜란드 최대 노동조합 조직인 네덜란드 노동조합총연맹FNV의 대표로 활동하는 엘코 타스마는 폴더 모델을 이렇게 설명한다.

ong & Oud

"폴더 모델의 예는 다양해요. 알다시피 바세나르 협약Wassenaars Accord이 널리 알려져 있죠. 실업, 특히 청년실업 문제 해결을 위해 정부가 사회적 파트너십을 제시했고, 그렇게 실업 문제의 해결책을 고민한 결과, 노조는 적정임금 요구에 합의하고, 기업은 40시간 이상의 근로시간을 38시간으로 줄이는 데 합의했죠. 따라서 같은 직업을 더 많은 노동자들이 공유할 수 있게 됐습니다. 이런 합의가 실업 문제 해결에 매우 성공적인 발판을 만들었어요. 그후로 노사 모두 과도한 욕심을 버리고 상생의 파트너십을 유지했습니다. 폴더 모델의 가치를 보여주는 가장 기본적인 사례죠."

1980년대 당시 네덜란드는 정부와 노동자 간의 긴장과 대립이 팽팽한 상태였다. 그런데 위기 속에서 대립하지 않고 사회적으로 파트너십을 발휘해 결국 '일자리 나누기 정책'에 합의할 수 있었던 것이다. 노동시간을 줄여 두 명이 일하던 것을 서너 명이 나눠서 일하되, 노동시간이 짧은 파트타이머를 적극적으로 활용함으로써 고용 창출을 극대화하는 전략이다. 실업 문제 해결을 위한 구원투수로 '협력과 상생'이란 폴더 모델을 도입해 결국 더 많은 일자리 창출이란 결실을 꽃피운 것이다. 엘코는 네덜란드의 노조가 파업이나 폭력을 우선시하지 않는 이유도 폴더 모델의 힘을 경험했기 때문이라고 말했다.

"우리는 싸움보다 서로를 존중하는 대화가 더 나은 결과를 불러온다는 것을 모두 알고 있어요. 이웃나라 독일의 경우 노사는 서로 미워하는 앙숙입니다. 협상이 끝나도 각자 갈 길을 갑니다. 하지만 우리는 장시간의 협상을 마친 후엔 사주와 노조원들이 바에서 함께 맥주를 마시는 문화인 거죠."

네덜란드는 상생의 문화가 사회 전반을 받쳐주고 있는 나라였다. 암스테르담에서 만난 다이스가 안정적인 일자리가 없어도 불안해하지 않고 내일을 향한 기대로 행복할 수 있었던 데에는 그러한 안전망이 존재했기 때문이었다. 엘코는 앞으로의 노동시장을 전망하며 네덜란드에선 프리랜서가 젊은이들의 가장 많은 선택을 받게 될 것이라고 확신했다.

"앞으로의 노동시장에서 청년 인력이나 특정 분야 노동자의 수는 더욱 줄어들 것입니다. 따라서 노동자의 지위는 다시 강화될 수밖에 없어요. 그리고 이런 여건은 두 가지 양상으로 이어지겠죠. 먼저 고용주들은 회사의 이익을 위해 유능한 직원들을 잃지 않도록 임시직보다는 안정적인 일자리를 제공하고자 노력할 겁니다. 반면, 젊은이들은 스스로가 임시직을 선택해 여러 일자리를 선택적으로 경험하려고 하겠지요. 프리랜서로서 소득 조건이 좀더 나은 임시직으로 옮겨다니는 거죠. 앞으로는 그런 두 가지 양상을 한꺼번에 볼 수 있게 될 겁니다."

이것이 가능할까? 안정적인 일자리의 확대와 자발적 프리랜서들의 증가, 한쪽이 올라가면 한쪽이 내려가는 시소처럼 정반대에 놓인 두 가지 양상이 정말로 동시에 펼쳐질 수 있을까? 엘코는 그러한 내일은 생각보다 더 빨리 찾아올 것이라고 확신한다.

"요즘엔 인터넷만 연결되면 집이나 기차 안, 기차역, 카페 등 어느 곳에서도 업무가 가능하잖아요. 그처럼 스마트 기술을 활용한 업무와 사적인 삶의 균형이 이루어질 거예요. 개인이 자신의 일에 지금보다 훨씬 더 큰 재량권을 갖게 될 겁니다. 결국 사람들에게 만족감을 주는 것은 의존이나 간섭이 아니라 독립적인 삶이니까요."

노동시간은 가장 적은데 노동 생산성은 높다. 게다가 정규직과 비정규직 간의 차별도 없다. 근무시간까지 탄력적이다. 때문에 네덜란드의 노마드 워커들은 카페와 패스트푸드점이 아닌 직장을 유랑하며 살아간다. 다양한 일자리를 거치며 자신의 꿈을 키워가는 젊은이들, 열린 국가 네덜란드의 비정규직 노마드 워커들이다.

: 일과 삶의 균형 맞추기

노동협약의 교과서라고 불리는 '바세나르 협약'을 일궈낸 주역인 빔 콕 전 총리. 그는 상생의 전통인 폴더 모델을 부활시켜 사회문제를 현명하게 풀어간 백전노장이다. 대립과 갈등은 내려놓고 협력과 조화의 가치를 우뚝 세운 네덜란드의 폴더 모델, 그것은 네덜란드인들만의 전유물인 걸까? 이곳의 폴더 모델을 우리나라에 적용할 수는 없을까? 빔 콕 총리는 대답한다.

"폴더 모델은 분명 네덜란드 역사와 전통의 일부예요. 물론 폴더 모델에 관심이 있는 다른 나라들도 일부 아이디어를 연구하고 몇 가지 실행을 통해 영감을 얻을 수는 있을 겁니다. 예를 들어 나는 한국인들이 폴더 모델이 어떻게 작용하고 약 30년 전에 어떻게 바세나르 협약을 타결할 수 있었는지에 관심이 많다는 걸 알고 있어요. 그걸 설명하기 위해 한국에 간 적도 상당히 많고요. 하지만 이건 수출품목이 아니에요. 어떤 나라에 그러한 전통이 없다면, 즉 한 나라의 국민들에게 합의에 도달하고 서로의 말에 귀기울이고 두 당사자가 서로 양보해서 타협과 공동의 길을 찾으려는 진정한 의지가 없다면, 아무리 오랫동안 폴더 모델에 대해 이야기해봤자 실행에 옮기지는 못할 겁니다. 따라서 일종의 영감을 주고 다른 나라에서 그걸 활용해보려 할 수는 있겠지만 절대로 네덜란드식 모델이 바다를 가로질러 다른 나라, 다른 사회에 이식되는 방식은 있을 수 없을 겁니다."

폴더 모델이 네덜란드인들의 마음을 움직일 수 있었던 건 그들이 오랜 세월 함께 풍차를 돌리며 간척지를 일궜기 때문이다. 그렇기 때문에 이러한 공동의 역사적 체험보다 지역 간 분열과 계급 간 갈등의 체험이 더 많았던 우리나라에선 폴더 모델을 곧장 전면적으로 도입하기엔 무리가 있을지도 모른다.

빔 콕 총리는 네덜란드의 일자리 특징 중 가장 주목해야 하는 것으로 단연 '동일노동－동일임금'을 들었다.

"정규직으로 일하는 사람들과 비정규직으로 일하는 사람들의 근로 계약, 실업수당, 프리미엄은 전부 같아요. 업무시간에 따라 존재하는 임금의 차이 말고는 차별이 전혀 없다는 게 맞습니다. 그리고 우리는 이 점에 대해 특별히 합의할 필요가 없었어요. 똑같은 일을 하는데 단지 고용방식의 차이만으로 차별을 두는 건 이곳에선 비상식적인 일이니까요."

최근 네덜란드에서 비정규직, 그중에서도 파트타임의 인기가 아주 높아진 데에는 마땅한 이유가 있었던 것이다. 법적, 제도적 보장 아래서 많은 사람들이 전보다 일과 삶의 균형에 더 많은 관심을 기울이고 애착을 느끼기 때문이었다.

"예를 들어 요즘은 아이가 있는 젊은 여성들 사이에서 파트타임 근무가 아주 인기가 높고 남자도 파트타임으로 일하는 경우가 많아요. 그들은 많은 돈을 벌기보다 삶을 즐기길 원하죠. 회사에 오래 머무르기보다 자녀들을 돌볼 시간을 내는 것이 더 중요한 가치가 된 거예요. 현재 한국에서도 일과 삶의 균형에 대한 논의가 많이 이루어지는 것으로 알고 있어요. 돈은 아주 중요하죠. 일도 아주 중요해요. 하지만 사람은 일을 위해 사는 게 아니라, 살기 위해 일하는 겁니다. 무엇보다 중요한 건 삶의 질이에요. 사람들이 자발적으로 짧게 일하기를 원하고, 기업도 그로 인해 인력을 늘릴 수 있다면 전부 승자가 되는 셈이죠."

그는 젊은이들이 안정적인 일자리에 집착하기보다 유목민들처럼 다양한 직업의 기회를 만들며 자신만의 일을 만드는 것이 더 중요하다고 생각한다. 네덜란드가 비정규직 노마드 워커의 메카로 불리는 게 전혀 걱정스럽지 않다는 것이다.

"나는 젊은이들이 단번에 꿈의 직업에 골인하길 기다리기보다 취업 기회를 더 많이 갖는 게 중요하다고 생각해요. 꿈의 직업이라는 건 어느 정도 근무연차가 쌓이고 노동시장에 안정적으로 진입하고 나서야 찾아오는 겁니다. 따라서 계속 실업상태인 한, 직업에 대해서는 꿈밖에 꿀 수 없는 거죠. 그리고 계속 그러다보면 꿈의 직업을 갖기보다는 일자리 자체를 꿈꾸는 주객이 전도된 상황이 벌어지고요. 청년들을 위해 고용을 창출하는 것은 우리 모두의 의무라고 생각합니다. 우리 기성세대는 그것이 가능해지도록 더 열심히 노력해야 해요."

세계 어디를 가도 실업으로 고통받는 청년들을 볼 수 있다. 네덜란드도 예외는 아니다. 다른 유럽 국가보다는 확연히 낮은 실업률과 높은 취업률을 고수하고 있지만 이곳에도 내 일을 찾지 못해 움츠러든 청춘들은 분명 존재한다.

우리의 일자리 현실이 네덜란드 사회보다 열악한 것은 사실이지만,

그런 사회적 합의가 불가능하지는 않을 것이다. 우리에게도 더 나은 내 일을 향한 길은 필요하다. 설령 그 길이 매끄럽게 닦인 네덜란드의 길보다 더 거친 고갯길일지라도, 우리는 우리의 길을 만들어야 한다. 일을 위해 사는 것이 아닌, 잘 살기 위한 일을 찾을 수 있는 우리만의 상생의 길은 분명 존재할 것이기에.

이탈리아 티토 보에리 교수

정규직과 비정규직을 잇는 공존의 다리

청년층이 커리어를 쌓는 초기 단계에 실업이나 실직을 경험하면
그 사람의 행동에 장기적인 영향을 끼친다는 연구가 있어요.
우리는 그것을 '낙인 효과'라고 부릅니다.
티토 보에리

청년실업은 다른 연령대의 실업에 비해 불경기에 더 큰 폭으로 증가하는 경향이 있다. 기업이 어려움에 직면할 때 신규 채용을 동결하는 것이 고용주들의 첫번째 대응이기 때문이다. 인건비를 줄이는 것은 기업의 입장에서 가장 쉽게 비용을 절약하는 방법이다. 젊은이들은 학교를 떠나서 이제 막 노동시장에 진출했을 뿐이므로 경력자들을 해고하는 것보다 신규 채용을 줄이는 것이 사회적으로도 더 안전하다고 여겨진다. 불경기에 실업률 증가가 청년층에 더 집중되는 이유이다.

네덜란드는 노동시장 유연화와 고용 안정성이라는 두 마리 토끼를 잡았기 때문에 다른 국가보다 실업률이 낮다. 하지만 이는 폴더 모델이라는 네덜란드 특유의 시스템이 가동했기 때문에 가능했던 일이다. 이웃나라의 사정은 다르다. 이탈리아의 청년 실업률은 35%를 넘었고 스

페인과 그리스는 55%를 넘어섰다. 일을 하고 싶어도 일자리를 잡을 수 없는 젊은이들의 아우성이 유럽을 가득 메우고 있다. 네덜란드의 특수한 고용정책을 곧바로 적용할 수 없다면, 일자리 문제를 해결할 다른 대안으로는 무엇이 있을까?

청년실업에 대처할 새로운 해법을 모색하기 위해 이탈리아에서 실업 문제를 연구하는 티토 보에리 박사를 찾아갔다. 그는 현재의 불경기가 청년층에게 특히 위험한 이유에 대해 이렇게 설명했다.

"오랜 시간에 걸쳐 한 개인의 인생사를 10년, 15년, 20년 후까지 추적한 데이터를 활용한 다수의 연구가 진행되고 있습니다. 그중 청년층이 커리어를 쌓는 초기 단계에 실업이나 실직을 경험하면 그 사람의 행동에 장기적인 영향을 끼친다는 연구가 있어요. 우리는 그것을 '낙인효과scarring effect'라고 부릅니다. 초기 실업의 영향이 굉장히 지속적이라는 것입니다. 이는 그 청년이 앞으로 더 낮은 임금을 받게 되고 실직, 해고, 실업을 또다시 경험할 가능성이 높다는 걸 의미합니다. 또 인생의 초반에 실업을 경험한 사람들에게 나중에 건강 문제가 생긴다는 연구 결과도 있어요. 청년실업 문제는 한 사람의 인생 전체에 영향을 미치는, 우리가 예상하는 것보다 훨씬 더 심각한 문제입니다."

보에리 박사는 청년층이 그토록 힘든 일을 겪는다는 건 그 나라의 미래 성장 가능성마저 줄이는 일이라며 목소리를 높였다. 결국 청년실업 문제는 청년층 개인의 문제를 넘어 사회 전체와 연결되어 있는 문제이므로 어떻게든 꼭 해결해야 할 과제라는 것이다. 하지만 무엇으로, 어떻게, 좀처럼 풀리지 않는 청년실업 문제를 풀어야 할까? 보에리 박사는 무엇보다 고용구조를 바꿔야 한다고 주장한다. 대부분의 기업은 정규직과 비정규직을 함께 고용한다. 하지만 정규직 노동자와 비정규직 노동자 사이에는 큰 간극이 있다. 바로 고용 안정성이다. 보에리 박사는 무엇보다 이 간극을 줄여야 한다고 주장한다. 정규직과 비정규직의 간극이 커질수록 결국 임시직 노동자의 수만 더 증가할 뿐이라는 것이다.

"이제 우리는 정규직과 비정규직, 그 둘 사이에 다리를 만들어야 합니다. 즉 정규직 계약이 지금처럼 채용된 당일부터 곧장 시작되어서는 안 된다는 겁니다. 정규직 계약으로 채용이 확정된 노동자는 바로 다음날부터 완전히 보호받는 나라들이 많은데, 그렇게 하려면 비용이 엄청나게 많이 들죠. 예를 들어 당신이 고용주인데 서류와 겉모습만 보고 실수로 업무에 맞지 않는 사람을 잘못 채용했다고 생각해보세요. 이제 그 사람을 해고하려면 비용이 굉장히 많이 들기 때문에 손해를 입게 됩니다. 바로 이런 리스크 때문에 최근 고용주들이 일부러 정규직 비율을 줄이고 임시직을 늘리는 겁니다. 우선 그 사람이 적임자인지부터 확실히 확인한 후 계약을 해야 합니다. 다리를 건널 시간을 두자는 거죠. 우리에겐 서서히, 점진적으로 보호망을 넓혀나가는 정규직 계약이 필요해요. 처음에는 아주 미미한 수준의 보호만 받더라도 매주 시간이 지날 때마다 서서히 경력이 쌓이면서 결국엔 완전한 보호를 받게 되는 거죠. 이러한 지속성을 만들어내는 것이 오늘의 청년층이 뒷문이 아닌 정문으로 노동시장에 진출하는 해법이라고 생각합니다."

보에리 박사의 해법은 처음부터 정규직과 비정규직의 경계를 긋고 시작하는 대신 이 둘을 이어주는 다리를 놓자는 것이다. 그 다리를 오가는 청년들의 실제 업무능력을 충분히 확인한 후에 정규직과 비정규직을 구분해도 늦지 않다는 것이다. 이런 시스템이 자리잡는다면 청년들도 자신에게 더 적합한 기업을 찾아 쉽게 움직일 수 있을 것이다.

어쩌면 지금의 일자리 문제를 확실하게 풀기 위한 정답 같은 것은 없을지도 모른다. 나라마다, 지역마다 각기 다른 미래상이 있고 또 개인마다 추구하는 '내 일'이 다르기 때문이다. 노트북을 들고 카페와 패스트푸드점을 찾아다니는 일본의 젊은이도 있고, 3개월 혹은 6개월마다 계약서를 새로 쓰고 회사를 옮겨다니는 네덜란드의 청년도 있다. 그것이 바로 이 책이 세계 각국의 수많은 사례를 수집하고 그 안에서 서로 다른 대안을 비교 검토하고 있는 이유다. 기득권과 이념 가득한 고정관념에서 벗어나 우리만의 해답을 향한 길은 과연 어디에 있는가?

Towards Social Good

착한 일 전성시대, 소셜 사업을 주목하라

FUTURE

:T

누가 사회는 이기적인 호모 이코노미쿠스들로만 구성되어 있다고 했던가? 다른 이에게 도움을 주는 이타적인 사업이 뜨고 있다. 이 '착한 일'들이 사회는 물론 창업자 자신도 풍요롭게 만들고 있다. 착한 일은 하나의 사업일 뿐만 아니라 사람을 바꾸는 변화의 씨앗이다. 그리고 그 씨앗은 누구나 품을 수 있고 누구나 꽃을 피울 수 있다. 내가 싹틔운 착한 일이 누군가의 삶을 위로하고 더 나아가 세계 경제의 상처를 치유할 수 있는 것이다. 상처투성이 지구촌을 힐링하며 따뜻하고도 비범한 트렌드로 자리잡고 있는 착한 일 전성시대, 그 바람이 우리의 내일을 향해 불어오고 있다.

사회적 기업의 원조라고 할 수 있는 방글라데시의 그라민 은행 같은 외국의 사회적 기업뿐만 아니라, 이제 한국 사회에서도 좋은 일을 하면서 수익을 낼 수 있는 착한 일을 향한 관심이 뜨겁다. 고속성장으로 인해 많은 부작용이 나타나고 있는 한국 사회에서 착한 일은 세상을 변화시킬 수 있는 원천이자 일자리를 만들어낼 새로운 동력으로 주목받고 있다. 눈앞의 성장이나 당장의 이윤을 좇기보다 함께 잘살 수 있는 방법을 고민하는 사람들, 사회의 구조적인 모순을 조금이라도 바꾸기 위해 자발적으로 뛰어들어 변화를 창조하는 '체인지 메이커'들의 활약이 두드러지고 있다. 이들은 주변의 작은 문제 속에서도 세상을 아름답게 바꿀 실마리를 찾아내며 착한 비즈니스 시대의 촉매 역할을 하고 있다.

방글라데시 그라민 은행, 그라민폰

Impossible? I'm possible! 빈민과 함께 춤을!

보통 사람이란 있을 수 없어요.
사회가 우리 모두를 보통 사람으로 전락시킨 것뿐이죠.
사회가 개인의 잠재력을 인정하는 환경을 만들어주기만 한다면
누구나 비범한 존재가 될 수 있습니다.
우린 모두 세상을 바꿀 힘을 갖고 있어요.
무하마드 유누스(그라민 은행 설립자)

2013년 4월, 방글라데시의 의류공장 건물이 붕괴되는 사고가 발생했다. 사망자만 1100명이 넘은 이 참담한 인재를 계기로 방글라데시 노동자의 세계 최저 수준인 임금과 열악하기 그지없는 노동환경이 입에 오르내렸다. 방글라데시는 중국과 이탈리아에 이어 세계 3위의 의류 수출국이며 5천여 개의 의류공장을 두고 연간 200억 달러 규모의 시장을 지탱하고 있다. 전 세계 의류산업의 기지나 다름없는 이곳에서 360만 명의 사람들이 재봉틀을 돌리고 실밥을 뜯으며 옷을 만든다. 그러나 이들이 열악한 환경에서 옷감에 파묻혀 일한 대가로 받는 임금은 월 40달러 안팎. 글로벌 의류기업들이 앞다투어 방글라데시에 생산 공정을 맡기는 이유가 바로 이 낮은 임금 때문이다. 인간의 존엄마저 위협받는 최악의 노동환경이 어떤 기업에는 최고의 사업여건이 되고 있다는,

그야말로 불편한 진실이다.

우리가 사는 세상은 여전히 이러한 불편한 진실들로 가득하다. 2009년 미국에서 시작된 월가 점령시위는 이윤만을 추구하는 자본주의의 허점을 보여주며, 전 세계 수많은 이들에게 상처투성이 경제를 치유하기 위한 대안을 고민하게 했다. 위기란 뭔가 문제가 있다는 경종이다. 이제 많은 이들이 문제를 감추기 위한 임시방편이 아니라, 문제를 해결할 지속 가능한 대안이 필요하다는 사실을 인식하기 시작했다. 나의 일이 누군가의 희생을 담보로 하지 않는지 한 번 더 생각하고, 나만 잘사는 것이 아니라 나와 세계를 동시에 잘살게 만드는 착한 일을 찾기 위해 수많은 젊은이들이 삶의 이정표를 바꾸고 있다. 이제 착한 일은 개인의 선행으로 그치는 것이 아니라 경제를 살리는 새로운 직업군으로 떠오르며 시대의 트렌드로 진화하고 있다.

: 소액대출, 기회를 대출하고 인생의 변화를 이자로 받다

높은 실업률과 심화되는 양극화 문제를 해결하기 위해 착한 일에 뛰어드는 사람들이 늘고 있다. 그들이 만든 착한 회사를 일컬어 사회적 기업Social Enterprise이라고 부른다. 취약계층에 사회서비스나 일자리를 제공하여 삶의 질을 높이고, 영리활동도 벌여 착한 이익을 만드는 기업이다. 그리고 이 착한 사업을 세계 각국으로 전파한 사회적 기업의 효시가 바로 '그라민 은행'의 설립자, 무하마드 유누스다.

그라민 은행은 가난한 사람들을 대상으로 사업하면 같이 가난해질 뿐이라는 상식을 깨고, 빈민사업을 가장 수익성 높은 사업으로 발전시킨 사회적 기업이다. 방글라데시에서 교수로 재직중이던 유누스가 단돈 20달러 때문에 고리대금업자의 횡포에 시달리던 빈민들에게 자신의 돈을 빌려준 것이 그 시작이었다.

"약탈적 대출을 일삼는 고리대금업자가 한 지역을 장악하고 빈민들에게 고리에 가혹한 조건으로 돈을 빌려주는 관행이 만연하고 있었어요. 난 그런 관행을 근절하고 빈민들에게 그들의 삶을 바꿀 수 있도록 도움을 주고 싶었습니다. 각계각층의 거센 반대가 있었죠. 특히 여성들에게 대출을 허용한다는 이유로 종교계의 반발이 가장 거셌어요."

그가 그라민 은행을 설립하며 세상에 내건 슬로건은 "불가능이란 없다There's nothing called impossible"는 신념이다. 대부분의 은행가들에게 빈민 대출은 말도 안 되는 일이었다. 낮은 신용 때문이다. 모두가 불가능하다고 말한 그 사업을 한 평범한 교수가 해냈다.

"먼저 빈민 여성들에게 30~35달러의 소액대출을 지원했어요. 그들에게 그것은 커다란 도전이었어요. 돈을 빌려가는 사람조차 그 돈으로 과연 자신의 삶이 변화될지, 돈을 벌 수 있을지 의문을 가졌던 거죠. 그러나 그 적은 돈을 활용해서 그녀들의 손으로 돈을 벌게 되자 변화가 시작된 겁니다. 매일, 매주, 매달 거듭해서 돈을 벌어 대출금을 갚아나갈 수 있게 되자 여성들의 자신감 역시 커졌어요. 대출 후 1년이 지나 1차 대출금을 완전히 갚을 즈음이 되면, 돈을 빌린 여성은 완전히 다른 사람으로 변해 있습니다. 작은 기회가 만든 엄청난 변화죠."

유누스는 빈민들에게 필요한 건 자선이 아니라 자립할 수 있는 기회라고 믿는다. 자선은 일회성이라 사람들을 의존적이게 하고 내적인 에너지를 발휘하지 못하게 막기 때문이다.

"일단 나도 할 수 있다는 사실을 알게 되면 자립할 수 있다는 사실에 고무돼서 더 큰 꿈을 꾸게 됩니다. 처음엔 몰랐던 자신의 능력을 발견하면서, 그 능력을 조금이라도 더 발휘하고 싶어하는 거죠. 따라서 매번의 대출이 곧 도전이 되고, 돈을 갚을 때마다 자신이 몰랐던 능력을 발견하게 됩니다. 그리고 그렇게 차차 잠재력을 발휘해나가면서 결국은 가난을 숙명으로 받아들이지 않고, 그로부터 벗어나야 한다는 단단한 의지를 얻게 돼요. 하지만 자선은 이런 변화를 불러오지 않아요. 대가를 돌려줄 필요가 없으니까요."

누군가의 도움을 기다릴 뿐 스스로를 돕지 않았던 가난한 이들에게 기회를 대출하고 변화를 이자로 받은 착한 은행, 그라민 은행의 사업이 시작되고 3년 만에 방글라데시의 500여 가구가 절대빈곤에서 벗어날 수 있었다. 이후 소액대출 운동은 세계 각국으로 전파됐고 현재 우리나라를 포함해 37개국에서 9200만 명을 대상으로 운영되고 있다. 또한 유누스는 2006년 노벨평화상의 공동 수상자로 선정되며 약자의 경제적, 사회적 발전을 이끌어낸 공로를 인정받았다. 하지만 가장 중요한 공헌은 착한 일에 불가능은 없다는 사실을 증명해 보였다는 사실일 것이다. 그는 착한 사업을 시작할 수 있는 힘은 비즈니스 경력과는 무관하다고 말한다. 오히려 이 시대의 젊은이들이 더 나은 착한 일을 벌일 수 있고 벌여야 한다고 믿는다.

"젊은이들은 변화의 흐름을 매우 잘 이해하고 있어요. 과거와 달리 시대가 급변하면서 그들의 짧은 인생 동안 불가능이 가능으로 변하는 경험을 많이 했기 때문이죠. 그리고 10년 후면 불가능하게 여겨졌던 많은 일들이 일상적으로 가능해지는 시대가 또 찾아올 겁니다. 따라서 오늘날 불가능한 일은 거의 없는 거죠. 청년들이 착한 일에 뛰어들 무대는 충분해요."

우리 모두에게는 잠재력이 있다. 그러나 그런 사실을 미처 알기도 전에 세상이 내놓은 일자리 속으로 자신만의 내일을 파묻곤 한다. 만일 유누스가 자신이 속한 세계 안에 머물며 학생들만 가르쳤다면, 고리대금업자에게 시달리던 그 여성의 고통을 발견하지 못했을지도 모른다. 그의 말처럼 변화를 시도하기에 불가능한 때는 없다. 'Impossible'이란 단어에 점 하나만 추가하면 'I'm possible'이 되듯, 삶을 바꾸는 건 늘 아주 작은 지점에서 시작된다. 이제 금융업을 넘어 다양한 사업 분야를 개척하며 세상에 없던 착한 일을 펼치고 있는 그라민 은행도 애초엔 어느 시골마을의 작은 은행일 뿐이었다. 착한 일은 그렇게 작은 관심과 변화로 시작되는 무한한 가능성을 품은 일자리이다.

: 가난할수록 IT하라

세계 어느 곳이든 들여다볼 수 있는 창이 된 인터넷, 그리고 세계 어디와도 이어질 수 있는 고리가 된 모바일. 우리에겐 생활이 된 서비스지만 방글라데시에선 아무나 엄두를 낼 수 없는 양극화의 상징이다. 방글라데시에선 인구의 15%만이 위성 또는 케이블 방송을 볼 수 있고 인구의 60%는 전기조차 제대로 쓰지 못하는 실정이다. 방글라데시와 같은 극빈개도국의 경우, 소비자의 구매 수요가 한정되어 있기 때문에 IT 분야의 경우 더욱 사업 투자가 어렵다고 한다. 하지만 극빈층에겐 대출

사업이 불가능하다고 여긴 편견을 깨고 성장한 그라민 은행처럼, 방글라데시에 IT 사업을 일으킨 주역이 있다. 착한 투자, 선한 경영으로 이윤을 추구하고 있는 기업 '그라민폰'이다.

그라민폰은 정보기술의 혜택을 거의 받지 못하는 방글라데시 동북부의 시골마을 주민들에게 정보통신 수단을 제공하는 기업이다. 이곳에서는 정보의 바다에 빠지기는커녕 정보기기를 구경도 못해본 농촌지역 주민들을 위해 '정보 보트Information Boat' 사업을 활발하게 펼치고 있다. 낙후된 지역에 저렴한 요금체계로 통신서비스를 제공하는 것이다. 그라민폰의 활약은 여기서 그치지 않는다. 전화가 없는 마을의 빈민여성에게 전화기를 임대해주고, 그 여성이 다른 주민들에게 재임대해 마을전화로 쓰도록 하는 착한 전화기 사업도 벌이고 있다. 그라민폰은 임대료 수익을 얻고, 그들의 고객인 여성은 전화기 재임대 사업자로서 일자리를 갖게 되는 고용창출 사업이다. 이 사업을 창시한 주인공은 MIT 레가툼 센터의 교수인 이크발 카디르이다. 그는 그라민 은행의 소액대출이 있었기 때문에 그라민폰이 시작될 수 있었다고 말했다.

"뉴욕에서 일하면서 곧 전화기 값이 급락하리라는 걸 알았어요. 그때 빈국에서도 많은 사람들에게 전화서비스를 제공하는 게 가능할 것이라고 확신했죠. 그런데 이러한 서비스를 실제로 어떻게 고객에게 선보일 수 있을지는…… 사실 경제적으론 답이 없었어요. 그런데 방글라데시에 그라민 은행이 생겨난 거죠. 담보 없이 소액대출을 해주는 곳이 있다면 그 돈으로 전화사업에 진출할 수 있는 사람도 있다는 거니까요. 당장 유누스 교수를 찾아갔고 제휴를 맺었죠. 방글라데시 사람들에게 그라민 은행에 대한 신뢰도가 아주 높았기 때문에 그라민폰도 전국에 더 쉽게 알려질 수 있었어요."

사회적 기업이 또다른 사회적 기업을 낳고, 빈민층에게 지원된 작은 돈이 또다른 일자리를 낳았다. 정보의 바다 속에 홀로 떠 있던 보트가 소외계층을 태우고 항해를 시작하면서 일자리 창출과 정보격차 해소라는 뱃길을 내고 있는 것이다. 그라민폰은 2002년 가입자가 100만 명 정도였으나 2010년 기준 2800만 명을 넘어서며 시장의 약 44%를 점유했다. 이크발 교수는 착한 사업이야말로 '혁신'에서 시작한다고 강조한다.

"그때까지 소액대출을 받아 돈을 버는 사람들 대부분이 주로 소, 닭을 사육하고 채소를 재배하는 등의 농업활동에 종사하고 있었어요. 그런데 갑자기 거기에 아주 현대적인 기술을 도입한 거죠. 소액대출자에게 통신사업을 맡기는 것, 이런 것이 바로 혁신입니다."

대부분의 사람들은 가난한 나라를 전망 있는 시장으로 보지 않는다. 하지만 이크발은 디지털 기술 전반에서 일어나는 변화의 흐름을 읽었고, 저렴한 가격으로 더 많은 사람들이 기술의 혜택을 누릴 수 있도록 사업을 추진했다. 그에게 일이란 행복과 직접적으로 연관된 삶의 핵심이다. 방글라데시 빈민층에는 그런 '일'이 없었기 때문에 불행의 악순환이 이어진 것이다. 그라민폰이 사람들에게 일을 주고 불안을 감소시키는 '행복 통신사'가 된 것도 그런 이유에서다. 가난한 마을엔 생필품이나 돈이 더 큰 지원이 될 텐데 왜 하필 전화였느냐는 세상의 물음에 그는 이렇게 답한다.

"가령 내가 당신과 이야기를 하고 있다가도, 아내와 전화해서 아이들이 제대로 등교했다는 걸 알게 되면 기분이 더 좋아지고 행복해질 겁니다. 일에 집중도 잘 되고요. 결국 어딘가에 소속되어 있다는 것, 관심을 주고 받을 수 있는 공동체의 일원이 되는 것이 행복의 아주 중요한 부분을 차지한다는 거죠. 소외받은 사람들에게 통신은 그래서 더욱 중요합니다."

방글라데시 속담 중에 "친구를 웃게 한 자는 천국에 갈 자격이 있다"는 말이 있다. 그라민폰의 통신사업이 친구를 웃게 만들었는지는 알 수 없다. 하지만 친구를 웃게 할 기회조차 없는 이들에게 정보 보트와 마을전화사업이 그 평범한 기회를 찾아준 것은 분명하다. 천국으로 향하는 뱃길을 내주는 회사, 그라민폰은 지금도 방글라데시에 통신이라는 구명보트를 띄우고 정보의 사각지대에 놓인 사람들을 구조하기 위해 멈추지 않고 항해중이다.

: 평범한 사람도 비범한 업적을 이룰 수 있다

소액대출사업의 성공으로 그라민 은행은 방글라데시를 무대로 다양한 프로젝트를 펼치고 있다. 세상을 좀더 공평하고 평화롭게 변화시킬 수 있는 일이라면 어떤 분야에든 뛰어든다는 평가를 받을 만큼 사업 분야도 다채롭다. 방글라데시 촌락들에 재생에너지를 공급하기 위해 설립된 '그라민 에너지'는 전기를 못 쓰는 마을에 태양열 주택 시스템을 도입해 엄청난 성공을 거두었다. 그들의 적극적인 노력으로 현재 방글라데시엔 약 100만 채의 태양열 주택들이 들어설 수 있었다. '그라민 다농'은 그라민 은행과 에비앙 생수로 유명한 프랑스 기업 다농과의 합작투자로 설립된 요구르트 식품회사다. 기아에 허덕이는 방글라데시 아동들을 구하기 위해 저가이지만 영양은 풍부한 요구르트 제품을 생산하기로 한 것이다. 이 사업의 성공으로 극빈층 아이들의 영양상태와 건강이 빠르게 호전된 것은 물론 수천 개의 일자리가 생겨났다. 더 나아가 사회적 기업과 대기업의 협력이라는 새로운 상생 모델을 만들어내며 더 많은 대기업과 더 효과적으로 착한 사업에 뛰어들 수 있게 됐다.

스포츠용품업체인 아디다스와 리복도 그중 하나이다. 글로벌 대기업인 이 업체들은 그라민 은행과의 합작투자를 통해 맨발로 다니는 방글라데시인들을 위한 신발을 생산하고 있다. 일본의 유니클로도 합세해 여성들을 위한 위생제품을 생산판매하고 있다. 방글라데시의 촌락에 사는 여성들은 별도의 위생제품이 없기 때문에 늘 다양한 질병에 시달렸다고 한다. 대기업의 투자로 이제 품질 좋고 가격까지 매우 저렴한 제품들이 여성들의 질병을 줄여주고 있다.

특히 유니클로와는 유아복 생산을 함께하고 있다. 이들 제품은 방글라데시뿐 아니라 전 세계 매장에서도 판매중이며, 판매수익은 단 한 푼도 유니클로에서 가져가지 않는다. 수익은 모두 방글라데시 현지의 사회적 기업으로 돌아가 다른 사업 확장에 사용된다. 그래야 결국 지역경제도 살리고 사회문제도 해결하는 효과적인 사업이 될 수 있기 때문이다. 이런 방식으로 그라민 은행이 설립한 기업의 수가 무려 50개가 넘는다. 한 교수가 어느 극빈층 여성에게 20달러를 빌려주며 시작된 착한 일이 지구촌을 살리고 세계인의 생각을 바꾸며 계열사 50개를 거느린 착한 대기업으로 성장한 것이다. "평범한 사람도 비범한 업적을 이룰 수 있다"고 설파한 피터 드러커의 말이 헛되지 않았다. 유누스는 그 비범함을 만드는 것은 다른 무엇보다도 사회 분위기라고 말한다.

"거리의 가난한 아이 역시 왕실의 아이 못지않은 가능성을 지니고 있어요. 가능성의 차원에서 둘의 차이는 존재하지 않아요. 그러나 거리의 아이들은 대개 범죄자로 성장합니다. 사회가 그런 처지를 조롱하기 때문이지요. 반면, 왕실의 아이는 황태자로 성장해요. 사회가 그런 결과를 당연한 일로 여기기 때문입니다. 만약 은밀하게 이 두 아이가 탄생과 함께 뒤바뀌었다면 거리의 아이는 아무도 모르는 채 황태자로 성장하게 되겠지요. 반면, 왕실의 아이는 거리의 범죄자로 성장할 겁니다. 따라서 문제는 아이 자신에게 있는 게 아니에요. 바로 우리가 만든 환경에 있는 것입니다. 그러므로 보통 사람이란 있을 수 없어요. 사회가 우리 모두를 보통 사람으로 전락시킨 것뿐이죠. 사회가 개인의 잠재력을 인정하는 환경을 만들어주기만 한다면 누구나 비범한 존재가 될 수 있습니다. 우린 모두 세상을 바꿀 힘을 갖고 있어요. 다만 그런 능력을 발휘할 기회를 얻지 못하고 있을 뿐이죠."

세상을 바꿀 기회, 그것은 아마도 착한 일에 대한 색안경을 벗는 것에서부터 시작될지도 모른다. '죽 쒀서 남 줄 일 있느냐'는 식으로 손익계산서를 따지기보다, 나와 너, 우리가 함께 잘살 수 있는 행복계산서를 들여다볼 때 성공과 변화는 함께 찾아올 것이다.

이미 우리 사회에도 그런 변화의 기운이 느리지만 서서히 불고 있다. 그라민 은행을 본떠 2008년 천주교 서울대교구에서 설립한 '기쁨과 희망은행'이 좋은 예다. 이곳은 전과자를 대상으로 창업자금을 지원해주고 창업교육과 경영지원도 함께 해주는 사회적 기업이다. 설립 이후 현재까지 132명의 전과자에게 무려 20억 원을 대출해줬다고 한다. 전과자들의 재범률이 높은 우리나라지만 이곳 은행에서 대출받은 132명 중 다시 범죄를 저지른 사람은 단 4명뿐이었다.

모금 전문가 학교

돈이 아니라 사람의 마음을 모아라

모금은 돈을 모으는 게 아니라
사람의 마음을 얻는 것이란 깨달음을 얻었어요.
사람의 마음을 얻는 것만큼 중요한 일이 또 있을까요?
장우석(모금 전문가 학교 학생)

지독한 구두쇠의 대명사, 스크루지 영감도 기부하게 만든다는 특별한 전문가들이 있다. 미국이나 유럽에선 오래전에 이미 일반화된 직업이지만 우리나라에선 여전히 생소한 직업, 바로 모금 전문가fund raiser이다. 모금 전문가는 말 그대로 공익을 위한 기금을 모으는 사람이다. 모금 전문가의 활동은 크게 두 가지로 구분할 수 있다. 하나는 기부를 이끌어내기 위해 단체의 비전을 수립하고 전략적으로 활동을 기획하는 일이고, 또하나는 이러한 기획을 바탕으로 대외적으로 모금활동을 벌여 단체의 비전과 미션을 실현하도록 돕는 일이다. 한마디로 비영리기관과 같은 단체들이 경제적으로 쪼들리지 않고 제대로 활동할 수 있도록 전방위로 지원하는 전문가이다.

통계청 발표에 따르면 우리나라 국민 중 36%가 기부 경험이 있다고는 하지만 기부가 일상이 된 미국과 비교하면 우리나라의 기부문화는 아직도 걸음마 수준이다. 무엇보다 기부에 대한 인식과 모금 주최에 대한 신뢰가 부족하고 모금활동 전반을 책임지는 전문인력도 모자란다. 미국의 경우 기부를 전문으로 하는 재단이 지역마다 있고 대부분의 비즈니스 스쿨에서 기금 모금 과정을 운영하고 있다. 이제 우리나라에서도 착한 비즈니스를 향한 사회의 관심이 높아지고 비영리단체를 후원하는 기부 또한 활발해지고 있다. 더불어 모금에 대한 인식도 바뀌면서 모금 전문가들을 양성하기 위한 적극적인 교육이 시작되고 있다.

희망제작소의 모금 전문가 학교는 2009년 개교했다. 이곳을 취재할 때에는 벌써 8기 수강생들의 수료식이 열리고 있었다. 이곳의 모금 전문가 과정은 기부문화에 관심을 갖고 있는 다양한 사람들에게 11주 동안 함께 모금에 대해 배우고 체험할 수 있는 기회를 제공함으로써 모금 전문가의 꿈을 실현할 수 있는 발판이 되고 있다. 모금 전문가 학교를 졸업하고 모금 전문회사 '휴먼트리'를 설립한 이선희 대표는 모금 전문가야말로 우리 사회를 변화시킬 수 있는 체인지 메이커Change Maker라고 말한다.

"모금 전문가는 사회의 브리지, 즉 가교 역할을 하는 사람이라고 생각해요. 우리 사회에는 자신이 가진 돈을 정말 가치 있고 품격 있게 쓰고자 하는 기부자가 많이 있어요. 그리고 정말 좋은 사업을 하고 어려운 사람을 돕는 착한 단체도 있는데, 돈이 부족해서 더 좋은 일을 못하는 안타까운 경우가 많죠. 이런 기부자와 수혜단체를 연결해주는 것이 바로 모금 전문가예요."

모금 전문가는 단순히 돈을 모으는 것이 아니다. 사람을 모으고 착한 사업의 가치를 전파하며 기부의 지평을 넓히는 기획자이다. 실제로 미국의 경우 이들은 전문 직종으로 확실히 자리잡고 고액연봉자로서 그 가치를 인정받고 있다고 한다. 이선희 대표는 우리나라 역시 모금 전문가가 고소득 전문직으로 대접받는 날이 올 것이라 확신했다.

"실제로 제가 이 모금회사를 운영하면서 많은 곳에서 사람을 소개해 달라는 연락을 받아요. 대학교, 병원, 종교단체는 말할 것도 없고, 영리회사에서도 재정적인 부분을 맡기기 위해 모금 전문가를 추천해달라고 요청할 정도죠. 모금 전문가는 조만간 우리나라에서도 확실히 자리잡을 거라고 생각합니다."

모금 전문가는 이렇듯 가난한 비영리기관도 돕고 우리나라의 기부문화 수준도 한 단계 끌어올리고 있다. 이곳에서 지난 11주 동안 모금 전문과정을 수료한 대학생 장우석씨는 모금 전문가의 비전과 남다른 직업 철학에 매료돼 자신의 천직으로 맞아들일 준비를 하고 있었다. 졸업을 앞둔 대학 4학년인데다가 대전에서 학교를 다니고 있어 매주 서울을 오가는 것도 벅찼을 그를 무엇이 이곳까지 이끌었을까?

"매주 대전에서 서울까지 오가는 게 힘들긴 했죠. 그런데 저보다 더 멀리서 오시는 분도 있었어요. 무엇보다 사회에 도움이 되는 일을 배울 수 있다는 게 행복했어요. 이곳에서 모금 실습을 하면서 모금 전문가의 역할이 얼마나 중요한지 확실히 알게 되었죠. 모금은 돈을 모으는 게 아니라 사람의 마음을 얻는 것이란 깨달음도 얻었고요. 사람의 마음을 얻는 것만큼 중요한 일이 또 있을까요?"

졸업을 앞두고 취업 전선에 뛰어들기 위해 스펙 쌓기에 한창일 나이이지만, 우석씨는 돈에 끌려다니기보다 사람의 마음을 끌 수 있는 착한 리더가 되기를 꿈꾼다.

"친구들 대부분이 돈에 맞춰서 질질 끌려가는 것 같아요. 대기업이란 네임밸류에 혹하고 사회적 명성을 빨리 쌓기 위해 자기를 돌아보지 않는 것 같아요. 저는 그렇게 돈이나 명성을 따라 일자리를 잡고 싶지 않아요. 좀더 자기 주도적인 삶을 살고 싶습니다. 물론 대기업 취직이 결코 나쁜 건 아니죠. 그들도 사회구성원이고 꼭 필요한 인력들이란 것도 알아요. 하지만 그런 조직에선 내 마음이 하고픈 일이 우선이 될 순 없잖아요. 모금 전문가의 길이 제가 가보지 않은 길이기 때문에 어떻게 살게 될지 알 수 없지만, 그래도 제가 선택한 일이고 사회를 더 행복하게 만드는 일이니까 저 역시 더 행복할 수 있지 않을까 생각해요."

어쩌면 모금 전문가는 소통 전문가의 다른 이름일지도 모른다. 그들의 일은 돈과 같은 물질이 아닌 나눔이란 가치로 서로의 마음을 열어주는 것이다. 그리고 그들이 모으는 돈은 살벌한 경쟁을 거쳐 쟁취한 결과물이 아니다. 더 나은 세상을 꿈꾸는 사람들의 진심이 담긴 아름다운 돈이다. 그 돈의 쓰임을 넓히는 모금 전문가들의 노력이 착한 비즈니스 시대의 창도 함께 넓히고 있다.

열린옷장

주머니 가벼운 구직자에게 면접용 정장을 빌려드립니다

행복이란 게 노력한 만큼 가질 수 있는 거잖아요.
그런데 지금 저는 제가 가질 수 있는 행복 이외에
다른 사람의 행복도 함께 받고 있어요.
이 사업 덕분에 제 행복의 총량이 늘어난 거죠.
착한 사업의 힘이란 바로 이런 게 아닐까요?
한만일(열린옷장 대표)

35만 7천 원, 구직자들이 면접을 보기 위해 정장을 구입하는 데 드는 평균 비용이다(2012년 인크루트 설문조사 자료). 면접 때 말곤 자주 입지도 않을 옷을 구입하는 것치고는 비용이 적지 않다. 게다가 가난한 청년 구직자들에겐 정장 한 벌을 구입한다는 것은 만만치 않은 부담이다. 그런데 저렴한 비용에 자신에게 꼭 맞는 정장을 빌려주는 착한 렌털 회사가 등장했다. 옷장에 잠들어 있는 정장들을 기부받아 필요한 사람들에게 대여해주는 사회적 기업 '열린옷장'이다.

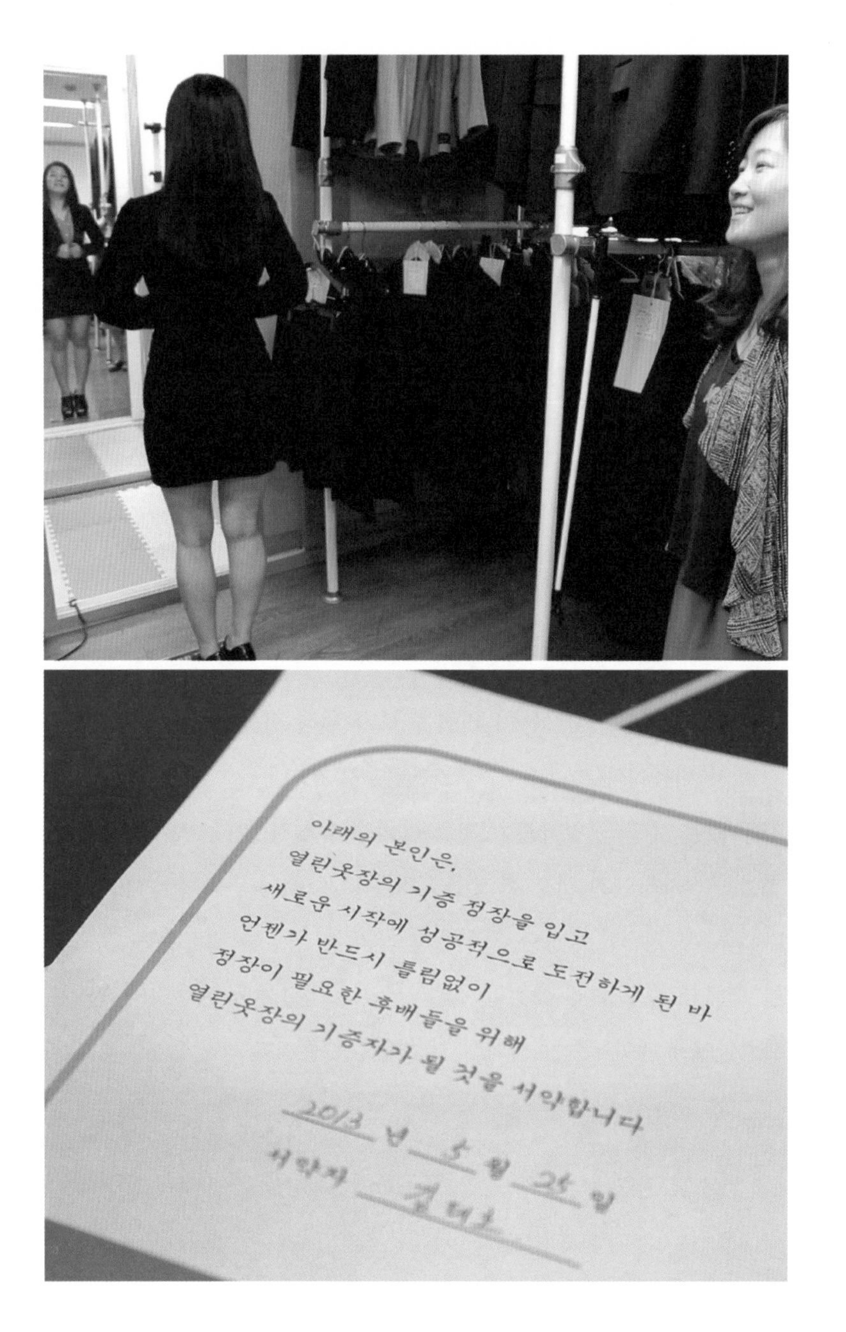
아래의 본인은,
열린옷장의 기증 정장을 입고
새로운 시작에 성공적으로 도전하게 된 바
언젠가 반드시 틀림없이
정장이 필요한 후배들을 위해
열린옷장의 기증자가 될 것을 서약합니다
2013 년 5 월 25 일
서약자

: 구직자들의 면접 패션 멘토 대활약중!

서울 광진구 화양동에 위치한 열린옷장의 기지 안에는 수백 벌에 달하는 정장들이 새로운 주인을 기다리고 있다. 면접을 앞둔 한 청년 구직자의 신체사이즈를 재며 구두며, 넥타이 색깔 등 스타일 제안까지 해주고 있는 남자, 이곳 열린옷장의 문을 연 한만일 대표다.

"열린옷장은 말 그대로 모든 사람들이 옷장을 열어 서로의 옷을 공유하면 어떨까? 하는 생각에서 시작했어요. 합격하고 계속 입을 거라 생각하고 구입한 정장이 취업 후에 옷장 안에 고이 모셔져 있다가 결국 내버리게 되는 경우를 주변에서 많이 봤거든요. 이런 '잠자는 옷장'에서 꺼낸 옷들이 면접에서 좋은 인상은 주어야 하고 정장 살 돈은 없는 청년 구직자들을 돕는 데 좋은 대안이 될 수 있겠다고 확신했습니다."

소유하지 말고 공유하자! 최근 '공유sharing'는 착한 경제의 대안으로 떠오르며 소비사회의 부작용을 치유할 키워드로 주목받고 있다. 공유경제는 2011년 미국 『타임』지가 선정한 '세상을 바꿀 10가지 아이디어 10 Ideas That Will Change the World'에 꼽힐 만큼 세계적인 트렌드로 등장했으며, 『트렌드 코리아 2013』(김난도 외, 미래의창)에도 소개됐다. 내가 가진 물건이나 지식을 필요로 하는 사람들과 함께 사용하면서 한 번 쓰고 버려지거나 잠들어 있는 유휴 자원을 적극적으로 활용하자는 것이다.

나의 잉여가 누군가에게는 반가운 단비가 될 수 있다는 생각, 그 작은 생각의 출발점이 공유라는 소중한 가치로 이어진다. 열린옷장은 옷장 속에 갇힌 수많은 옷의 먼지를 털고 가치를 재발굴하여 그것을 필요로 하는 사람에게 연결해주는 곳이다. 더 나아가 이곳에선 다양한 옷만큼 다채로운 사람들의 이야기가 함께 이어진다.

"저희는 기증받을 때 옷만 받는 게 아니라 기증 메시지도 함께 받아요. 옷에 담긴 사연과 그분이 자신의 옷을 빌려갈 청년 구직자에게 하고 싶은 이야기들, 그런 따뜻한 메시지가 옷마다 담겨 있어요. '처음 직장생활할 때 입었던 정장이다. 면접 보는 분께 좋은 기운이 전달되길 바란다. 이 옷 입고 일하던 신입사원 시절에 나한테도 이러이러한 좋은 일이 있었다'처럼 격려와 응원을 담은 메시지들이 옷주머니에 따라 오는 거죠. 그저 옷만 오가는 것이 아니라 옷을 매개로 서로 좋은 관계가 형성됐으면 좋겠다는 생각으로 시작한 일이에요."

이미 사회인으로 자리잡은 기증자와 구직 준비에 한창인 대여자가 옷 한 벌을 통해 자연스럽게 연결되며 인연을 만들어가는 것이다. 열린옷장은 옷을 공유하는 것만으로도 누군가와 이어지고 이야기를 공유할 수 있는 새로운 서비스를 창조했다. 물질의 공유뿐 아니라 정신과 경험의 공유까지 가능한 이로운 사업의 고삐를 당긴 것이다. 옷장 문을 연 지 1년 만에 400여 명이 이용했고, 개인은 물론 기업들의 정장 기부도 끊이질 않고 있다. 면접과 같은 중요한 자리에 누가 빌린 옷을 입을까, 반문하던 사람들의 예상을 깨고 구직자들의 면접 패션 멘토로 대활약중인 것이다.

한대표는 과거 자신 역시 구직자였기 때문에 이곳을 찾는 청년 구직자들의 마음을 더 잘 헤아릴 수 있었다고 한다. 꼭 맞는 정장을 입고 거울 앞에 선 청년들의 어깨를 두드리며 "꼭 합격하실 거예요"라고 매번 외치며 기분좋은 에너지를 불어넣는 것 또한 그 때문이다. 정장 한 벌에 2만 원, 셔츠와 넥타이, 블라우스는 각 5천 원, 구두는 3천 원. 이곳에 모이는 돈의 액수는 작지만 옷장을 채우는 정장들이 품은 가치는 돈으로 헤아릴 수 없을 만큼 크다. 한대표는 그 보이지 않는 가치야말로 행복한 사회를 만드는 착한 힘이라고 믿는다.

"저는 이 사업이 정말 재밌어요. 옷과 이야기를 함께 공유하는 새로운 사회적 가치를 창조하는 사업이잖아요. 창의적인 일을 한다는 즐거움이 굉장히 커요. 그리고 기본적으로 저는 정말 평범한 사람이라 스스로 특별히 착한 사람이라거나 나눔을 통해 행복을 느낄 수 있는 사람이란 생각을 못했거든요. 그런데 요즘에는 대여자분들이 정장을 빌려 입고 갔다가 합격했다는 메시지를 줄 때마다 정말 큰 힘을 받고 보람을 느껴요. 계속 회사를 다녔으면 이만큼 보람되진 않았을 것 같아요. 행복이란 게 노력한 만큼 가질 수 있는 거잖아요. 그런데 지금 저는 제가 가질 수 있는 행복 이외에 다른 사람의 행복도 함께 받고 있어요. 이 사업 덕분에 제 행복의 총량이 늘어난 거죠. 착한 사업의 힘이란 바로 이런 게 아닐까요?"

자신의 직업적 성취를 이루는 것뿐 아니라 타인의 삶까지 함께 행복하게 만드는 착한 비즈니스, 열린옷장은 수많은 사람들의 기증과 기부를 통해 만들어진 모두에 의한 기업이다. 그리고 기증자와 대여자는 물론 우리 사회에 공유라는 지속 가능한 에너지를 퍼뜨리는 모두를 위한 사업이다. 한 사람의 빛나는 아이디어가 누군가의 닫힌 옷장을 열어 모두의 '열린옷장'으로 만들었다. 정장 한 벌이 오고가며 만든 기분좋은 변화, 우리 사회는 이렇듯 따뜻한 변화에 여전히 목마르다. 그리고 지금 세상은 변화를 창조하는 더 많은 체인지 메이커들의 착한 도전을 기다리고 있다.

Unbelievable Power of Fun

여유경영의 힘,
적게 일하고 많이 번다

F U T U R E

:U

우리나라 직장인 10명 중 7명은 현재 자신이 다니는 회사가 좋은 기업이 아니라고 생각한다는 우울한 조사 결과가 발표됐다. 국내 취업포털 사이트에서 직장인 1161명을 대상으로 벌인 설문조사에서 무려 849명(73.1%)이 본인이 재직중인 회사가 좋지 않다고 답한 것이다. 좋은 기업이 아닌데도 입사한 이유로는 '합격한 회사가 여기밖에 없어서'라는 답변이 35.9%로 가장 많았고, '경력 쌓고 나중에 이직하기 좋아서'(28.6%), '집과 가까워서'(15.1%) 순으로 나타났다(2013년 인크루트 조사 자료). 많은 직장인들이 어쩔 수 없이 들어간 회사에서 또다시 어쩔 수 없이 일하고 있다는 것이다. 당신의 경우는 어떠한가?

이들에게도 좋은 기업에 대한 로망은 있다. 실제로 '좋은 기업'의 기준으로 직장인과 구직자 1564명 중 절반에 가까운 704명이 '재미있는 기업문화와 좋은 복지가 있는 회사'를 꼽았다. '연봉을 많이 주는 회사'는 의외로 13%에 불과했다(2013년 인크루트 조사 자료). 돈을 많이 주는 회사보다 재미있는 회사에 다니며 일과 삶의 리듬을 만들고자 하는 젊은이들이 늘고 있는 것이다. 하지만 우리나라에서 재밌는 직장을 찾기란 여전히 쉽지 않다. 직원의 행복을 보듬기보단 통제와 감시, 경쟁과 성과로 직원을 압박하는 분위기가 만연하기 때문이다.

하지만 프렌치 패러독스나 미국 실리콘밸리의 사례에서 보듯이 유연하고 즐거운 근무환경은 종종 높은 생산성을 만들어내는 토대가 된다. 더 많이 쉬고 더 즐겁게 일함으로써 더 많이 생산할 수 있다는 '꿈의 선순환'은 과연 어떻게 가능해진 것인가?

프랑스 로레알 & 세컨드하우스

가장 적게 일하는 나라의 역설적인 성공

오직 일만을 위해 일하는 것은 삶에 별 의미가 없죠.
가족들과 즐거운 시간을 보낼 여유도 없이,
운동할 시간도, 한가로이 산책할 시간도 없이 일해야 한다면
대체 일이란 게 무슨 의미가 있겠습니까?
뱅상(세컨드하우스 오너)

프랑스인의 식탁을 들여다보면 입가에 침이 절로 고인다. 달콤한 초콜릿, 버터와 크림을 듬뿍 친 고소한 빵과 잘 튀겨진 치킨, 지방이 그대로 붙어 있는 스테이크까지, 달고 기름진 음식들의 향연이 입 안을 행복하게 한다. 이렇게 살찌는 음식을 주식으로 먹지만, 그럼에도 불구하고 프랑스인들은 비만은커녕 날씬한 몸매를 자랑하며 시크한 패션 스타일을 선도한다. 게다가 동물성 지방을 많이 섭취하는 미국 못지않게 고지방 위주의 식사를 하면서도 심장질환에 의한 사망률은 오히려 낮다는 연구 결과까지 나왔다. 살찌는 주범으로 꼽히는 음식들을 푸짐하게 먹으면서도 완벽한 몸매 관리에 건강까지 잡는 것, 이것이 바로 프랑스인의 역설, 프렌치 패러독스다.

굳이 관련 서적을 뒤적이지 않아도 점심시간, 파리의 식당 몇 곳만

둘러보면 그 비결을 쉽게 확인할 수 있다. 프렌치 패러독스는 식사를 천천히 하고 와인을 즐겨 마시는 데서 나온다. 프랑스인들은 결코 식사를 허겁지겁하지 않는다. 그들은 가족이나 친구와 테이블에 앉아 여유롭게 와인을 즐기며 긴장을 풀고 오랫동안 식사한다. 그 시간이 무려 두 시간이 넘는 경우도 다반사이다. 쫓기듯 생활하지 않고 일상을 즐기는 전통적인 프랑스식 생활방식이 그들의 건강을 뒷받침해주는 것이다.

비단 식습관에서만이 아니라 최근 또다른 프렌치 패러독스가 관심을 끌고 있다. 세계에서 가장 적게 일하는 프랑스가 어떻게 경쟁력을 유지하면서 높은 소득을 유지하는가, 하는 점이다. 세계에서 가장 많이 일하는 나라, 한국 사람들은 이해하기가 쉽지 않다. 파리를 여행해본 사람이라면 오후 3시경 늦은 점심을 위해 식당을 찾아나섰다가 낭패를 본 경험이 있을 것이다. 파리에선 식당도 오후 2시 반부터 6시 반 정도까지 아예 문을 닫는 경우가 많다. 요리사와 종업원들도 쉬어야 하기 때문이란다. 돈을 벌기 위해서 오후 휴식은커녕 24시간 영업도 감수하는 우리네 식당과는 달라도 너무 다르다.

: 휴식은 프랑스의 힘!

5월 1일 노동절마다 파리 시내는 한바탕 시끄러워진다. 노동자들의 퍼레이드를 시작으로 거리 곳곳에서 다양한 행사가 벌어진다. 시위대의 행군과 축제 이벤트가 묘하게 어우러진 행사다. 프랑스에서 노동절의 의미는 작은 꽃 속에서도 발견할 수 있다. 매년 이맘때가 되면 프랑스 곳곳에서 은방울꽃이 만발한다. 행운의 꽃이라 여겨지는 이 은방울꽃을 지인들에게 선물하며 봄과 행운을 기원하는 마음도 함께 전하는 것이다. 은은한 꽃향기와 노동의 의미를 되새기는 행진이 어우러진 프랑스의 노동절, 햇볕에 얼굴이 발갛게 달아오른 인파 사이로 노동조건 개선을 요구하는 손팻말들과 하얀 은방울 꽃송이가 거리를 가득 채운다.

몇 년 전 프랑스의 한 일간지에 만평이 하나 실렸다. 프랑스 총리가 도요타 사장에게 프랑스에서는 '주 35시간제'를 도입했다고 자랑스럽게 말한다. 그러자 도요타 사장은 하루가 24시간인데 어떻게 35시간 노동을 할 수 있느냐고 의아한 표정으로 반문한다. 노동시간에 대한 동상이몽을 드러내는 풍자다. 하지만 그 일본보다도 오래 일하는 우리로서는 유럽과 극명한 차이를 보이는 아시아의 노동현실에 웃음이 쉽게 나오지 않는다.

프랑스는 노동자들의 요구와 그를 관철시키려는 의지가 아주 강한 나라로 유명하다. 특히 노동시간은 절대 양보 못하는 권리다. 프랑스는 유럽에서도 노동시간이 가장 적다. 2010년 프랑스 노동자가 일한 시간은 1679시간으로 이웃나라 독일보다 무려 224시간이 적다.

한국인들은 "아, 며칠만 쉬고 싶다"는 말을 습관처럼 내뱉는다. 일을 시작하는 월요일엔 치료약도 없는 '월요병'을 앓을 지경이다. 대한민국 '평균 노동자'의 모습이자 연간 노동시간이 2116시간에 달하는 현실이 만든 슬픈 자화상이다. 연간 노동시간이 1700시간도 안 되는 프랑스에서 보면 한국의 노동자는 '일하는 기계'인 셈이다. 현재 프랑스의 법정 노동시간은 주당 35시간이다. 그러나 이보다 더 적게 일하고 쉬기를 권하는 회사들이 눈에 띄게 늘고 있다.

프랑스의 대표적인 자동차 제조 기업인 PSA 푸조 시트로엥에서 모터 엔지니어로 일하고 있는 청년, 장자크 알리에즈는 회사와 유연한 노동계약을 맺고 자유롭게 일한다. 이른바 '일 근무제'라고 불리는 새로운 고용형태로, 일 년 중 자신이 원하는 날을 골라 일정 일수를 채워 일하면 된다. 근무시간 역시 자신이 선택할 수 있다.

"저는 최소한 하루에 오전 10시에서 12시, 오후 2시에서 4시까지만 일하면 하루 근무가 채워집니다. 사실 저에게 중요한 것은 근무시간이 아니라 제게 주어진 업무 목표를 달성하느냐, 못하느냐입니다. 연말마다 제 업무에 대한 평가를 받거든요. 다른 동료들과 협업을 잘했는지, 기술적으로 발전이 있는지 등등요. 저는 이렇게 융통성 있게 일하는 것이 좋아요. 스스로 시간을 잘 관리해야겠다는 책임감도 생기고요."

그는 근무시간의 압박이 없는 일 근무제로 일하면서도 다른 직원들과 똑같이 5주의 유급 휴가를 받는다. 덕분에 주중에도 여가를 누릴 수 있는 기회가 많아졌다고 한다. 5주는 꿈도 꾸지 못하고 단 5일도 마음 편히 연차휴가를 쓰지 못하는 우리에겐 엄청난 복지혜택으로 느껴지지만, 프랑스에서 이는 너무도 당연한 일이다. 실제로 프랑스인들은 세계에서 가장 오래 휴가를 가는데, 1년에 평균 38일을 바캉스로 보낸다. 세계 2위는 이탈리아인으로 1년에 31일, 3위는 스페인인으로 30일의 휴가를 보내며 미국인들의 평균 휴가일수는 1년에 13일이다.

건설회사에서 설계도와 기획안 작성자로 일하는 막상 베이에게 휴식은 단순히 일을 멈추는 것이 아니라 일을 더 잘할 수 있도록 밸런스를 맞추는 삶의 중요한 부분이다.

"제가 다니는 회사는 유급 휴가가 25일 있고 한 달에 한 번씩 휴가를 더 받아요. 합치면 보통 일 년에 37일 정도 휴가를 보낼 수 있죠. 저 같은 경우엔, 작년에 아내가 아기를 낳아서 출산휴가로 10일을 더 받았어요. 보통 1~2주 정도 휴가를 가려면 위의 간부들한테 한두 달 전에 미리 말을 해놓아야 해요. 일이 많으면 거절당할 수도 있지만 그런 경우는 굉장히 드물어요. 그래서 전 아직까지 휴가 때문에 문제가 생기거나 스트레스를 받은 적이 없어요. 제가 가장 중요하게 생각하는 건 가정생활과 직장생활 사이의 균형이에요. 이 균형이 잘 잡혀야만 모든 일이 잘 굴러가죠. 휴가는 그러한 균형을 세워주는 중요한 축이고요."

프랑스인들이 이렇게 적게 일하고 한 달 이상 휴가를 떠나는데도 경제가 유지되는 데에는 다 이유가 있다. 이들의 생산성이 세계에서 가장 높기 때문이다. 미국에서 실시된 한 조사에서는 프랑스인들이 일을 적게 하는 것은 사실이지만 생산성은 가장 높다는 결과가 나왔다. 프랑스인들이 시간당 버는 소득은 25.1달러로 세계에서 가장 높다. 이렇게 생산성이 높기 때문에 더 많은 바캉스가 필요한 것인지, 더 많이 쉬기 때문에 생산성이 높아진 것인지 분명하지는 않지만, 아무튼 여기 또하나의 프렌치 패러독스가 존재한다. 즉, 더 적게 일하지만 더 많이 벌고 있다는 것이다. 똑똑하게 쉬고 즐겁게 일하는 프랑스 사람들의 공통점은, 바로 충분한 휴식이 곧 새로운 일을 향한 도전과 열정으로, 그리고 일자리의 창출로 이어진다는 사실이었다.

L'ORÉAL
L'ORÉAL

: 워킹맘의 유토피아, 로레알

프랑스에서는 일하는 시간이 줄면서 다른 효과도 나타나고 있다. 저출산 문제가 사회적 화두가 된 우리나라와 달리 출산율이 매년 높아지고 있는 것이다. 휴가가 많아지면서 육아 부담이 줄었기 때문이다. 세 아이를 둔 젊은 워킹맘 레슬리 아즈리아는 어린 아이들을 키우며 커리어 또한 함께 키우는 것이 쉬운 일은 아니지만 그녀는 적어도 회사 문제를 걱정할 필요는 없었다고 잘라 말한다. 그녀가 일과 육아라는 갈림길에서 고민하지 않았던 이유는 출산에서 육아까지 그녀의 삶을 뒷받침해주고 있는 든든한 회사, 로레알 덕분이었다.

"로레알에선 주 4일만 일을 할 수도 있어요. 아기와 좀더 많은 시간을 보낼 수 있도록 지원해주는 거죠. 그리고 가장 좋은 장점은 근무시간을 융통성 있게 운영할 수 있다는 점입니다. 혹시 아기를 돌보기 위해 일찍 나가야 하는 일이 있을 경우에는 회사에서 그렇게 할 수 있도록 배려해주고 있습니다. 재택근무도 가능하고요. 저 같은 경우 원한다면 집에서 컴퓨터로 일할 수도 있거든요."

프랑스를 대표하는 화장품 회사 로레알은 특히 여성들에게 인기가 높은 직장이다. 100년이 넘는 역사에 전 세계 7만여 명의 직원을 둔 로레알은 프랑스 내에서도 '여성이 일하기 좋은 직장' 1순위로 꼽힌다. 주 35시간 근무에 출산, 육아 휴가가 유급으로 주어지고, 한 달에 한 번 수요일은 가족 휴가를 갈 수 있다. 여름 휴가, 부활절 휴가, 크리스마스 연휴까지 포함하면 일 년에 무려 38일을 놀 수 있다. 일과 아이라는 두 마리 토끼를 모두 잡아야 하는 한국의 기혼 직장인들에게도 로레알은

'꿈의 직장' 그 자체이다. 이곳에서 사원교육을 담당하고 있는 프레데릭 스카베넥 역시 그 꿈의 혜택을 모두 누릴 수 있었다.

"저는 6개월 동안 출산휴가를 받았는데, 이건 법적으로 지정된 휴가 일수보다 4주가 더 많은 것이었죠. 그동안 다른 사람이 제 일을 대신해 줬고요. 긴 출산휴가는 로레알의 오랜 전통이에요. 로레알은 남자직원이든 여자직원이든 상관없이 부모로서 일과 가정 사이의 균형을 유지할 수 있도록 전폭적으로 지원해주고 있어요. 게다가 출산휴가를 다녀온 후에 전 바로 승진까지 했어요. 물론 주변의 직원들도 다 축하해주는 분위기였죠. 출산휴가를 쓰는 동안 봉급은 이전과 같았어요. 회사는 40%만 봉급을 주지만 정부에서 나머지 60%를 보충해줘서 실제 수령액은 똑같았죠. 전혀 문제될 일이 없었어요."

로레알이 워킹맘의 유토피아로 불리게 된 이유가 또 있다. 바로 회사 자금을 투자해 흔히 '크레시'라 불리는 직원용 탁아소를 운영하기 때문이다. 로레알의 직장보육시설에 근무하는 14명의 보육교사 중에는 간호사와 심리학 전공자가 포함되어 있다. 로레알이 크레시를 이용하는 직원 자녀를 위해 매년 부담하는 돈은 1인당 5000~6000유로(한화 약 750~900만 원)에 달한다. 회사 탁아소를 이용하는 직원들에게 최대 900만 원의 양육비를 지원하는 셈이다. 이러저러한 핑계를 들어 임신 여성을 회사에서 결국 그만두게 하는 한국의 기업문화와는 딴판이다. 더 놀라운 사실은 로레알의 직장 내 양성평등을 위한 배려는 노조나 직원들의 압박으로 쟁취한 것이 아니라 경영진의 자체적인 결정에 따른 것이라는 점이다. 이곳의 고위간부로서 회사의 차별 문제 개선을 담당하고 있는 장클로드 르그랑은 그저 어깨를 한번 으쓱하고는 담담하게 입을 연다.

"여성들의 저출산으로 인해 미래의 노동력이 줄어들게 되면 개별 기업도 그만큼 타격을 입게 됩니다. 인구가 감소할 먼 훗날을 생각하면, 여성 직원을 위한 복지사업도 미래를 위한 투자와 같은 거죠."

로레알은 직원의 행복과 회사의 성장이 비례한다고 믿는다. 그 때문일까? 로레알 직원들의 평균 근속연수는 무려 20년에 달한다. 이제 막 인턴십을 마쳤다는 어느 신입사원은 회사의 복지는 자신이 누릴 당연한 권리라고 말한다.

"여성들을 주로 상대해야 하는 화장품 회사가 보다 많은 여직원들을 채용하고, 이들이 일하고 싶은 직장으로 만드는 것은 너무도 당연한 일이에요. 그게 뭐가 대단하죠?"

여직원이 출산휴가를 마치면 승진과 함께 원하는 부서로 옮겨주는 회사, 3개월 육아휴가에 직원들을 위한 최고급 탁아소를 둔 회사, 학교가 쉬는 수요일마다 직원들에게 휴가를 택할 권리를 주고, 직원들의 장보기까지 거들어주는 회사…… 그런 회사가 대단하지 않다니, 어쩌면 그녀의 이런 생각이 진짜 '프렌치 패러독스'일지 모른다.

: 생활이 된 휴가, 부활하는 지역경제

프랑스의 5월은 아름답다. 파리 시내는 여전히 번잡하지만 한 시간 정도만 교외로 나가면 그림 같은 프랑스의 전원풍경이 펼쳐진다. 프랑스의 전원에는 농가 외에도 조금 다른 형태의 집들이 있다. 바로 도시인들의 두번째 집, 세컨드하우스second house다. 노동절 휴가를 보내기 위해 떠날 준비를 하고 있다는 20대 후반의 평범한 회사원 제러미는 휴가 때면 늘 세컨드하우스에 머물며 여유롭게 자신만의 시간을 보낸다고 한다.

"파리의 작은 아파트에서 월세로 살고 있어요. 그리고 교외에 세컨드하우스를 마련했어요. 집에서 쉬는 것도 좋지만 가끔은 주거환경을 바꿔보는 것만으로도 활력 충전이 되거든요. 동네가 조용하고 물가도 파리보다 싸고, 무엇보다 정말 아름다워요. 일 년에 한 달 이상은 세컨드하우스에서 지냅니다. 말 그대로 제2의 집이죠."

제러미의 말처럼 노르망디는 전원생활을 만끽하기에 제격인 곳이다. 콘크리트 빌딩숲이 아닌 진짜 자연이 생동하는 마을이다. 노르망디의 노동절 기념행사는 아름답고 특별하다. 이 무렵 작은 마을길은 은방울꽃으로 덮여 탄성을 자아낸다. 특히 엄청난 숫자의 트랙터들이 꽃으로 치장하고 사람들의 환호 속에 마을을 행진하는 모습은 파리의 시위 행렬과는 사뭇 다르다. 대도시에선 노동절이 시위와 함께 시작되지만, 이 작은 전원마을에서 노동절은 투쟁과 쟁취의 상징이 아니라 함께 즐기고 어우러지는 한바탕 축제다. 제러미의 아버지 뱅상도 노르망디에 자리잡았다. 뱅상은 지역에서 관광 팸플릿을 만드는 회사를 운영하며 지역의 관광 커뮤니케이션을 활성화시키고자 노력하고 있다. 또한 다른 도시인들에게도 세컨드하우스의 낭만을 전파하기 위해 집의 일부를 펜션으로 오픈하기도 했다. 휴식의 일부였던 세컨드하우스가 뱅상에겐 삶의 중심이 된 것이다. 뱅상은 세컨드하우스야말로 삶의 균형을 이뤄주는 촉매라고 믿는다.

"19세기까지만 해도 사람들이 휴일도 없이 일하고 어린아이들까지 가

혹한 노동을 하며 생활했지요. 그러나 시대가 달라지면서 사람들이 자기 자신을 위한 자유로운 시간을 가지려 하고 있어요. 오직 일만을 위해 일하는 것은 삶에 별 의미가 없죠. 가족들과 즐거운 시간을 보낼 여유도 없이, 운동할 시간도, 한가로이 산책할 시간도 없이 일해야 한다면 대체 일이란 게 무슨 의미가 있겠습니까? 세컨드하우스가 있으면 가족, 친구들과 함께 어울려 친밀감도 높이고 더 편안한 시간을 보낼 수 있어요. 도시의 아파트에서는 할 수 없는 많은 것들을 세컨드하우스에선 함께 할 수 있거든요."

프랑스에는 약 30만 채의 세컨드하우스가 있다고 한다. 최근 젊은 직장인들이 비싼 도시를 피해 상대적으로 저렴한 지역의 집을 구입하면서 세컨드하우스 붐이 일고 있다. 그들은 긴 휴가를 낯선 나라에서 특별하게 보내는 것보다 자국의 가까운 교외에서 좀더 편안하고 느긋하게 지내는 것을 선호한다.

특히 요즘에는 프랑스인들의 세컨드하우스로 '지트Gites'가 큰 인기를 누리고 있다. 지트는 농가를 개조해서 만든 숙박시설로 일종의 펜션이다. 프랑스에선 최근 10년간 지트의 수가 폭발적으로 증가해 현재는 전국에 5만 개 이상이 성황을 이루고 있다. 바캉스 시즌뿐 아니라 일 년 내내 예약이 찰 정도로 인기가 좋다.

세컨드하우스와 지트는 도시인의 여가생활을 변화시킬 뿐만 아니라 지역경제를 일으키는 동력이 되고 있다. 지역에 없던 일자리가 새로 생겨나고 있는 것이다. 시골 농가를 개조해주고 디자인해주는 경관 전문가는 물론 로컬숍, 레스토랑, 부동산, 관광가이드 등 지역 기반의 비즈니스가 활성화되면서 많은 젊은이들을 지역에 끌어들이는 효과를 낳고 있다. 프랑스의 긴 휴가가 이제는 생활의 한 부분이 되어 새로운 트렌드를 창조한 것이다. 이처럼 세컨드하우스는 지역경제를 활성화시켜 지역주민의 생활 또한 윤택하게 만든다. 제러미 역시 세컨드하우스에 머무는 동안엔 지역 상점과 식당 등을 이용한다.

제러미가 휴가 때면 늘 찾는 단골 빵집은 20년이 넘는 역사를 가지고 있다. 은발이 성성한 빵집의 주인은 세컨드하우스 덕분에 생활이 더 나아졌다고 확신한다.

"젊은이들이 지역에 머무는 기간이 많아지면서 지역경제에도 도움이 되고 있어요. 젊은 친구들이 더 많이 놀면 놀수록 지역이 더 잘살게 되는 거죠. 작은 상점들은 물론이고 부동산 시장, 관광상품 등 지역의 죽어가던 많은 분야들이 세컨드하우스 덕에 되살아났어요."

세컨드하우스 붐은 이렇게 일을 덜 함으로써 더 많은 일자리를 만드는 또하나의 역설적인 성공을 거두었다.

'대한민국은 직장인의 무덤'이란 말이 있다. OECD국가 중 근무시간은 가장 많고 휴가일수는 가장 적은 한국 직장인들의 고단한 현실을 빗댄 말이다. 실제로 한국의 40대 남성 사망률은 세계에서 제일 높다(서강대 정유선 교수, 「한국 40대 직장남성들의 생활과 인권」). 무엇보다 우리 직장인들의 팍팍한 삶을 잘 보여주는 것은 바로 휴가 사용빈도이다. 한국 문화관광연구원의 조사에 따르면 우리나라 전체 노동자의 연차휴가 사용률은 46.4%였다. 평균 연차휴가인 15.3일 중 7.1일만 사용했다. 이처럼 휴가 사용률이 낮은 첫번째 이유로 직장 안의 경직된 분위기가 꼽혔다. 업무 강도와 압박이 심하고 상사 눈치까지 보느라 그나마 있는 휴가도 쪼개서 쓰거나 못 쓰는 경우가 많다. 임금은 낮고 노동시간은 긴 전형적인 개발도상국의 근무형태에서 벗어나지 못한 셈이다.

먹고 자고 쉬는 것에 가장 많은 시간을 할애하는 프랑스 청년들은 일뿐만 아니라 먹고 자고 쉬는 것 또한 가장 빨리 해치우는 한국 직장인과는 여러모로 대조적이다. 자신만의 아지트에 누워 한가로이 책을 보고 있는 제러미는 대한민국의 짧디짧은 휴가와 각박한 도시생활을 이해할 수 있을까? '한국의 제러미'가 많이 나와 직장인 개개인의 삶의 질을 높이는 것은 물론, 회사의 생산성과 나라의 일자리를 키우는 방안은 정녕 불가능한 것일까? 모두가 머리를 맞대고 새로운 패러다임에 입각한 해법을 모색해야 할 시점이다.

미국 구글

뻔하지 않은 'FUN'한 일터, 구글 캠퍼스

You can be serious without a suit!
너는 정장을 입지 않아도 진지해질 수 있어!
구글 사내 표어

한국 직장문화의 또다른 문제점은 노동시간도 과도한데 일하는 분위기까지 지나치게 억압적이라는 점이다. 경직된 근무환경은 직원의 몰개성화로 이어져 업무 성취도에 악영향을 끼칠 수 있다. 요즘 세대는 통제보다 자율에 더 익숙하고, 이 자율성이 창의적인 업무에서 더 큰 생산성을 내기 때문이다. 그래서 이러한 변화에 발맞춰 많은 기업들이 전통적인 업무방식을 버리고 자유분방한 업무환경을 조성하기 위해 노력하고 있다. 일의 절대량보다 질이 더 중요하다는 공감대가 형성되기 시작한 것이다. 하루종일 업무에 시달리는 일터가 아니라 똑똑하게 놀고 즐겁게 일할 수 있는 'FUN'한 직장문화, 일과 휴식이 평행선을 달리지 않고 일상 속에서 교차할 수 있는 꿈의 직장은 어디에 있을까? 미국에서 4년 연속 가장 일하고 싶은 회사로 뽑힌 기업, 혹시 그곳에 가면 정말 출근하는 것이 행복해질 수 있을까? 일터가 아닌 직장인들의 놀이터로 불릴 만큼 근무환경의 혁신을 거듭하고 있는 곳, 전 세계 인터넷의 중심, 구글은 지금 어떻게 일하고 있을까?

: 하루 업무의 20%는 똘똘하게 놀아라!
책 보고 산책하고 음악 듣고 게임하는 회사

미국 캘리포니아 주 마운틴뷰 시에 위치한 구글 본사, 구글러Googler(구글 직원을 일컫는 말)들은 이곳을 직장이라 부르지 않는다. 캠퍼스라고 부른다. 이곳에선 통제보다 자율이 더 우선시되고 해야 할 일보다 하고 싶은 일이 더 많다. '캠퍼스' 안에 들어서자 이곳이 회사인지 공원인지 구분이 잘 가지 않는다. 야외 카페에 모여 앉아 커피를 마시는 사람들과 알록달록한 자전거를 타고 햇살을 만끽하는 사람, 심지어 개를 산책시키는 사람의 모습까지, 한창 바쁘게 돌아가야 할 업무시간에 한가로이 책을 보고 음악을 듣거나 게임을 즐기는 사람도 눈에 띈다. 모래가 깔린 운동장에선 배구 경기가 한창이다. 도대체 일하는 구글러들은 어디에 숨어 있는 건지 도통 보이지 않는다. 구글 교육팀의 프로그램 매니저 이베타 브리지스는 구글만의 특별한 근무 환경을 이렇게 설명한다.

"이곳엔 전통적인 작업공간이 없어요. 그냥 소파 위에서 노트북을 들고 일하거나 잔디밭에 앉아서 책을 보며 일하는 거죠. 구글은 회사 내에 즐길 수 있는 것이 많아요. 모임 장소를 비롯해 탁구 테이블과 당구 테이블, 볼링 치는 곳도 있고 개도 데리고 올 수 있어요. 무엇보다 직원

들이 회사에 머무르는 시간을 즐길 수 있어야 해요. '펀Fun'은 구글 문화의 중심축입니다. 직원들로 하여금 창의력을 발휘할 수 있도록 해주죠. 회사를 좀더 친밀하게 느끼게 해주고 사무실 내에서의 스트레스도 해소할 수 있고요. 직원들이 스트레스를 받지 않아야 창의적인 생각도 나오니까요."

구글은 경직된 근무환경보다 자유분방함이 직원들의 생산성을 더 높일 수 있다고 믿는다. "You can be serious without a suit!(너는 정장을 입지 않아도 진지해질 수 있어!)"라는 이곳의 사내 표어처럼 거추장스러운 형식을 갖추지 않아도 효율성과 창의성을 발휘하기엔 충분하다고 여긴다. 근무시간의 20%를 자신이 좋아하는 일에 투자하도록 장려하는 '창조경영 20% 타임제' 역시 그러한 형식의 탈피에서 시작됐다. 이베타는 그 20%의 시간이야말로 구글이 자랑하는 혁신의 하나라고 말한다.

"상사의 허락하에 그 20퍼센트의 업무시간은 본인의 업무와 직결되지는 않지만 구글과 관련된 일에 쓸 수 있어요. 일주일에 하루는 다른 업무를 한다는 뜻이 아니에요. 그냥 본인의 업무 외에도 다른 일을 할 수 있도록 허가해주는 거죠. 당장 오늘 할당된 업무만이 아니라 구글이라는 좀더 큰 청사진을 내걸고 어떻게 하면 고객들에게 도움을 줄 수 있을지 고민하게 하는 거죠. 그런 자유를 직원들에게 부여한 것은 정말 탁월한 아이디어였어요. G메일도 그 20퍼센트의 작업시간 동안 탄생한 것입니다."

구글은 "Don't be evil(악해지지 말자)"이란 경영철학을 직원들의 근무 환경에서도 실현하고자 노력한다. 덕분에 구글은 미국 내에서도 이직률이 가장 낮고 근속연수 또한 높은 '일하고 싶은 회사'로 자리매김했다. 눈부신 기술로 세상을 더 재미있고 살기 좋은 곳으로 만들기 전에, 사소한 배려로 직원들이 즐겁고 행복할 수 있는 환경을 구현한 것이다. 악해지지 않아도 돈을 벌 수 있고, 일에 찌들지 않아도 성과를 낼 수 있다는 것, 누구나 생각할 순 있지만 아무나 실현하긴 힘든, 일자리의 새로운 가치가 미국의 직장문화를 업그레이드하고 있다.

꽉 막힌 사무실이 아닌 대학 교정 같은 회사 마당에서 여유롭게 일을 즐기는 직원들의 모습이 그야말로 풋풋한 대학생 새내기들 같다. 문득 저 여유가 창조하게 될 아이디어가 궁금해진다. 어쩌면 머지않아 전 세계 인터넷 시장의 판도를 바꿀 어마어마한 아이디어 또한 열심히 놀고 쉬는 저들의 머릿속에서 나올지 모른다. 넥타이를 풀고, 구두 대신 운동화를 신은 이 비범한 젊은이들의 모습이 한여름에도 넥타이를 꽉 조이고 정장을 입고 출근하는 우리 직장인들의 지친 모습과 오버랩된다. 아직도 감색 정장에 반짝이 넥타이를 집어던지지 못하는 한국의 경영인들이여, 기억하라. "우리는 정장을 입지 않아도 진지해질 수 있다!"

: 직원 간식비용만 매년 7천만 달러
직원들을 조금이라도 더 행복하게 해주려고 고민하는 회사

구글 사옥의 내부시설은 더욱 놀랍다. 볼링장과 당구장과 같은 레저시설은 물론 탁아소, 세탁실을 넘어 애견센터까지 갖췄다. 이 정도면 캠퍼스가 아니라 '구글 시티'라는 표현이 더 어울릴 것 같다. 구글의 사내복지 중 가장 부러움을 많이 사는 것은 모든 것이 무료인 스낵바와 카

페테리아다. 실제로 구글은 직원들의 간식비용으로만 매년 7천만 달러(약 800억 원)가량을 쓰고 있다고 한다. 친환경 유기농 식재료만 쓴다는 구내식당 또한 무료로 이용할 수 있다. 직원을 고용했다기보다는 직원을 모시는 기업 같다. 이베타는 구글의 카페테리아를 이렇게 소개한다.

"구글 내부를 돌아다니다보면 흥미로운 요소들을 곳곳에서 발견할 수 있어요. 저마다 다 숨은 이유들이 있죠. 예를 들어 카페테리아에 가보면 긴 테이블이 여럿 있는데요. 혼자 앉아 밥을 먹으면서 책을 읽을 수 있는 1인용 테이블은 없습니다. 왜냐면 직원들이 서로 자연스럽게 만나고 소통해야 작은 아이디어도 혁신으로 이어질 수 있거든요. 각각 다른 능력을 가진 다양한 사람들이 만나고 모이면서 문제에 대한 새로운 해결책도 찾을 수 있고요. 구글의 카페테리아는 그렇게 협업을 이끌어낼 수 있도록 디자인되었죠. 여기 소형 부엌도요. 아주 사적인 공간처럼 보이지만 이곳 역시 직원들이 창의적으로 일하고 협업할 수 있는 업무공간인 거죠."

구글에선 파티션이 보이지 않는다. 대신 소파와 쿠션, 여럿이 모일 수 있는 큰 테이블이 눈에 띈다. 이런 공간을 통해 구글 내에선 새로운 커뮤니티가 끊임없이 만들어진다. 이베타는 기업의 경쟁력은 보이는 시설보다 이렇듯 보이지 않는 무형의 가치들이 키우는 것이라고 말한다.

"구글을 진짜 일하기 좋은 곳으로 만드는 것은 무형의 것들이에요. 바로 사명감, 투명성, 그리고 제안이죠. 직원들은 구글에서 일하고 싶은 이유로 실제 세상에 도움이 되는 일을 할 수 있다는 점을 꼽습니다. 세계인들이 더 나은 생활을 할 수 있도록 돕는 기술을 다룬다는 점에 사명감을 느끼는 거죠. 그리고 투명성과 제안은 서로 관련되어 있는데

Google

요. 구글은 회사가 어떤 결정을 내리는지, 회사가 어떻게 돌아가는지에 대해서 직원들에게 충분한 정보를 주고 피드백을 이어가죠."

이베타의 말처럼 실제로 이곳에선 회사의 수석 직원들이 모든 구글 직원들에게 회사에 관한 기밀정보를 알려주는 시간이 별도로 마련되어 있다고 한다. 회사가 어떻게 사안들을 결정하고 진행했는지를 전달함으로써 직원들에게 더 큰 소속감을 심어주는 것이다. 이때 직원들은 모두 자신의 목소리를 낼 수 있고 회사는 그들의 제안을 수렴한다. 이 밖에도 매년 전 직원을 대상으로 구글가이스트Googlegeist라 불리는 설문조사를 실시해 회사 운영 방침을 수정한다고 한다.

세계에서 가장 일하기 좋은 기업이란 타이틀은 그저 물량 공세로만 가능한 것이 아니다. 구글은 인재가 가장 큰 재산이라고 믿는다. 이 거대한 글로벌 기업이 지금도 새로운 혁신을 이루기 위해 직원들을 조금이라도 더 행복하게 해줄 사소한 방법을 고민한다. 그럼으로써 구글러들은 더 많이 놀고, 더 창의적으로 세상을 바라볼 수 있다.

구글에는 지구촌 곳곳에서 한 해에만 무려 200만 통의 지원서가 날아든다. 이베타는 누구나 구글러처럼 일할 필요는 없지만 구글러처럼 일하기 위해선 무엇보다 주인의식을 갖는 것이 중요하다고 말한다.

"이렇게 자유로운 업무 환경에선 자기 스스로에게 동기를 부여할 수 있는 사람이 필요해요. 일일이 지시하지 않아도 되는 능동적이고 책임감 있는 사람이어야 하죠. 실제로 직원들도 일일이 지시받길 원하지 않고 스스로 일을 추진해나가길 원해요. 성공하려면 반드시 그런 자질이 필요해요. 그리고 정말 중요하다고 생각되는 자질 중 하나는 리더십입니다. 한 단계 더 전진하고, 더 나은 세상을 만들기 위해 노력하고, 책임감을 다해서 일할 수 있는 사람이 되어야겠죠. CEO의 꿈을 가진 사람을 찾는 게 아니에요. 어떤 사소한 일을 하든 간에 큰 꿈을 꾸고 최선을 다해 임하면서 주인의식을 가지고 일할 사람을 찾는 것입니다."

마음 편하게 일하는 대신 성과는 깐깐하게 평가하는 미국 기업의 경영철학이 극대화된 조직이 바로 구글이다. 회사의 파격적인 근무조건에 직원들은 강한 주인의식과 그에 기반한 열정적인 업무수행으로 화답하고 있는 것이다. 직원의 가치를 높여야 기업의 가치도 함께 높아진다고 믿는 회사, 구글 캠퍼스엔 그래서 뻔한 일거리가 아닌 'FUN'한 놀거리가 가득하다.

미국 스퓰

주 4일 출근도 지치니까, 일자리에 쉼표와 느낌표를 찍다!

저에게 주 4일 출근은 너무 많게 느껴졌습니다.
매일 사무실에 가야 한다면 일 자체가 기계적으로 느껴질 것 같아요.
강제성이 담긴 요구에 의해선 창의적으로 일할 수 없습니다.
저는 유연성과 창의성은 함께 이어져 있는 가치라고 생각해요.
프레이 굽타(스퓰 최고 제품 담당자)

집에 문젯거리를 놔두고 출근하면 일이 손에 잡히지 않는다. 차라리 집안일을 후딱 처리하고 돌아와 일에 몰두한다면 훨씬 더 능률적으로 일할 수 있을 텐데…… 그것이 차라리 회사에도 도움이 될 텐데…… 직장인이라면 누구나 해본 생각일 것이다. 또 업종에 따라서는 개인이 가장 능률적인 시간에 업무에 몰두하도록 하는 것이 더 큰 실적을 만들어내는 경우가 많다. 그래서 한국에서도 일부 회사에서 적용하고 있는 유연근무제가 주목받고 있다. 직원의 창의성과 능률을 증진시킬 수 있다면 무엇이든 시도한다는 미국 실리콘밸리. 일자리에 출근 도장 대신 쉼표와 느낌표를 찍는다는 한 회사에서 일과 삶과 능률이 어떻게 조화되고 있는지 살펴보도록 하자.

: 그들이 선택한 쉼표, 유연근무제

출근 준비로 분주해야 할 아침, 프레이 굽타의 집은 여유가 가득하다. 평일 아침이라기보다 주말 아침 같은 분위기이다. 굽타는 느지막이 일어나 요가를 한 후 식사를 준비한다. 그녀의 남편도 태평하긴 마찬가지다. 프리랜서도 아닌 직장인 부부가 이토록 한가롭게 하루를 시작할 수 있는 이유는 무엇일까? 유연근무제 덕분이다. 굽타 부부는 미국의 모바일 애플리케이션 개발사인 '스뮬Smule'에서 함께 일한다. 70여 명의 직원들이 일하고 있는 중소기업 스뮬은 직원들의 상황에 맞는 유연근무제를 장려하는 곳으로 많은 직장인들의 선망의 대상이 되고 있다. 그곳에서 최고 제품 담당자Chief Product Officer란 직위를 가진 프레이 굽타는 일주일에 3일만 회사로 출근하고 나머지는 집에서 일을 한다. 집에서 회사까지는 한 시간, 그녀는 매일 출근하는 것 자체가 낭비라고 생각한다.

"스뮬의 방침은 원래 일주일에 4일을 출근하고 하루를 집에서 일하는 것이었죠. 하지만 저에게 주 4일 출근은 너무 많게 느껴졌습니다. 무엇보다도 일과 삶의 균일한 흐름과 리듬이 중요하다고 생각해요. 주 3일만 회사를 가면서 제 삶의 리듬을 더 선택적으로 완성할 수 있었죠. 매일 사무실에 가야 한다면 일 자체가 기계적으로 느껴질 것 같아요. 혼자 있을 때에 더 집중할 수 있는 일들도 어려워지겠죠. 그만큼 창의적으로 일할 기회가 줄어드는 겁니다. 저는 유연성과 창의성은 함께 이어져 있는 가치라고 생각해요."

특히 굽타처럼 일과 육아를 병행해야 하는 직원들에게 짧고 유연한

근무시간은 더할 나위 없이 좋은 조건이다. 그녀는 짧은 근무시간, 긴 여가시간이 스뮬의 경쟁력이라고 믿는다. 근무 효율이 극대화되고 개인의 능력이 제대로 발휘될 수 있기 때문이다.

"강제성이 담긴 요구에 의해선 창의적으로 일할 수 없습니다. 생산성을 높일 수도 없어요. 누구나 하루 중에 생산성이 최고조에 달할 때가 있죠. 하지만 그 시간대는 저마다 다릅니다. 그렇기 때문에 그들만의 리듬에 따른 유연한 스케줄을 허락한다면 스스로 가장 생산적일 때에 일할 수 있겠죠. 그러면 오히려 일을 더 잘할 것이고, 더 적은 시간 안에 일을 끝내게 될 겁니다. 이런 환경 속에서 자연스럽게 직원과 회사의 경쟁력이 함께 높아진다고 믿어요."

스뮬의 직원들은 미팅이나 브레인스토밍이 필요할 때를 제외하곤 각자 자신의 스케줄에 맞게 일주일에 최소 열다섯 시간만 일하면 된다. 하루에 열다섯 시간을 일하는 경우도 다반사인 우리나라 직장인들에겐 그야말로 꿈같은 이야기이다.

물론 유연근무제를 바라보는 시각은 엇갈린다. 개인이 누리는 자유가 기업의 성장을 막는 장애가 된다는 우려도 존재한다. 한 예로 인터넷 기업 '야후'는 직원들 사이에 관행으로 굳어진 재택근무를 전면 금지하기로 결정했다. 유연근무제가 회사 내에서 오히려 업무를 지연시킨다는 지적이 불거진 까닭이다. 실제로 야후 직원들은 재택근무나 외근을 핑계로 오후시간이면 유유히 주차장을 빠져나가는 일이 다반사였다고 한다. 미국에선 이를 '야후병'이라 부르며 유연근무제의 폐단을 보여주는 대표적 사례로 꼽고 있다. 결국 야후는 디지털 분야 종사자 특유의 창의성과 자율성보다는 제조업의 효율성을 중시하는 것으로 그간의 악용 사례를 차단하고 흐트러진 기강을 바로 세우겠다는 의지를 밝혔다. 한마디로 감시를 강화해 직원들의 근면성을 다시 높이겠다는 것이다. 이러한 야후의 결정에 현명한 전환이라며 옹호하는 목소리가 있는가 하면, 유연근무제가 트렌드로 자리잡고 있는 실리콘밸리에선 비난의 목소리가 높다. 굽타 역시 야후가 시대를 역행하고 있다며 자신의 입장을 분명히 밝혔다.

"저는 근면성이란 두 가지 가치의 반영이라고 생각해요. 하나는 직원들 개개인의 성품과 근성이고, 두번째는 얼마나 많은 사람들이 자신이 하는 일에 신념을 가지고 있느냐 하는 겁니다. 만일 직원들이 그들의 임무에 즐거워하고 자신이 만드는 제품에 신념을 가진다면 그들이 일을 마치게 하기 위해 사무실에 나오라고 굳이 강요하지 않아도 됩니다. 그런 제약이 없어도 그들은 일할 겁니다. 언제 어디에서든 일할 것이고 그들이 하는 일을 스스로 신나서 할 겁니다. 자신의 일에 열정을 가지고 책임감이 있는 사람들이라면 어디에서 일할지를 강요하지 않아도 됩니다. 야후가 직원들의 근면성에 문제가 있다고 판단했다면, 회사의 직원들이 정말로 관심을 갖고 즐길 수 있는 제품과 프로세스를 만드는 일에 더욱 집중해야 할 겁니다."

문제가 발생했을 때 예전으로 돌아가는 건 어쩌면 가장 쉬운 선택일지도 모른다. 새로운 길을 내기보다 이미 만들어진 길로 되돌아가는 건 누구나 할 수 있다. 스마트 워크가 보편화되면서 근무환경의 패러다임이 바뀌고 있는 시대에 전통적인 근무방식으로의 회귀는 또다른 후퇴를 낳을지도 모른다. 굽타의 말처럼 스스로 즐길 수 있는 일이라면 사람들은 일을 회피하지 않는다. 그리고 즐길 수 있는 일이란 개인의 능력만으론 완성될 수 없다. 최적의 환경과 최선의 지원이 어우러질 때 최대의 성과를 창출하는 최고의 일도 만들어질 수 있다. 굽타는 그녀의 직장 스뮬과 함께 보폭을 맞추며 그러한 일자리를 완성하고 있다. 그들에게 유연근무제는 게으름의 말줄임표가 아니라 더 멀리 뛰기 위해 숨을 고르는 꼭 필요한 위치에 자리한 쉼표다.

"우리는 스마트한 직원들이 자신들이 원하는 시간과 장소에서 일할 때 최고의 성과를 낸다는 사실을 경험으로 분명히 깨달았어요."

그녀는 스뮬의 직원들 모두가 즐겁게 일하고 똑똑하게 논다고 자부한다. 그리고 끝없이 평행선을 달릴 것만 같은 일과 놀이가 직장 안에서 교차할 수 있음을 보여주고 싶다고 말했다. 그녀가 일하는 곳은 실리콘밸리에서 잘 놀기로 유명한 기업, 스뮬이다.

: 우리는 매일 직장에서 콘서트를 연다

스뮬의 사무실은 일반 회사와 확연히 다르다. 구글을 직장인들의 캠퍼스라고 부른다면 스뮬은 직장인들의 콘서트 무대라 부를 수 있을 것이다. 스마트폰으로 음악을 연주하거나 작곡할 수 있게 하는 애플리케이션 개발사답게 다채로운 악기들이 사무실을 화려한 무대로 만들어준다. 직원들 중 몇몇은 전문 밴드 못지않은 실력을 뽐내며 화려한 연주로 방문자를 맞는다. 방음시설을 갖춘 별도의 공간을 콘서트홀처럼 꾸며 직원들이 언제든 음악에 심취할 수 있도록 배려하고 있다. 일하면서 놀고, 놀면서 일하는 젊은 직원들의 모습에 생기가 가득하다. 이곳에서

마케팅 디렉터로 일하고 있는 제시카는 회사 안에서도 자신이 좋아하는 음악을 즐길 수 있어 직장에 대한 만족도가 높다.

"저는 스뮬을 정말 사랑합니다. 그리고 저희 회사가 유연성을 고취하고 일과 삶의 균형을 가질 수 있는 회사라는 것이 자랑스러워요. 여기선 제가 좋아하던 일들을 계속해서 할 수 있고 동시에 일도 사랑할 수 있거든요. 창조성은 강요할 수 없는 것이라고 생각해요. 이렇게 자연스러운 환경에서 즐길 수 있어야 독창성이 더 발휘될 수 있죠. 저는 사무실에 오는 게 진심으로 좋아요. 언제나 새롭고 흥미로운 일들이 절 기다리고 있거든요."

소프트웨어 기술자 제시는 스뮬의 자유롭고 창조적인 사무실 환경 덕분에 일이 즐거울 수 있다는 것을 깨달았다고 한다. 그래서 그는 스뮬에서 재택근무일로 정한 목요일에도 회사가 좋아서 출근한다.

"음악과 관련한 모바일 게임을 만드는 건 정말 재밌는 일이에요. 그런데 더 재밌는 일은 사실 따로 있죠. 여기 사람들은 자신이 하는 일을 정말 좋아해요. 그런 사람들과 함께 일하면 저도 행복 에너지를 전달받습니다. 모두가 자신의 일을 진심으로 즐기고 있구나, 느끼게 되면 자극도 받고 아이디어도 더 많이 떠올라요. 그래서 우리는 회사에서 함께 놀고 어울리는 것을 좋아하죠. 보시다시피 우리는 항상 여기서 함께 놀아요."

스뮬의 직원들은 대부분 20대 후반에서 30대 초반의 젊은이들이다. 스뮬은 직원들이 회사 안에서도 젊음을 마음껏 즐길 수 있도록 판을 만들었다. 그리고 그 무대 위에서 터져나온 아이디어들이 스뮬을 2011년 미국에서 가장 빠르게 성장하는 회사로 밀어올렸다. 스뮬의 구성원들은 놀이터나 쉼터가 아닌 일터에서 감성 충만한 느낌표들을 발견해나간다. 그리고 그렇게 일과 삶에 느낌표를 찍으며 하루하루를 기분 좋은 에너지로 충전한다. 이보다 더 좋을 순 없을 것 같은 직장이건만 스퓰은 지금도 창조성과 생산성의 하모니를 이루기 위해 근무혁신이란 도전을 이어가고 있다. 모두가 더 행복해질 수 있는 더 효율적인 환경을 조성하는 일은 이곳의 끝나지 않을 숙제와도 같다. 마이크를 잡고 열창하는 직원의 모습을 유쾌하게 바라보던 굽타가 돌연 결연한 표정으로 말을 이었다.

"아직도 대부분의 사람들은 자신의 일을 좋아하지 않아요. 늘 스트레스로 지쳐 있고 일이 짐이라고 생각합니다. 밖에 나가서 사람들에게 물어보면 거의 대다수가 지금 일하는 것보다 더 적게 일하고 싶다고 말합니다. 이렇게 발전된 시대에, 이토록 현대적인 세상에서 일의 가치가 이 지경으로 전락한 건 정말 부끄러운 일입니다. 이토록 진보한 사회에서 여전히 일해야 하는 하루 여덟 시간을 불행하다고 느낀다는 것, 이건 실패입니다. 명백한 이 세계의 실패죠. 하지만 새로운 기술들이 우리가 일에 훨씬 더 만족감을 느끼고 즐겁게 일할 수 있도록 수많은 기회를 만들어주고 있습니다. 그 기회를 단지 생활의 편의로 이용하는 데 그칠 것이 아니라 일자리가 행복해질 수 있도록 활용해야 할 때라고 봐요. 스마트 워크 시대에 걸맞게 앞으로는 원격 근무 환경을 만드는 것이 저희의 새로운 도전 과제입니다. 저희는 일의 가치를 바로잡기 위해 더 노력할 계획입니다."

일자리의 기준을 바로 세우는 것, 이는 직장인의 70% 이상이 자신의 직장이 싫다고 답하는 우리나라에서 무엇보다 필요한 과제일 것이다.

일만 하는 기계가 아니라 일을 즐기는 사람을 키우는 회사가 필요하다. 직원들의 일과 삶을 가로막지 않고 조화롭게 이어주는 근무 환경으로 나아간다면 우리의 직장인들도 "출근하기 싫어요"가 아니라 "사무실이 좋아요"라고 말할 수 있는 내일이 찾아오지 않을까.

회사에는 신뢰가, 직원에게는 열정이 절실한 시점이다.

Return to Local Places

컨트리보이스의 시대가 온다

FUTURE

:R

옥스퍼드 사전이 선정한 올해의 단어 가운데 로커보어Locavore란 단어가 있다. '로커'는 지역에서 생산한 제철음식localfood에서 따온 말이고, '보어'는 라틴어로 '먹는다vore'란 뜻이다. 한마디로 로커보어란 그 지역에서 생산된 물산을 그 지역에서 소비하자는 운동을 말한다. 로커보어의 장점은 운송거리가 짧아서 제품의 가격이 저렴하고 신선하며 탄소 배출을 줄일 수 있다는 점이다. 나아가 무엇보다 지역경제를 살리는 동력이 될 수 있어 세계적으로 각광받고 있다.

이러한 로커보어 운동에서 보듯이, 최근 '로컬', 즉 자신이 속한 지역에 대한 관심이 높아지고 있다. 기존의 과도한 세계화 경향에 반기를 들고 '가장 로컬한 것이 가장 글로벌한 것'이라는 기치를 높이 든다. 이러한 지역 지향적인 사고가 일자리에도 적용되고 있다. 굳이 대도시를 고집하지 않고 자신의 고향이나 주거 여건이 좋은 지역을 선택해 그곳에서 자기만의 일을 만들어내는 청년들, 우리는 그들을 '컨트리보이스'라고 부르고자 한다. 이는 일자리 창출과 지역경제의 활성화가 조화를 이룰 수 있다는 측면에서 주목받는 트렌드이자 각 개인의 삶과 일을 조화시킬 수 있는 유력한 대안이라는 점에서 커다란 관심을 모으고 있다.

이탈리아 밀라노 공대에서 만난 두 청년

한국의 88만 원 세대, 이탈리아의 1000유로 세대

힘들게 대학을 졸업한 우리에게 이 나라에서 겨우 무엇이 주어졌는지 봐요.
이 문제는 국가 차원에서 해결해야 돼요.
정부, 문화, 정책을 싹 바꿔야 해요.
스테파노(밀라노 공대 학생)

이탈리아는 로마문명과 르네상스라는 인류 역사상 가장 화려했던 문화의 발상지이다. 특히 북부에 위치한 밀라노는 패션과 트렌드의 중심지로 아직도 수많은 관광객들의 마음을 끌어당긴다. 화려한 명품 매장들과 고딕양식의 건물이 늘어선 몬테나폴레오네 거리를 걷다보면, 저도 모르게 쇼윈도에 비친 모습을 흘깃대며 옷매무새를 가다듬게 된다. 이탈리아에서도 가장 활기차고 세련된 도시로 사랑받는 밀라노. 유로존을 덮은 불황의 그림자나 재정 위기의 흔적이 이방인의 시야에는 보이지 않는다.

그러나 이 화려한 도시 밀라노에도 유럽의 경제 위기는 비켜가지 않았다. “아프니까 청춘”이란 말이 이탈리아에서도 예외는 아니었던 것일까? ‘Dipende Da Te(너에게 달려 있다)’라는 제목으로 출간된 이탈리아판 『아프니까 청춘이다』가 이곳 밀라노 대학가 서점 쇼윈도를 가득 채운 적도 있었다. 이탈리아의 대표적인 국립대학 밀라노 공대의 엘리트 청춘들에게도 사정이 녹록지 않다면 다른 젊은이들의 현실은 얼마나 고단할지 짐작이 간다.

: 잃어버린 라돌체비타

이탈리아는 최근 8년간 대학 입학률이 68%나 급감해 30~34세 사이 대졸자 비율이 20%에 불과하다고 한다. OECD국가의 평균 대졸자 비율인 37%에 비해 현저히 떨어지는 수준이다(주 이탈리아 한국대사관 자료 수치). 대학 졸업장이 있어도 취업이 쉽지 않고 국립대학의 등록금마저 점점 오르고 있는 탓에 학업보다 기술 습득이 경쟁력이 있다고 판단한 청년층이 대학 진학을 아예 포기한 탓이다. 사정이 이렇다보니 이곳 대학생들 역시 전공 수업에 집중하기보다 취업을 위한 스펙 쌓기에 많은 시간을 투자하고 있었다. 이탈리아뿐만 아니라 유럽에서도 손꼽히는 명문대, 밀라노 공대의 상황도 크게 다르지 않았다.

대학교 내 취업센터는 늘 붐빈다. 졸업을 앞두고 취업 준비에 한창인 재학생들과 아직 직장을 구하지 못한 졸업생들이 좀처럼 손에 잡히지 않는 내일을 준비하러 이곳에 들른다. 산업디자인을 전공한 스테파노와 자코모 역시 얼마 전 졸업했지만 일자리를 찾지 못해 아직도 캠퍼스를 떠나지 못하고 취업센터 주위를 맴돌고 있다. 헬멧 디자인에 빠져 컴퓨터 모니터에서 눈을 떼지 못하던 스테파노가 먼저 자신을 소개한다.

"제 이름은 스테파노 로시예요. 산업디자인을 전공했고 한 달 전에 졸업했어요. 지금은 공부는 안 하고 대신 작은 일들을 벌이고 있어요. 특히 이런 헬멧 디자인이 제 전문이죠. 앞으로 큰 회사에서 일자리를 구하려고 해요."

그는 자신이 디자인했다는 헬멧을 가리키며 살짝 미소를 지었다. 그러나 취업에 관한 이야기를 시작하니 이내 그 미소가 사라졌다.

"구직을 하다보니 취업 자체가 좀 이상한 프로세스 같다는 생각이 들어요. 일단 대학을 졸업하면 내 능력을 보여줄 포트폴리오가 있어야 해요. 자동으로 일이 들어오진 않죠. 그리고 나 혼자 포트폴리오를 제출할 회사를 찾아야 해요. 채용되기 위해 고군분투해야 하는 거예요. 최대한 많은 기회를 스스로 찾아내야 하죠. 최대한 많은 곳에 이력서를 보내야 하고 항상 움직여야 해요. 또 요즘엔 졸업장뿐 아니라 기업에서 다양한 경험을 요구해요. 당연히 인턴도 해야 하죠. 수습기간 동안에는 보수도 많이 못 받는데 말예요. 이런 과정을 거쳐야 비로소 직장을 구할 수 있어요. 분명, 좋은 상황은 아니죠."

한국의 어느 대학가에서라도 들을 수 있는 대답이다. 이탈리아를 덮친 구직난에 허덕이는 그곳 청년의 어려움이란, 한국에서 수없이 만난 청년들의 아픔과 다르지 않았다.

스테파노와 친구라는 자코모는 자신을 '젊은 실업자'라고 소개했다. 젊은 실업자라는 자조적인 표현에서 중장년층들뿐 아니라 청년층까지 세대를 막론하고 확대된 실직의 공포가 느껴진다. 훗날 노인이 된 자코모가 누군가에게 "나는 늙은 실업자입니다"라고 말할 것만 같다.

"저는 학벌로 취직할 수 있다고 생각하지 않아요. 제가 대학에 온 이유는 취직하는 데 어느 정도 필요하다고 생각해서 선택한 것뿐이죠. 입사서류에서 스펙을 많이 따지거든요. 일자리 문제는 현재 이탈리아 사람들 다수가 인정하는 문제죠. 일자리가 없어요. 여기 밀라노는 그나마 좀 낫지만, 다른 지역에는 일자리가 정말, 정말 많이 부족해요."

장래 예술가가 꿈이라는 자코모는 그저 매달 먹고살 수 있는 돈과 자유시간을 보장해주는 일이라면 어떠한 일이라도 할 수 있다고 말했다. 자코모의 말에 자극을 받았는지 스테파노의 목소리가 부쩍 커졌다.

"지금 이탈리아의 젊은이들, 특히 대졸자들은 국내에서 일자리 찾기가 해외로 나가는 것보다 더 힘들어요. 그래서 '브레인 탈출' 현상이 일어나고 있죠. 능력 있는 사람들이 해외에 가서 일을 찾아요. 해외로 나가면 우리 같은 젊은이들의 잠재력을 인정해주고 새로운 능력을 선보일 기회가 생기고, 일자리 여건도 개선된다고 여기고 있죠. 이 문제는 우리가 해결할 수가 없어요. 힘들게 대학을 졸업한 우리에게 이 나라에서 겨우 무엇이 주어졌는지 봐요. 이 문제는 국가 차원에서 해결해야 돼요. 정부, 문화, 정책을 싹 바꿔야 해요."

스테파노의 말에 고개를 끄덕이며 자코모가 자조 섞인 목소리로 말했다.

"제가 정말 싫은 건 하루종일 컴퓨터 앞에서 시간을 보내면서 세상과 멀어지는 거예요."

해가 저물면 이들 역시 한국의 젊은이들과 마찬가지로 '알바'를 하러 뛰어나가야 한다. 스테파노와 자코모는 거리에서 전단지를 돌린다. 대략 전단지 만 장을 돌려야 50유로(7만 원가량)밖에 못 벌지만 학비와 생활비를 충당하기 위해선 어쩔 수 없는 선택이다. 스테파노는 길거리에서 사

laundry

람들을 대상으로 전단지를 돌렸고 자코모는 아파트와 주택단지를 돌며 우편함에 전단지를 꽂아넣었다. 명문대를 졸업한 두 청년이 식당 홍보 전단지를 쥚어지고 뛰어다니는 모습이 대견하기보다는 안타까웠다.

장기적인 불황으로 실업상태를 벗어나지 못하고, 미래의 전망이 불투명해진 이런 젊은이들을 이탈리아에서는 '1000유로 세대'라고 부른다. 정규직을 잡지 못한 상태에서 아르바이트 같은 임시직 일을 해 빠듯하게 1000유로(약 150만 원)를 번다는 뜻이다. 한국의 '88만 원 세대'와 머나먼 이탈리아의 '1000유로 세대'는 대체 왜 이리 닮아 있는가!

'달콤한 인생'이란 뜻의 이탈리아어, 라돌체비타La Dolce Vita란 말이 있다. 이탈리아인 특유의 낭만과 철학이 녹아 있는 아름다운 말이다. 하지만 청년실업률이 40.5%에 이르고 취업자 절반이 비정규직 노동자란 현실 앞에서 더이상 달콤한 인생은 없는 것처럼 보인다. 이제 이탈리아 청년들에게 라돌체비타, 달콤한 인생은 허망한 꿈에 지나지 않는 것일까. 암담한 현실 속에서 라돌체비타를 찾아나선 이탈리아 청춘의 도전기는 눈물겹다.

이탈리아 가족경영 와이너리와 레스토랑

이탈리아 청년들의 이유 있는 '컴백홈'

처음엔 부모님을 돕는다는 생각으로 시작했는데,
지금은 마음의 유산을 완성한다는 각오로 일하고 있어요.
우리의 와인이 더 아름답고 우아하고 균형 있는 맛이 나도록 만들면서
제 인생도 함께 완성하는 거죠.
지오바니(와이너리 사업가)

최근 이탈리아에서는 가업을 일으켜 지역경제를 활성화시키겠다는 포부를 품은 인재들이 잇따라 귀환하고 있다. 물론 대도시에서의 취업이 여의치 않은 탓도 있지만, 다른 지역이나 해외에서 학업을 마친 후, 부모의 가업을 이어받아 고향의 지역경제를 발전시키겠다는 포부를 가슴에 품고 자신의 의지로 다시 귀향하는 젊은이들이 늘고 있다.

: 희망을 숙성시키는 포도밭 그 젊은이

밀라노 서남쪽의 로에로 지역은 달콤한 포도향이 기분좋은 인사를 건네는 이탈리아 와인의 특산지다. 유럽에서 흔히 볼 수 있는 고딕풍 저

택의 주인은 뜻밖에도 젊은 청년이었다. 오랫동안 외국에서 공부하고 취업을 준비하다가 흔들리는 가업을 잇기 위해 다시 집으로 돌아온 이탈리아 청년 지오바니. 그는 포도밭으로 향하는 낡은 지프의 짐칸에서 자신이 돌아온 이유를 짧게 말했다.

"대학을 졸업하고 대기업에 취직할 생각이었지만 원하는 일을 찾기가 쉽지 않았어요. 처음엔 부모님을 돕는다는 생각으로 시작했는데, 지금은 마음의 유산을 완성한다는 각오로 일하고 있어요. 우리의 와인이 더 아름답고 우아하고 균형 있는 맛이 나도록 만들면서 제 인생도 함께 완성하는 거죠."

문약한 취업준비생에서 햇볕에 그을린 까무잡잡한 피부와 노동으로 단련돼 단단해진 몸으로 변신한 지오바니는 자랑스럽게 말한다.

"여름 내내 더웠지만, 20일 전에 단비가 내려서 완벽했어요. 포도가 수분을 잘 흡수해서 결실이 아주 좋았죠. 다음주 수요일 아니면 목요일에 수확할 거예요."

금쪽같은 자식을 자랑하듯 포도를 소개하는 지오바니의 얼굴에 자부심이 넘친다. '내 일'을 즐기는 사람 특유의 활력과 당당함이 느껴진다. 지오바니는 아직 어머니에게 일을 배우고 있지만, 벌써 나름의 사업 구상을 내놓을 만큼 일에 대한 열정이 대단하다.

"전통적인 와인 제조 기법을 유지하면서 새로운 마케팅 기법을 활용할 계획이에요. 온라인을 통한 판매망도 구축하고 있습니다."

이탈리아에는 최근 지오바니와 같은 청년 와인 사업가들이 급증하고 있다. 이탈리아 와인 판매량이 프랑스를 추월한 것도 이런 젊은 와인 사업가들의 혁신적인 아이디어와 마케팅 덕택이라는 분석도 있다.

수백 개의 와인 저장통 사이를 거닐며 지오바니는 자신의 내일을 이야기한다.

"저는 우리 땅을 가장 잘 대표할 수 있는 포도주를 만들고 싶어요. 우리 전통을 지키고 또 새로운 기법을 발전시켜서 포도주의 장인이 될 거예요. 매일 포도주가 숙성되는 걸 보면 저도 매일 조금씩 달라지는 것 같아요. 요즘엔 재미 삼아 다양한 실험을 하고 있어요. 이건 샤도네이 스파클링 포도주인데요, 테스트용으로 제가 조금 만들었어요. 과일향은 더 많이 나지만 나무향은 덜 느껴지게, 더 부드럽게 만드는 게 핵심이죠."

지오바니의 꿈은 많은 사람들이 포도주를 마시면서 '로에로 포도주'를 분명하게 구별할 수 있게 각인시키는 것이라고 한다. 그의 아버지도 같은 꿈을 꾸며 와이너리를 일궜다. 오래될수록 그 맛이 깊어지는 포도주처럼 지오바니는 오랜 시간 부모가 일군 희망의 터전에서 당당하게 자신의 꿈을 숙성시키고 있었다.

꼭 남이 만들어둔 무대에 올라서야만 청춘이 아니다. 장소가 어디든 자신이 오를 수 있는 무대를 직접 만들려는 용기를 실천해나갈 때, '내일'을 의외로 가까운 곳에서 발견할 수 있을지 모른다. 희망을 숙성시키는 포도밭 그 젊은이, 지오바니처럼.

: 내 일을 찾을 수 있는 또하나의 무대, 가족

지오바니의 어머니 오스넬라 역시 지금 행복하다.

"제 아들이 와이너리를 계속 이어나가겠다고 해서 정말 기뻤어요. 스스로 내린 결정이어서 더 놀라웠고요. 저는 지오바니가 선택하는 과정에서 어떠한 압박도 느끼지 않게, 또 어떤 영향도 주지 않도록 최대한 노력했어요. 중요한 것은 자기가 하고 싶은 일을 스스로 자유롭게 선택하는 것이라고 생각해요. 이 와이너리는 세대가 바뀌며 계속 이어져왔고 또 이어져가겠지만, 그 모습은 매번 달라지고 있어요. 할아버지 시대에는 다른 방식, 다른 콘셉트로 포도주를 만들었어요. 시대가 달랐으니까요. 지금은 돌아가셨지만 지오바니의 아버지인 마테오는 또다른 새로운 길을 선택해서 이어나갔죠. 이제, 지오바니가 자신의 길을 선택해서 이어나갈 차례고요."

오스넬라는 이탈리아 청년들이 대도시나 해외로 나가는 것보다 이제는 고향에 남아 그 지역에서 할 수 있는 일을 찾아내는 것이 더 현명한 선택이 된 시대라고 확신한다.

"시대가 변했어요. 이제는 시골농장에서 일하는 게 더 나은 여건이 마련됐어요. 처음 제 남편 마테오가 사업을 시작했을 때부터 오늘날까지 불과 20년 사이에 아주 많은 것이 변했죠. 우리는 새로운 경영방식으로 일하고 있어요. 예나 지금이나 항상 창고와 논밭에서 힘들게 일하지만, 일이 끝나면 저녁에 당당하게 최고급 식당에 가서 우리 포도주를 마시면서 우아한 식사를 즐길 수 있어요. 비행기를 타고 지구 반대편을 여행할 수도 있고요. 다른 문화 속으로 들어가서 그 문화를 배우고 돌아와 우리 포도주와 접목할 수도 있어요. 과거에 비해 세계가 전면적으로 개방됐기 때문에, 일상적인 노동은 가장 편안한 공간에서 가장 믿을 수 있는 사람들과 함께 즐겁게 해나가고, 꿈은 드넓은 세계 속에서 펼치고 계획하는 것이 가능해진 거죠."

mazda

지오바니는 가족경영을 통해 지역에 대한 애정과 일자리에 대한 가치관이 바뀌었다고 말한다. 손에 잡히지 않는 먼 곳에 도달하려고 숨가쁘게 달려가기보다는, 가족을 돌아보고 자신이 발 딛고 사는 지역을 기반으로 일어서서 뚜벅뚜벅 걸어갈 때, 보이지 않던 꿈이 점점 더 선명해졌노라고 말한다. 어떤 이는 가족의 품에서 일하는 게 무슨 노동이고 꿈이냐고 반문할지도 모른다. 하지만 가족기업을 육성하고 지역경제를 활성화시키는 것은, 누군가의 희생이나 큰 사회적 비용을 치르지 않고도 신규 일자리를 만들 수 있는 분명한 방편이 될 수 있음을 지오바니는 생생하게 보여준다.

환한 햇살 아래, 싱그러운 포도밭 위에서 미소 짓는 지오바니의 모습과 어두운 도심의 밤거리를 뛰어다니며 전단지를 돌리던 밀라노 공대생 스테파노와 자코모의 모습이 묘하게 중첩된다.

성인이 되어서도 자립할 능력이 없어 부모에게 얹혀사는 자녀들을 우리는 캥거루족이라 부른다. 2000년 이후 청년실업이 사회문제로 대두되며 만들어진 서글픈 신조어다. 우리나라의 캥거루족은 2000년 82만 명에서 10년 새 1.4배가 증가해 이미 100만 명을 훌쩍 넘었다고 한다(한국고용정보원 자료, 2013년 만 25~44세 캥거루족 116만 명 추산). 캥거루족은 부모에겐 떼려야 뗄 수 없는 혹, 사회에선 처치 곤란의 낙오자로 낙인찍힌 서글픈 청춘들이다. 하지만 캥거루족에게도 '급'이 있다. 그 '급'을 결정짓는 잣대는 바로 '내 일'을 갖고 있는가의 여부다. 부모라는 울타리 속에 있지만 그 안에서 자신의 영역을 분명히 성취하고 있었던 지오바니는 분명 급이 달랐다. 어찌 그를 부모 곁에 안주하는 캥거루족이라고 부를 수 있으랴.

: 전통의 가업에 젊은 아이디어를 더하라

젊고 창의적인 아이디어로 쇠락해가는 가업을 새롭게 일으키려는 젊은이들이 비단 농촌에만 있는 것은 아니었다. 밀라노 시내 한복판에서 대기업과는 비교할 수 없을 정도로 작지만 마음껏 꿈을 펼칠 수 있는 자신만의 무대를 갖기 위해 아버지가 운영하는 레스토랑에 취업한 페데리코 역시 그중의 한 명이다.

"저와 아버지 둘이서 이 식당을 운영하고 있어요. 1957년 할아버지께서 창업하셔서 지금 3대째 내려오는 가업입니다. 저는 이 일이 마음에 들고 갈수록 열정을 갖게 돼요. 가족의 전통을 제가 이어나갈 수 있어서 자랑스럽고요. 제 아버지가 허락해주신 것처럼, 저도 제 아들에게 이 일을 계속 이어나갈 수 있는 기회를 주고 싶어요."

한때는 대기업 취업을 준비했지만 지금은 어떤 큰 회사에 다니는 것보다 이 일이 행복하다고 페데리코는 말한다.

"제일 좋을 때가 손님들에게 서빙할 때예요. 직업도 다르고 사는 곳도 다르고 가치관도 다른 다양한 손님들과 대화하고, 친해지고, 음식 얘기하고, 서빙한 요리를 설명하고, 와인을 권하고…… 손님들도 저를 일개 종업원으로 대하는 게 아니라, 마음이 허기질 때 찾아와서 유쾌하게 대화하는 파트너로 여기죠. 그렇게 손님들과 함께 지내는 게 좋아요. 이건 비밀인데요, 사실 제 본업은 식당 관리가 아니라 손님들과 재미있게 대화하는 거예요."

자신의 일을 '서빙'이나 '식당 종업원'이 아니라 '손님들과 대화하는 것'이라 구체적으로 표현할 수 있는 직업관, 식당이라는 업業의 본질을 음식이 아니라 소통에서 찾고자 하는 새로운 발상. 세상 사람들이 규정한 그 직업의 표피에서 한발 더 나아가 자기만의 직업의 매력을 찾아내고 즐기는 것은, '내일'을 만들어가는 이들의 뚜렷한 공통점이다.

페데리코가 깨끗하게 정돈된 테이블 위에 작은 촛불을 켜며 말했다.

"저는 항상 마무리로 촛불을 켜요. 점심식사나 저녁식사를 할 때 손님들에게 더 편안한 분위기를 만들어드리기 위해서죠."

페데리코가 노란 양초에 불을 붙일 때, 편안하게 담소하며 음식을 기다리던 손님들의 입에서 한동안 잃어버렸던 바로 그 말이 튀어나오는 듯했다.

"라돌체비타!"

이탈리아 가죽공예학교

청춘과 함께 꽃피운 지역 르네상스

우리는 기계를 쓰지 않는 대신 세 가지를 사용해요.
머리를 쓰고 마음을 움직이고 손으로 모든 것을 만들죠.
우리는 날마다 항상 달라요. 하루하루, 순간순간이 다르다는 것.
그게 공방의 매력이에요.
프란체스코(가죽공예학교 학생)

"글로벌 경제가 오히려 일자리를 빼앗아간다."

미국의 경제학자 엔리코 모레티가 설명하는 '글로벌 경제 역설'. 그 핵심에는 자동화와 세계화된 인력이동이 있다. 시장이 거대해질수록 산업은 분화되어 자동화 단계에 이르고, 국경 없이 인력이 모여들면서 지역 내 일자리가 실종된다는 논리다. 이 가설이 사실이라면 혹시 그 역도 성립할까? 다시 말해서 글로벌 경제가 일자리 실종을 야기했다면, 반대로 지역경제가 일자리를 살릴 수도 있지 않을까? 이른바 일자리를 창출하는 로컬경제론이다. 로컬경제의 활성화를 관찰하기에 이탈리아는 가장 모범적인 참고서이다. 국가는 경제 위기에 처해 있지만 지역은 건실한 나라, 이탈리아 경제의 흔들리지 않는 버팀목은 바로 로컬경제이기 때문이다.

: 한 땀 한 땀, 장인의 숨결을 잇는 가죽 공방

'꽃'이라는 뜻의 아름다운 이름을 가진 토스카나 지방의 주도 피렌체는 '예술의 수도'란 별칭이 결코 과하게 느껴지지 않는 매혹적인 곳이다. 도시 곳곳에서 피렌체의 유서 깊은 매력이 그림자처럼 발끝을 따라다닌다. 어쩌다 보이는 차들만 없다면 몇백 년의 세월을 건너 중세로 되돌아온 것만 같다. 여행자의 마음에도 다시 르네상스가 꽃피는 것일까? 피렌체를 거닐다보면 잊고 있던 낭만이 햇살처럼 쏟아진다.

단테, 레오나르도 다빈치, 미켈란젤로, 갈릴레이, 보티첼리 등 열거하기에도 벅찬 대가들이 태어나거나 흔적을 남긴 곳, 중세의 낭만이 고스란히 살아 있는 아름다운 도시 피렌체는 유네스코 유산으로 등재되어 있어 대규모 도시 개발이나 제조업 단지 유치를 추진하기가 어렵다. 이곳의 일자리는 주로 관광과 서비스업에서 나오는데, 최근 전 세계적인 불황으로 관광객들이 줄어들면서 지역민들의 고민이 깊어지고 있다. 그런데 이런 어려운 상황에서도 놀라운 성장속도로 사업이 번창하고 일자리를 창출해내는 곳이 있다. 500년 이상의 역사를 지닌 가죽공예학교, 스쿠올라 델 쿠오이오Scuola del Cuoio다. 가방, 액세서리, 의류, 생활용품 등 다양한 분야의 가죽제품을 생산하고 판매하는 공방인 동시에 오로지 가죽공예기술만을 전문적으로 가르치는 특화된 학교다.

500년 이상의 역사를 지닌 이 가죽 공방은 피렌체의 성지로 통하는 산타크로체 성당 안에 있다. 두오모 성당만큼 크고 웅장하지는 않지만 아담하고 정결한 느낌을 주는 건물 안, 복도 한쪽에 이어진 낡은 작업대에서 젊은이들이 묵묵히 가죽을 재단하고 있다. 아직도 300년 전에 사용하던 방식을 고스란히 유지하고 있다고 한다. 이 기술을 습득하기 위해서는 수년간의 도제식 훈련이 필요하다. 이곳에서 10년째 전통기술을 배우며, 일하고 있는 스물여덟 살의 젊은 마스터, 프란체스코도 오랜 견습 훈련을 거치고 얼마 전 장인의 자리에 올랐다.

"저는 피렌체 토박이예요. 예술도시에서 자라면서 자연스럽게 이 분야에서 일하게 됐어요. 전 이곳에서 가죽공예를 가르치는 이들 중에 비교적 젊은 장인기술자죠."

프란체스코는 자신의 일에 큰 자부심을 갖고 있었다. 이들 정도의 실력이라면 명품가방으로 이름난 대기업을 선택할 수도 있었을 텐데, 어째서 이 어둡고 좁은 성당의 공방으로 모여드는 걸까. 프란체스코의 답변은 명쾌했다.

"큰 회사들은 결국 기업이에요. 장인이 일구는 공방이 아니라 그저 물건을 찍어내는 공장이죠. 기업은 대량생산을 하기 때문에 대부분의 일을 기계가 해요. 하루에 100개 이상 똑같은 가방을 찍어내죠. 하지만 공방에서는 하루에 최대 두세 개밖에 못 만들어요. 모두 수작업으로 완성되기 때문에 하나하나가 다 다르죠. 우리는 기계를 쓰지 않는 대신 세 가지를 사용해요. 머리를 쓰고 마음을 움직이고 손으로 모든 것을 만들죠. 우리는 날마다 항상 달라요. 하루하루, 순간순간이 다르다는 것, 그게 공방의 매력이에요."

머리와 마음과 손으로 만드는 가방…… 그래서일까? 이 가죽공방은 불황에도 불구하고 판매량이 급증하고 있다. 만만치 않은 가격임에도 전 세계에서 오직 이곳에서만 구입할 수 있다는 희소성 때문에 인기가 높다. 지역경제에 활기를 불어넣는 것은 당연한 결과다. 오랜 시간 기술

을 갈고닦아 후대에까지 이어질 명성을 만든 선조들과 오래된 것의 가치를 알고 전통을 이어가는 후손들, 역사를 존중하며 장인들을 존경하는 이들의 문화에는 자부와 경외가 깃들어 있다.

"저는 이곳이 정말 좋아요. 전 세계의 젊은 사람들이 여기에 찾아와 일을 배우는 걸 보면 뿌듯해요. 특히 동양에서 온 많은 젊은이들이 일을 배우고 싶어해요. 저희 공방은 항상 개방되어 있기 때문에 누구든 배우고 싶은 열정만 있다면 받아들이죠. 전 세계 방방곡곡에 흩어져 있는 청년들의 미래를 위해, 미래에는 기필코 자기 일을 할 수 있도록 우리가 알고 있는 것들을 다 가르쳐주고 있습니다."

그의 말대로 가죽공예학교에는 아시아 학생들이 눈에 띄게 늘고 있다. 한국 학생들도 그 틈에서 한 땀 한 땀 가죽을 다듬으며 장인이 되기 위한 길을 닦고 있었다.

"최근 가장 긍정적인 현상은, 이 공간에 동양 젊은이들의 관심이 집중되고 있다는 거예요. 여기에 와서 금박하는 법을 배우고, 가죽을 예술 작품으로 만드는 법을 배우죠. 여기에선 자신이 좋아하는 물건을 만드는 법을 배울 수 있어요. 그리고 미래에 이곳에서 배운 기술로 자신만의 사업을 할 수도 있을 거예요. 우리는 항상 그런 젊은이들을 받아들일 준비가 돼 있어요. 그게 언제가 됐든 우린 항상 여기 있을 겁니다."

장인 특유의 오만한 폐쇄성은 간데없고 타지의 이방인을 포용하는 관대함만 있다. 지역에 발붙이고 있지만 눈은 세계를 향하고 있는 것이다.

: 세계로 나가는 대신, 세계를 불러들이다!

스쿠올라 델 쿠오이오 가죽공예학교의 역사는 폐허가 됐던 피렌체의 역사와 함께한다. 제2차 세계대전 종전 무렵, 1800년대 중반부터 거의 한 세기 동안 버려졌던 건물을 프란체스코 수사들이 전쟁고아들의 자립을 위한 직업학교로 바꿨다고 한다. 당시 피렌체는 가죽 가공으로 명성이 높았고, 수도사들은 가죽가공기술이 고아들에게 일자리를 만들어줄 것이라 믿었다. 이후 이 학교에서 수많은 가죽장인들이 탄생했고, 지금껏 그 명맥이 이어지고 있다. 이 학교의 대표 로라 고리는 학교와 학생들에 대한 자부심이 대단하다.

"이 가방은 저의 소중한 보물입니다. 1982년에 직접 디자인한 작품이죠. 벌써 30년이 흘러 낡아가지만 여전히 멋지지 않나요? 이곳은 우리 피렌체 역사의 산실로서 가죽제품을 만들어 판매하는 것뿐 아니라 젊은 가죽공예가를 양성하는 교육도 병행하고 있습니다."

이곳의 가장 큰 특징은 도제식 교육을 통해 자체 직원을 채용하고 나아가 학생들의 취업을 적극적으로 알선해주고 있다는 점이다. 만만치 않은 비용 부담을 안고서 오랜 시간 한 학생을 끈질기게 교육하는 까닭은 무엇일까?

"저 역시 이 시대를 사는 세계시민입니다. 그러나 각 지역이 가진 고유의 문화는 반드시 지켜야만 한다고 믿어요. 이탈리아에선 가죽가공 문화가 매우 중요해요. 그런 문화를 보존하기 위한 유일한 방법은 젊은이들을 양성하는 것이고요. 젊은이들에게 가죽을 보는 안목을 가르쳐야 합니다. 값비싼 명품가방을 살 때 그 브랜드 너머의 가치를 볼 수

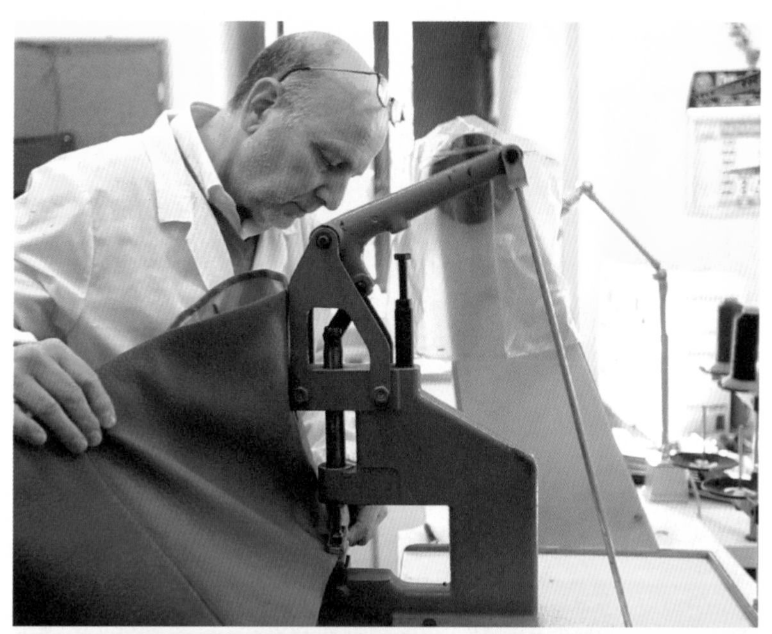

있어야 진짜죠. 그 품질과 장인의 솜씨까지 볼 수 있는 안목을 키워 주면 그 어디에서도 전통을 지키며 자신만의 일을 해나갈 수 있을 겁니다."

그렇다면 과연 이곳은 지역경제에 얼마나 큰 영향을 미쳤을까? 그녀는 전시장 한쪽에 걸린 오래된 흑백사진을 가리키며 차분하게 말을 잇는다.

"이분은 내 아버지예요. 오래전에 아버지와 이런 얘기를 나눴던 기억이 나네요. 아버지가 수도원과 함께 가죽공예 직업교육을 시작할 무렵 이곳은 완전히 황무지였대요. 가죽을 구할 방도가 전혀 없었죠. 그러나 가죽공예학교가 열리면서 이 지역은 관광객들을 위한 가죽 쇼핑지대로 변모했습니다. 당시 관광객들은 이곳을 영어로 가죽공장Leather Factory이라 불렀어요. 공장이라니! 그건 이탈리아인에겐 터무니없는, 다소 모욕적이기까지 한 명칭이었어요. 나는 그들이 왜 그런 명칭을 쓰는지 모르겠다고 투덜댔죠. 그런데 아버지는 오히려 우리 스스로가 더 자랑스러워해야 한다고 답해주셨어요. 그들이 그렇게 부르는 것은 우리가 이 도시 전체를 부유하게 만들었기 때문이라고 말씀하셨죠. 공장이라 불린다는 건, 지역의 일자리를 책임지고 있다는 자랑스러운 뜻이라고요."

작은 학교 하나가 쇠락하던 한 도시를 '공장'으로 불리도록 되살려놓은 것이다.

그토록 오랜 시간 공들여 가르쳐 장인으로 키운 청년들이 결국 외지로 나가버리면, 지역경제에는 오히려 손해가 아닐까? 그녀의 대답은 단호하다.

"그렇지 않습니다. 그 학생들이 우리의 이름을 전 세계에 알리고 있어요. 충분하지 않나요?"

굳이 세계로 나가지 않더라도 세계인을 불러들여 세계 속의 로컬을 만든다는 것, 어쩌면 이것이 진정한 로컬의 힘이며 진정한 글로벌화가 아닐까?

이탈리아 토스카나의 '지오바니시' 프로그램

지방정부가 당신의 가능성을 보증합니다

은행 거래를 못하는 젊은이들이
대출을 받을 수 있도록 보장해주고 있어요.
만약에 토스카나 주가 보증한 젊은이가 대출금을 못 갚으면
지방정부에서 대신 상환하는 거예요. 파격적이죠.
칼로로 안돌리니(지오바니시 프로그램 책임자)

피렌체 가죽공예학교가 속한 토스카나 주는 지역을 떠나려는 젊은이들의 마음을 돌리기 위한 정책 마련에 매우 적극적이다. 특히 주목할 만한 것이 지역 청년들에게 자립의 기회와 성장의 밑거름이 필요하다는 사회적 합의 아래 마련한 '지오바니시' 청년 지원 프로그램이다. 이것은 젊은이들의 일자리를 많이 만들고, 소비를 진작해 지역경제를 활성화한다는 목표로 2년 전부터 실시된 이탈리아 토스카나 지역의 핵심 프로젝트다.

토스카나 지방정부에서 야심차게 시작한 지오바니시 프로그램의 책임자인 칼로로 안돌리니는 지오바니시를 청년들을 '불러들이는' 프로그램이라고 강조한다.

"지오바니시는 토스카나 주지사가 강력하게 추진한 프로젝트예요.

이 프로젝트의 힘은 교육, 취업, 민간서비스를 다 함께 모았다는 점이에요. 특히 토스카나에서는 민간서비스가 매우 중요해서 수습과정을 통해 젊은이들이 회사생활에 적응하게 도와줘요. 이를 위해 교육을 진행하고, 젊은이들이 새로운 일을 도모할 수 있도록 기회를 주기도 하죠. 사회생활을 안정적으로 시작할 수 있도록 일련의 코스를 제공해주는 거예요. 이 모든 과정들을 적절한 기준에 맞게 모은 것이 지오바니시죠."

지오바니시는 그동안 분산 추진되던 지원 방안들을 하나로 묶은 것 이상의 의미를 지닌다. 젊은이들과의 소통이 있기 때문이다.

"2년 전 지오바니시를 준비할 때 우리가 가장 중요하게 생각한 것이 있어요. 바로 젊은이들을 대상으로 프로젝트를 진행하기 위해서는, 젊은이들에게 무언가 메시지를 전하고 그들을 움직이기 위해서는, 가장 먼저 젊은이들과 직접 '소통'해야 한다는 것이죠. 이 소통은 변화를 위한 것입니다. 우리 시대의 특징은 변화무쌍함이에요. 정부기관에서 프로젝트를 기획하는 과정에서 이 제도가 미래에도 계속 효력이 있을지 없을지 확실히 알 수 없어요. 그래서 프로젝트를 효과적으로 가동하려면, 특히 지금처럼 청년실업이 매우 심각한 상황에서는, 가능한 한 많은 젊은이들의 이야기를 직접 듣고 젊은이들을 위한 제도나 기회를 변경하고 수정해나가야 하는 거예요. 지오바니시 프로젝트가 지속적으로 변경 가능하다는 사실이 매우 중요합니다. 지금 토스카나 지역 젊은이들은 우리에게 수시로 각종 요청을 합니다. 그들의 목소리에 따라 변할 수 있다는 걸 실제로 깨닫게 된 거죠. 변화와 소통, 이게 바로 지오바니시의 성공 열쇠예요."

젊은이들의 일자리 문제는 젊은이들이 가장 잘 안다. 전문가, 공무원, 기성세대 모두가 상황을 진단해 필요한 제도를 마련해가는 것도 필요하지만, 그들이 머리를 모으고 계획표를 짜는 동안에도 젊은이들은 여러 가지 현실적인 문제에 봉착한다. 실제로 문제에 부딪힌 당사자들에게 먼저 물어보고 또 그들이 스스로 말하게 하는 것, 사실 그것은 행정의 기본이다. 지오바니시의 성공은 그 행정의 기본을 정확히 짚으며 청년들과 직접 소통한 데 있었다.

또한 지오바니시는 일자리 창출을 위한 다양하고 구체적인 프로그램을 시행중이다.

"우리는 청년들이 인턴과 수습사원으로 경험을 쌓을 수 있도록 도와줍니다. 이들을 고용하는 회사들에 확실한 재정 지원을 해주고 있죠. 고용 분야에서 우리는 명백하게 더 많은 자원, 시간, 노력을 투자하고 있어요. 취업 희망자들뿐만 아니라 창업을 원하는 청년들에게도 혜택과 지원을 주기 위해 특별지방법을 제정했을 정도입니다. 더 나아가 은행 거래를 못하는 젊은이들이 대출을 받을 수 있도록 보장해주고 있어요. 만약에 토스카나 주가 보증한 젊은이가 대출금을 못 갚으면 지방정부에서 대신 상환하는 거예요. 파격적이죠."

지역 청년들의 이탈을 막는 방법은 그들이 지역에서 자립할 수 있는 힘을 키워주는 것이다. 토스카나 주의 시도는 아직 완전한 해법은 아니지만 관공서와 젊은 층의 장벽을 허물고 '지역 정착'에 관해 함께 논의할 수 있는 물꼬를 텄다는 데 의미가 있다. 토스카나 지역 중 특히 피렌체의 경제 상황이 이탈리아의 평균보다 좋고 일자리까지 늘어날 수 있었던 배경도, 지역을 기반으로 경쟁력을 키우기 위한 제도 마련에 힘썼기 때문이었다.

: 뿌리 깊은 지역이 국가를 살린다!

그렇다면 이탈리아 전체 GDP의 7%를 생산하며 경기불황을 딛고 일어설 발판을 마련하고 있는 토스카나의 지역 경쟁력은 어디에서 오는 것일까? 최근 유럽을 휩쓴 극심한 경제불황에도 이탈리아가 그나마 버틸 수 있었던 것 역시, 바로 이 견고한 지역경제 덕분이라는 분석이 나오고 있다. 피렌체 대학교에서 마이크로경제학과 경제모델링을 연구하고 있는 경제학자 레나토 파니차 교수는 토스카나의 지역 경쟁력을 다음과 같이 분석한다.

"토스카나 경제의 강점은 결국 지역 소규모 업체들의 분산적 성장에 토대를 두고 있다는 것입니다. 이 소규모 업체들은 서로 네트워크를 갖고 있습니다. 소규모 업체들이 탄력성 있게 결합하면서 경제성장의 중추역할을 하고 있는 것이죠. 더욱 놀라운 점은 이들이 내수시장뿐만 아니라 세계시장을 뚫고 자신의 생산품을 수출해냈다는 것입니다."

가히 작은 마을의 장인들과 공예가들이 만든 기적이라 할 만하다. 그렇다면 초대형 다국적기업들을 상대로 한 이 다윗과 골리앗의 싸움에서 끝내 승리를 거둔 토스카나만의 비밀은 무엇일까?

"토스카나는 모방할 수 없는 경제모델을 갖고 있습니다. 토스카나는 전통적으로 탁월한 예술적, 문화적인 자질을 갖추고 있는데, 그것을 산업화했다는 점에서 매우 훌륭하죠. 토스카나의 문화적인 기업정신이나 독특한 제조기술은 외부에서 유입되거나 얻어진 것이 아니라, 내재적으로 양성된 뿌리깊은 자질이에요."

피렌체의 가죽공예학교와 같은 작은 공방이 지역경제의 중추가 될 수 있다는 사실은 우리나라처럼 지역 간 격차로 몸살을 앓는 곳에 희소식이 분명하다. 하지만 지역의 경제모델은 단순히 경제학 이론으로만 설명할 수 없는 사회문화적 요소가 작용하기 때문에 섣불리 타 지역에 적용할 수는 없는 한계가 존재한다. 그럼에도 잘 만든 지역경제 모델이 국가경제에 든든한 버팀목이 되는 건 사실이다. 레나토 교수는 토스카나 경제가 지속 가능한 성장동력을 얻을 수 있었던 결정적인 비결은 바로 '수출'에 있다고 말했다.

"성장의 유일한 길은 수출입니다. 내수시장만으로는 결코 충분한 성장을 거둘 수가 없기 때문입니다. 토스카나는 그걸 해냈죠. 토스카나 경제는 수출에 토대를 두고 있습니다. 그래서 내수경기에 결정적인 타격을 받지 않고, 시장을 유지하고 개척하는 것이 가능해지는 겁니다. 물론 이렇게 지역에서 수출시장을 확보하기란 결코 쉽지 않습니다. 경쟁이 무척 치열하기 때문에, 내수시장을 겨냥하며 그럭저럭 현상유지를 하는 것에 비해 쉽게 도태되거나 도산하기 쉽죠. 그러나 토스카나처럼 숙련기술을 통한 고품질의 제품을 생산해낸다면, 높은 생산성으로 고품질 제품을 지속적으로 만들어낼 수 있는 여건만 조성할 수 있다면, 성장의 길은 반드시 열립니다."

공급 면에서는 지역에 기반을 두면서도 수요 면에서 전 세계 시장을 향하도록 하는 것이 로컬 경쟁력의 핵심이라는 뜻이다. 즉 피렌체와 같은 지역은 폐쇄적인 곳처럼 보이지만 실상 매우 개방적이며, 이를 바탕으로 강력한 수출 주체로 활약하고 있는 것이다.

토스카나의 실업률은 이탈리아의 평균적인 수준보다 훨씬 낮다. 레나토 교수는 이와 관련해 이 지역의 고용조건에 주목한다.

"세계적인 경기불황에도 불구하고 토스카나가 상대적으로 잘 견디는 이유는 이 지역의 사회적 특성 때문일 겁니다. 실제로 이곳의 실업률은 전체 이탈리아 지역들 중에서는 가장 낮은데, 그건 이 지역에 새로운 형태의 고용계약이 널리 확산되어 있기 때문이라고 생각해요. 시간제, 제한 시간제 혹은 여타 탄력적인 임시직 계약들이 많은 까닭이죠. 예컨대, 하나의 정규직 일자리에 두 명의 시간제 직원을 채용하면 두 사람의 취업이 가능해져요. 같은 수요에 대해 더 많은 취업자를 만들어내는 셈이죠."

토스카나에서 임시계약직이 확산된 배경 역시 이곳의 지역적 특성과 관계가 깊다. 레나토 교수는 그 배경을 이렇게 설명한다.

"토스카나에는 문화, 예술 분야의 종사자들이 많고, 전통적인 방식의 수공업자들이 많습니다. 그들에게 필요한 건 정해진 연봉과 9 to 5의 노동시간이나 틀에 박힌 조직이 아니에요. 바로 '자기만의 시간'이죠."

자유로운 예술가와 장인의 전통을 가진 마을이기에 가능한 문화라는 것이다. 하지만 토스카나에도 규칙적으로 일하고 안정적인 월급을 받고 싶어하는 평범한 사람들은 있을 것이다. 그런 사람들에게 토스카나에서의 노동의 질은 만족스럽지 못한 것은 아닐까? 레나토 교수는 이 우려에 대해 공감을 표하면서도 짚고 넘어가야 할 이면을 설명한다.

"물론 계약조건이나 개인의 여건에 따라서 그것은 긍정적일 수도, 또 부정적일 수도 있습니다. 하지만 정규직이 일정하게 맡겨진 역할 안에서 변신이나 교육의 가능성이 차단된 생산 주체로서의 기능을 도맡는 것이라면, 이탈리아의 시간제 계약이란 '직업기술교육'의 가능성이 열려 있다는 뜻이기도 하죠. 청년들의 경우, 시간제나 제한적인 일자리를 구할 때, '직업기술교육'을 실시해줄 것을 별도 조건으로 요구할 수 있습니다. 계약직 청년들은 그 직업에 부수적으로 딸린 단순노동만을 담당하는 것이 아니라, 직업기술을 배워서 개인의 직업 역량을 향상시킬 수 있게 되는 거죠. 시간제 계약이 저임금으로 노동자를 고용하기 위한 수단으로만 쓰인다면 물론 부정적이겠지만, 개인의 인적자본과 생산성 향상의 기회로 삼을 수 있다는 면에서는 고려해볼 만하다고 생각합니다."

이렇게 지역경제가 다져지기까지는 역시 앞서 살펴본 이탈리아의 가족경영 문화가 긍정적인 역할을 해왔다고 한다.

"이탈리아 산업지역에는 강력한 가족적 유대로 다져진 가족기업들이 매우 많습니다. 가족 단위의 생산조직은 매우 탄력적이죠. 다방면에서 유연하게 대응하고, 억압적이지 않은 행복한 노동이 가능해집니다. 가족 단위 생산업체의 경우는 노동시간이 유연하고, 원한다면 완충수입buffer income도 벌어들일 수 있으니까요. 또 뒷마당에 토마토 등을 심어서 식량을 자급자족하는 등 소소한 즐거움도 있겠고요. 이 가족경영 문화는 토스카나는 물론 그외 이탈리아 전통산업지역의 주요 특성이기도 합니다."

피렌체를 비롯한 이탈리아 도시의 곳곳에서는 플래카드를 들고 구호를 외치는 시위대들이 자주 보였다.

"우리 모두 안티파시스트이다! 바꾸지 않는다면 장렬하게 맞서 싸울 것이다!"

이탈리아라고 해서 문제가 없진 않다. 어떤 측면에서는 우리보다 더 비관적인 여건도 있다. 젊은이들의 현실에 대한 분노와 변화에 대한 갈망은 임계점에 이르고 있다. 우리는 이탈리아로부터 무엇을 배우고 무엇을 버릴 것인가? 흔들리는 글로벌 경제 시대, 이 작은 지역이 제시하고 있는 청사진 속에서 어떤 지혜를 발견할 것인가는 온전히 우리의 몫이다.

미국 포틀랜드 커피로스터스 유나이티드 & 파머스 마켓

스타벅스와 대형 체인을 이긴 'Made in 우리 동네'

커피는 분업으로 만드는 차가 아니죠.
생두를 선별하는 것에서 시작해 로스팅하고 추출한 후
손님에게 내놓기까지 쭉 이어지는 일련의 과정이라고 생각해요.
장인의 마음으로 만드는 거죠.
애덤 맥거번(커피로스터스 유나이티드 대표)

미국은 유수한 글로벌 기업들의 본거지이며 전 지구에 휘몰아치는 세계화의 거점이다. 그 메인스트림에 입성하기 위한 미국 청년들의 경쟁은 어쩌면 한국 청년들보다 훨씬 더 절박하고 숨가쁠지 모른다. 이 거대 기업들의 치열한 격전장에서 지역경제를 지키는 컨트리보이스의 활약이 돋보이는 곳이 있다. 미국의 대표적인 친환경 도시 포틀랜드다.

포틀랜드는 2000년대 초반 닷컴경제의 버블이 꺼진 이후 최악의 실업률을 기록했던 곳이다. 낮은 생산성과 적은 임금으로 그저 은퇴 후에나 살아야 할 도시로 치부됐던 죽어가던 도시였다. 그런데 지역민들조차 등을 돌릴 수밖에 없었던 이 도시가 지금은 미국 전역에서 가장 살고 싶은 도시로 부상하고 있다. 도대체 포틀랜드의 어떤 힘이 이런 극적인 변화를 불러온 것일까?

바야흐로 포틀랜드는 놀라운 속도로 도시경쟁력을 회복중이다. 이곳은 친환경 사업과 지속 가능한 경제 시스템이 함께 맞물리며 '살기 좋은 도시'에서 '살고 싶은 도시'로 거듭나고 있다. 하지만 진짜 이유는 따로 있다. 바로 포틀랜드의 작은 비즈니스, 자영업 붐이 도시경제의 양과 질을 키운 것이다. 현재 이곳의 로컬 소기업 비율은 무려 95%에 이르고 창출된 고용인원만 25만 4천 명에 이른다. 대기업 천국이라는 미국에서 어떻게 이 작은 가게들이 살아남아 지역경제를 일으킬 수 있었을까?

포틀랜드 중심가에도 여지없이 대형 커피 체인점 스타벅스가 들어서 있다. 그런데 그 바로 맞은편에 아담하게 자리잡은 작은 커피숍이 하나 있다. '커피하우스 노스웨스트Coffeehouse Northwest', 스타벅스 코앞에서 한가로이 커피콩을 볶는 이 배짱 좋은 카페의 주인은 애덤 맥거번이다. 포틀랜드 커피로스터스 유나이티드Coffee Roasters United의 창립자이기도 한 애덤은 카푸치노를 건네며 자신 있게 말한다.

"아마 평생 동안 이렇게 맛있는 커피는 처음일 겁니다."

애덤의 자신감에는 이유가 있다.

"직접 로스팅한 커피이기 때문이에요. 그것도 엄격한 품질관리를 통해 소량 생산되는 커피, 일명 마이크로 로트 커피micro-lot coffee죠. 생두를 직접 로스팅하면 커피 제조의 전 과정을 관리할 수 있어요. 무엇보다 원가가 절감되죠. 포틀랜드의 소규모 점포에서 원가가 얼마나 저렴한가 하는 문제는 성공과 실패를 좌우할 만큼 중요해요. 도매점에서 미

리 볶아둔 원두를 구입하는 게 더 쉽긴 하지만 작은 점포가 프랜차이즈와 차별화되기 위해선 로스팅이 중요해요."

원두의 맛을 결정짓는 건 생두를 어떻게 로스팅하느냐에 달려 있다고 한다. 애덤은 자신만의 커피를 만들기 위해 바리스타와 로스터, 둘 다가 되기로 했다.

"커피는 분업으로 만드는 차가 아니죠. 생두를 선별하는 것에서 시작해 로스팅하고 추출한 후 손님에게 내놓기까지 쭉 이어지는 일련의 과정이라고 생각해요. 장인의 마음으로 만드는 거죠."

하지만 애덤의 카페처럼 작은 가게가 생두를 로스팅하는 것은 쉬운 일이 아니다. 무엇보다 대량으로 구매할 수가 없기 때문에 마이크로 로트 커피와 같은 좋은 생두를 확보하기가 쉽지 않다. 그래서 만든 것이 커피로스터스 유나이티드CRU이다.

"커피로스터스 유나이티드는 소규모 카페 사업자들에게 최적의 방법입니다. 소규모 로스터들이 직면하는 문제 중 하나가 적당한 가격에 양질의 생두를 구입하는 것이기 때문이죠. 시내의 다른 몇몇 카페와 협력해 커피로스터스 유나이티드를 조직한 이후에 좋은 생두를 독점 구매할 수 있게 됐어요. 안정적으로 재료를 확보할 수 있고, 같은 일을 하는 동지까지 얻었죠. 현재까진 네 곳의 카페가 가입되어 있는데요. 앞으로 더 늘어날 거라 확신합니다."

커피로스터스 유나이티드의 주된 임무는 최고 품질의 생두를 적정 가격에 제공하고, 소규모 카페가 이윤을 희생하지 않고도 여전히 좋은 커피를 판매할 수 있도록 각 회원사를 지원하는 것이다. 작은 가게의 독립성은 지켜주되, 필요할 땐 함께 뭉쳐 거사를 도모하는 시스템이다.

"중요한 건 포틀랜드가 작은 지역이라는 점입니다. 그래서 기존에 운영을 잘하고 있는 카페들과 친밀한 관계를 유지하는 게 중요해요. 우리에게는 차이점보다는 공통점이 더 많기 때문이죠. 저는 커피로스터스 유나이티드가 좋은 제품을 제공하고 우리의 직종을 대표하는 것도 중요하지만, 이 문을 열고 들어오는 사람들을 인식하고 그들을 우리 공동체의 일원으로 만드는 것이 더 중요하다고 생각해요."

다른 가게와 경쟁하기 위해 차이점을 내세우기보다는 공통점을 발견하고 함께 성장한다는 것, 그것은 라이벌이기에 앞서 서로가 같은 지역에 뿌리내린 '동네 친구'이기에 가능한 일이다. 애덤에게 카페는 큰돈을 벌어다주는 사업을 넘어 공동체를 만들어주고 지역의 활력을 더하는 연대의 장소로 더 큰 의미가 있었다.

애덤이 조직한 커피로스터스 유나이티드의 멤버이자 자신의 카페 '케이스 스터디 커피Case Study Coffee'를 운영하는 크리스틴은 자신의 창업이 아주 작은 생각에서 출발했다고 말한다.

"이 로즈 시티 파크Rose City Park 지역에는 독립적인 커피숍이 없었어요. 따라서 이 동네에는 이런 곳이 필요했고 보시다시피 우리 가게에는 이 공간을 즐기는 사람들이 존재해요. 물론 더 많은 손님을 끌고 싶기도 하지만, 이런 곳을 찾는 손님이 있는가 하면 다른 곳을 찾고 싶은 손님도 있는 거잖아요. 확실히 우리 가게의 손님들은 더 개인적인 경험을 원하는 분들이고, 우리 직원들도 그것을 알고 이해하고 있죠. 전부 친구이자 이웃이고, 대형 체인점에서는 얻을 수 없는 개인적인 경험에 대한 애정, 무엇보다 '훌륭한 커피'를 공유하고 있어요."

크리스틴은 커피 로스팅 과정을 직접 보여주며 '작음의 미학'을 이렇게 예찬한다.

"매일 커피를 볶기 때문에 맛도 매일 달라요. 그래서 우리는 손님들에게 로스팅 상태를 전하면서 '오늘은 이 커피를 드셔보세요. 카푸치노로 마시기에 최적이죠'라는 식으로 제안하죠."

크리스틴의 꿈은 소박했다.

"오랫동안 포틀랜드에서 안락한 생활을 이어가고 싶어요. 직원들도 제대로 생활할 수 있도록 돕고 싶고요. 그게 제 유일한 목표예요. 세계 진출이라든가 뭐 그런 거창한 욕심은 없어요. 어떻게 표현해야 할지 모르겠지만 과도한 업무로 스트레스를 많이 받는 사람들을 보면 저는 안 됐다는 생각이 들어요. 그런 식의 삶은 원치 않아요."

하지만 크리스틴의 말을 조용히 듣고 있던 애덤이 돌연 목소리를 높인다. 그의 꿈은 사뭇 원대한 것이다.

"하지만 포틀랜드에 더 많은 돈이 들어와야 하는 것 역시 사실이에요. 소득은 주로 지역경제에서 재순환되잖아요. 지역의 노점상을 비롯해 고용주, 고용인이 더 자립할 수 있도록 시장을 키워야 해요. 그리고 그 힘은 전적으로 지역에 숨어 있다고 생각해요. 역설인지 모르겠지만, 우리가 지역사회에 더 초점을 맞출수록 세계적으로도 더 존재감을 갖게 될 거라 믿어요. 그게 제가 커피로스터스 유나이티드를 만든 궁극적인 목표이기도 하고요."

애덤의 목표는 점점 현실화되고 있다. 이미 포틀랜드는 커피 시장에서 독립형 카페의 수도로 떠오르며, 기업형 카페의 수도 시애틀의 경쟁력을 따라잡고 있다. 작은 카페들이 성업할수록 지역 전체의 가치도 높아지고 있는 것이다.

이곳 미국 변방의 작은 커피로스터들은 연대를 통해 고품질의 재료를 구입하고 직접 로스팅해 커피 비즈니스의 커다란 물결을 만들어가고 있었다. 포틀랜드의 작은 카페가 스타벅스와 경쟁할 수 있었던 힘, 그것은 그 작은 카페를 일구는 컨트리보이스가 품고 있는 그들의 땅에 대한 사랑 때문이었다. 지역에 대한 깊은 애정과 공동체를 향한 신뢰가 싹을 틔워 마침내 성장이란 결실을 수확한 것이다.

특별한 프로모션도 없고 근사한 브랜드도 없다. 포틀랜드의 작은 커피전문점에는 그저 정성이 담긴 커피 한 잔과 진심이 담긴 공간뿐이었다. 이 지역을 오가는 손님들은 누구보다도 그 정성과 진심을 잘 알기 때문에 스타벅스보다는 작은 동네 카페를 선택한다. 지역의 경쟁력, 동네의 힘이란 이런 것이 아닐까?

: 신뢰를 파는 동네 시장 '파머스 마켓'

포틀랜드의 도심은 맥스MAX로 연결돼 있다. 맥스는 포틀랜드의 주요 대중교통 수단 중 하나로 땅 위를 달리는 노면전철이다. 지하철보다 속도는 느리지만 도시의 풍경을 만끽할 수 있어 관광객들에겐 더없이 좋은 이동수단이다. 포틀랜드 내 도심 구간인 프리레일존은 이 구간을 이용하는 지역민이 많기 때문에 따로 돈을 받지 않는다. 맥스의 프리레일존에는 '대중교통 이용률을 높이려면 무엇보다 지역민이 이용하기 편한 환경을 먼저 조성해주어야 한다'는 포틀랜드의 교통철학이 담겨 있다.

맥스가 닿은 포틀랜드 도심 한복판에서는 주말마다 인근의 농부들

PORTLAND
FARMERS MARKET

이 직접 농산물을 갖고 나와 파는 특별한 시장, 파머스 마켓이 열린다. 중간 상인이나 판매 대행 없이 농부들이 직접 소비자와 만날 수 있으므로 가격도 싸고 질도 좋아 지역민들에게 인기가 높다. 직접 재배한 갖가지 채소와 과일은 물론이고 그것을 원료로 손수 만든 다양한 종류의 잼과 빵이 손님들의 발길을 끈다. 파머스 마켓에선 직접 재배한 농산물로 만든 것이라면 어떤 제품이든 판매가 가능하다. 농산물 시장임에도 초콜릿과 잼, 빵을 팔 수 있는 것 역시 이들 제품들이 농부들이 직접 가공한 제품이기 때문이다.

"이곳의 모든 사람들, 모든 노점상의 제품은 전부 그들의 농장에서 나온 거죠. 우리도 체리로 만든 각종 제품을 팔고 있어요. 여기 있는 젤리, 잼, 초콜릿은 전부 우리 농장의 체리로 만든 제품이에요. 다른 노점상들은 직접 만든 빵 같은 걸 팔고 있고요. 건너편에 계신 분들은 채소나 호두를 전부 직접 길러서 수확하죠."

파머스 마켓을 찾은 농부들 대부분은 유통업체나 지역 상점 등 다른 판매루트를 가지고 있지만 매주 토요일이면 도심의 거리로 모인다. 그 이유는 무엇일까?

"우리는 별도 매장도 있고 온라인 판매도 하고 있어요. 하지만 전 지역시장을 활성화시키는 데 관심이 있어요. 여기는 아주 좋은 장소예요. 원래는 주로 큰 시장 한복판에서 시작했는데 사람들이 좋아해서 동네 구석구석으로 퍼져나갔죠. 이곳에선 노점시장이 아주 잘 운영되고 있어요. 대부분의 포틀랜드 시민들이 지역사업을 지지하니까요."

포틀랜드에선 거리의 시장 위에서도 지역에 대한 애정과 자부심을 발견할 수 있다. 최악의 실업률을 기록하며 움츠러들었던 작은 도시를 이토록 크게 키울 수 있었던 건 대기업도, 전문 기술자도 아닌 작은 가게와 평범한 지역민들의 관심과 노력이었다. 시장통에서조차 느낄 수 있었던 지역을 향한 깊은 신뢰, '우리 동네'를 향한 그 믿음이야말로 포틀랜드의 컨트리보이스가 위기를 극복하고 기반을 다질 수 있었던 비결이었다.

파머스 마켓에는 자체 화폐도 있다. 신용카드로 원하는 금액을 결제하면 그 금액만큼을 토큰으로 바꿔준다. 포틀랜드 파머스 마켓에서만 쓸 수 있는 전용 토큰이다. 소비자가 물건을 구매하고 상인에게 토큰을 주면 상인은 다시 그 토큰을 달러로 바꿔 현금화한다. 그 현금은 그들이 농사를 짓는 과정 어딘가에 쓰일 수도 있고, 집으로 돌아가기 전 작은 카페에서 마시는 커피 한 잔에 쓰일 수도 있다. 중요한 건 지역화폐가 지역 내에서 돌고 돈다는 점이다. 지역경제는 이러한 선순환 속에서 조금씩 성장한다. 노점상에서 자영업자, 그리고 사용자와 노동자 모두가 이 순환 속에서 신뢰를 키울 때, 지역경제의 양과 질은 확연히 달라질 수 있다. 포틀랜드의 컨트리보이스가 보여준 남다른 지역 사랑, 'Made in 우리 동네'의 가치가 그 증거이다.

제주도 게스트하우스 '달집' & 다음커뮤니케이션

일터가 내가 죽어 있는 곳이 아니라 살아가는 곳이 되게 하려면

처음에 저는 제주의 자연환경에 반해서 왔거든요.
어둠에서 새벽으로, 새벽에서 아침으로 바뀌는 그 순간의 제주는 정말 황홀해요.
그래서 결심했죠. 좋아하는 곳에서 좋아하는 일 하면서 살자.
그렇게 방향을 바꾸니까 일도 저절로 황홀해지더라고요.
이재인(제주도 동네 목수)

최근 우리나라에서도 도시 탈출에 나서는 젊은이들이 조금씩 늘고 있다. 구직난과 높은 주거비에 시달리던 청년들이 도시의 숨막히는 일상에서 벗어나 인간적인 삶을 찾고자 지역 이주에 나선 것이다. 이들에겐 큰돈을 벌겠다는 목적보단 지역 정착에 의미를 두고 스트레스 없이 자신이 원하는 일을 하며 소소하게 삶의 결을 느끼는 것이 더 중요하다. 이러한 젊은이들을 조용히 불러들이는 가장 대표적인 지역이 바로 제주도이다. 실제로 제주도의 순 유입 인구는 2010년 437명에서 2012년 4873명으로 무려 열 배 이상 빠른 속도로 증가하고 있다. 탈脫제주에서 인In제주로, 지역의 반전이 시작된 것이다.

포틀랜드와 제주 모두 청정환경 아래에서 젊은이들이 무공해 '내일'을 만들어간다는 점에서 서로 닮았다. 하지만 포틀랜드와 달리 제주도

는 이곳에서 나고 자란 젊은 세대보다 다른 도시에서 이주해온 정착민들에 의해 활기를 되찾고 있다. 지역경제를 움직이는 새로운 힘으로 등장한 젊은 이주민들, 삶의 뿌리를 용기 있게 옮긴 젊은이들은 어떤 이야기를 들려줄 수 있을까?

: 집을 찾아 집을 떠난 시골마을 집주인

올레길에선 작은 조랑말이 여행자의 이정표다. 이 조랑말의 이름은 '간세'라고 한다. 느릿느릿한 게으름뱅이라는 뜻의 제주 방언 '간세다리'에서 따온 이름이란다. 갈림길마다 어김없이 길을 안내해주는 간세 이정표는 겉보기엔 귀여운 장난감처럼 보이지만, 여행자에게 꼭 필요한 정보가 담겨 있다. 간세의 머리가 향하는 쪽이 진행 방향이고, 몸통에는 진행 코스와 위치번호, 종점까지의 남은 거리가 적혀 있다. 사방이 탁 트인 길 위에서 이 작은 간세 이정표를 따라 걸으면 절로 걸음이 느려지고 여유가 넘쳐난다. 구름도 느리게 흐르는 것만 같고, 시간도 늦장을 부리는 것만 같은 올레길 특유의 정서, 이곳에서라면 세상의 그 어떤 게으름뱅이도 뒤처진다는 불안감 없이 묵묵히 제 길을 갈 수 있지 않을까?

제주도 성산 인근에 위치한 종달리는 제주도 전통의 돌담을 쌓은 농가들이 옹기종기 모여 있는 아담한 마을이다. 여느 농촌과 마찬가지로 젊은이들이 도시로 떠나 어르신들의 모습이 더 많이 눈에 띈다. 마을 안쪽으로 들어서자 대낮인데도 지붕 위에 노란 달이 보인다. 오래된 농가주택을 개조해 여행자들의 숙소를 만든 게스트하우스 '달집'이다. 지붕 위에 띄운 노란 달 모양의 간판이 올레길을 걷는 여행자들에겐 등대 불빛처럼 반갑게 느껴질 것 같다. 여간하지 않은 솜씨로 이곳을 운영하고 있는 이는 후덕하고 인심 좋은 종달리 아주머니가 아니라, 30대의 세련된 도회 여성 안나씨다.

많아야 열다섯 명쯤 묵을 수 있을까? 방도 작고 천장도 낮은 아담한 게스트하우스 '달집'. 이 작고 낮은 집 안에 앉아 등을 기대고 있으면 어쩐지 내 방에 있는 듯 몸과 마음이 편안해진다. 최소한의 숙박시설만 갖추고 보통의 살림집처럼 아기자기하게 꾸며 종일 낯선 곳을 지나온 여행자의 긴장을 풀어주는 공간에서 안나씨의 남다른 운영철학이 느껴진다. 안나씨는 이곳을 5개월쯤 전에 인수해 운영하기 시작했다고 한다.

"원래는 아는 동생 부부가 운영하던 숙소예요. 게스트하우스가 소박해서 어렵지 않을 거라 생각했는데 솔직히 안 하던 일이라서 처음엔 고생을 좀 했어요. 아침부터 할 일이 많아요. 아침에 손님들과 함께 오름터 갔다가 식사 준비하고, 손님들 체크아웃하고 나면 이불 빨아야 하고, 설거지에 빨래, 청소…… 그러다보면 두세시쯤 일이 마무리되죠. 사실 저는 일을 좀 안 하려고 제주도에 왔는데, 어쩌다보니 이렇게 매일 일을 하고 있네요."

이곳에 오기 전, 안나씨는 서울에서 디자인 관련 일을 했다. 3년 전, 휴가 때 처음 찾은 제주도를 잊지 못해 다시 오고 또 오다보니, 횟수가 점점 늘어나 한 달에 한 번씩 찾아오다가, 1년 전 이주를 결심했다고 한다.

"제주 이민을 결심한 결정적인 이유는요, 좀 느리게 살고 싶었어요. 저만의 작업실도 만들어 그 안에서 지인들과 작업도 하고 공유하고 싶

었어요. 그러려면 일단 집이 있어야 하는데 주거와 작업실 역할은 물론이고 뭔가 장사를 해서 먹고살 수도 있는 곳을 찾다가 이 게스트하우스를 계약하게 됐죠. 처음엔 손님들 맞이하느라 매일 너무 바빴어요. 일이 서투르니까 더 힘들었죠. 그런데 지금은 적응이 돼서 저쪽에 제 작업실도 하나 마련해뒀고, 천천히 하나하나 꿈을 이뤄가고 있어요."

안나씨는 일을 찾기 위해 도시를 떠난 것이 아니다. 그저 자신이 머무르고 싶은 공간을 찾아 떠났고, 그곳에 정착하기 위해 노력하다보니 자연스럽게 자신의 일이 '찾아진' 것이었다. 처음엔 그저 생계를 위한 일이라고 생각했지만, 제주도라는 공간이 주는 여유와 풍요 속에서 그녀는 일의 새로운 가치를 발견하고 있었다.

"가장 만족하는 건요, 저 뒤에 지미 오름봉에 언제든지 갈 수 있다는 거예요. 일하다가도 힘들 때 집 밖을 나서기만 하면 저곳에 이를 수 있죠. 서울에 살 땐 스트레스를 어떻게 풀어야 할지 알 수가 없었어요. 너무 빠르고, 서로를 밟고 올라서려고만 하고, 마음 속 불안을 풀 수가 없었어요. 게스트하우스를 하면서 얻게 된 또하나의 선물은 바로 손님들이에요. 손님들과 대화를 나누면서 소통하고 가까이 지내다보면 제가 힐링이 되는 경우가 더 많아요. 정말 작은 집이지만, 저는 이 안에서 기쁨을 찾고 있어요."

안나씨처럼 최근 우리나라의 젊은이들 가운데서는 제2의 인생을 살고자 하는 단호한 결단에 의해서라기보다는 그저 좋아하는 지역에 정착해 살기 위해 귀촌을 선택하는 경우가 많아지고 있다. 일자리와 안정된 생활을 따라 이주하는 것이 아니라 도시가 아닌 공간에서 삶의 무대를 스스로 선택하기 위해 이주하는 것이다. 안나씨도 제주도를 알기 전엔, 주로 세계 각지로 여행을 다녔다고 한다. 그러다 몇 곳의 나라에선 오랫동안 머물기도 했다. 그러한 과정 속에서 '일하는 곳'보다 '살아가는 곳'이 더 중요하다는 사실을 깨달았다.

한곳에서 평생 뿌리내리고 살거나 일자리에 맞춰 움직이는 것이 대부분이던 과거 세대와 달리, 지금의 세대는 우물 밖으로 나가기 위해 끊임없이 점프를 한다. 자아를 실현하며 인간답게 살고 싶은 욕구를 다양한 삶의 방식으로 실현하려는 젊은이들의 점프가 제주 곳곳에서 용암처럼 분출하고 있다.

: 삶의 터전을 가꾸면 일터가 따라온다

안나씨가 종달리에 이주한 지 어느덧 5개월. 긴 시간이 아님에도 그녀는 어느새 이 시골마을의 터줏대감이 다 됐다. 동네 어르신들과 스스럼없이 어울리고 마을의 크고 작은 일도 함께 참여한다. 오늘도 그녀에겐 할 일이 있다. 바로 마을의 삼총사 할머니들을 위해 골목 어귀에 의자를 만드는 것이다. 늘 붙어다니시는 세 명의 할머니들이 나란히 앉을 수 있는 의자 세 개를 만들어, 흩어지지 않도록 꽁꽁 묶어 동네 골목길에 놓기로 한 것이다.

기분좋게 늘어지는 제주도의 오후 햇살을 받으며, 건장한 체격의 재인씨가 달집 마당에 들어선다. 지금 재인씨는 안나씨의 앞집 이웃이지만, 재인씨도 얼마 전엔 안나씨의 달집에 머물던 손님이었다. 그는 제주도가 좋아서 여행을 다니다가 달집에 머무르게 됐고, 뭔가 도움이 되고 싶어 나무를 만지기 시작했다고 한다. 그러다 이내 그 일이 좋아져 목수가 되기로 결심했다. 고고학을 전공한 30대의 청년이 여행중 잠시 머문 숙소에서 그동안 찾지 못했던 '내 일'을 발견한 것이다. 재인씨가 얼굴에 흐르는 땀방울을 닦으며 말을 잇는다.

"내 손으로 직접 할 수 있는 일이란 게 좋아요. 나무를 다룬다는 건 기계나 철을 다루는 것과는 전혀 다르죠. 나무는 사람이 늙어가는 것과 비슷해요. 처음에 저는 제주의 자연환경에 반해서 왔거든요. 어둠에서 새벽으로, 새벽에서 아침으로 바뀌는 그 순간의 제주는 정말 황홀해요. 그래서 결심했죠. 좋아하는 곳에서 좋아하는 일 하면서 살자. 그렇게 방향을 바꾸니까 일도 저절로 황홀해지더라고요."

재인씨는 시골마을일수록 기술을 가진 젊은이들이 더 필요하다고 말한다. 그가 제주의 도심이 아닌 외곽 종달리에 머무르며 달집을 드나드는 이유이기도 하다.

"요즘엔 젊은 사람들이 육지에서 많이 오면서 일이 많아졌어요. 집 짓고, 카페 짓고, 온통 짓고 만들어야 할 게 많아서 저를 필요로 하는 사람들이 많아요. 반대로 저도 그 사람들 카페에 가서 커피도 마시고, 집에 찾아가서 제주 막걸리도 한잔하고…… 일종의 교환이랄까요? 공생하며 사는 거죠. 저는 제가 살고 있는 동네에서 꼭 필요로 하는 좋은 동네 목수가 되고 싶습니다."

안나씨의 달집 간판을 달아준 것도 바로 재인씨이다. 가만히 이야기를 듣고 있던 안나씨가 물끄러미 노란 간판을 올려다보며 말을 잇는다.

"특히 제주는 혼자 오기에 문제가 없을 만큼 여행객 시스템이 정말 잘돼 있잖아요. 그래서 저희 숙소에도 혼자 오시는 분들이 많은데 보통

휴가 내서 왔다가 저나 재인씨 같은 사람들 보면서 '나도 저렇게 살아볼까' '지금의 생활 다 접고 내려와볼까' 생각하다가 정말로 오는 분들도 있어요. 뭐 저 또한 그렇게 내려온 거나 마찬가지고요. 제 생각엔 오히려 시대가 빠르게 바뀌면서 아날로그 감성과 생활방식으로 돌아가고 싶어하는 사람들이 늘어난 것 같아요. 손글씨나 레코드판을 찾듯, 저희 동네 목수처럼 스스로 집도 짓고 밭도 갈고 뚝딱뚝딱 필요한 걸 직접 만들어 쓰는 사람들이 더 많아질 거라 생각해요."

달집의 작고 낮은 거실에 기대앉아 새로운 손님들과의 대화에 여념이 없는 집주인 안나씨와 거기에 가끔씩 추임새를 넣는 행복한 목수 재인씨. 그들의 여유로운 저녁시간이 일과 성공의 의미를 다시 생각하게 한다.

: 즐거운 실험이 만든 행복한 정착

살기 좋은 지방으로의 이주는 자유로운 개인들만이 내릴 수 있는 특권이다. 회사나 조직에 묶여 있는 대다수의 직장인들에게는 엄두조차 낼 수 없는 로망일 뿐이다. 하지만 회사 전체가 이런 결단을 내린 곳이 있다. 2004년부터 서울에서 제주로의 본사 이전을 추진해 2012년 이전을 완료한 인터넷 회사 '다음Daum'이다.

10년의 세월 덕분일까? 푸른 잔디 위에 우뚝 선 다음 사옥이 제주의 풍광과 잘 어울린다. 제주의 상징인 오름과 용암동굴을 형상화한 사옥의 내부 인테리어가 다음의 사옥 이전 목표를 분명히 말해주는 듯하다.

제주와 어울려 지역과 기업이 함께 성장하자는 것이다.

다음커뮤니케이션의 박대영 경영지원본부 이사는 조금의 주저함도 없이 그들의 실험은 성공했다고 확신한다.

"현재 350여 명의 직원들이 이곳 '스페이스닷원'에서 근무하고 있어요. 이들 중 무려 90.3% 이상이 사옥 이전에 만족한다는 설문조사 결과가 나왔습니다. 창의성과 업무 집중도 또한 높아졌죠. 최근 다음에 입사하는 직원들 중엔 단지 제주에서 근무하고 싶어서 입사하는 경우도 많다고 합니다. 요즘 젊은이들의 귀촌 열풍이 보여주듯 보다 좋은 환경에서 살고 싶은 욕구가 늘어나서겠죠."

다음이 제주도 이전을 시작할 당시, 처음에는 이주할 직원들을 모집해 겨우 자리를 채웠다고 한다. 그러나 지금은 지원자가 너무 많아 선발해야 할 정도다. 서울에 위치하지 않으면 좋은 인재를 찾기 힘들다며 어려움을 호소하는 기업이 대부분이지만, 이곳은 서울에서 온 직원들이 지역에 정착하도록 돕는 것은 물론, 제주 출신 젊은이들의 채용에도 적극적이다. 실제로 다음이 제주도에 설립한 자회사인 '다음서비스'의 경우 직원 중 95%가 제주 출신이다. 고우경씨도 그중 한 사람이다. 제주에 태어나 교육을 받고 다음서비스에서 직장생활을 하고 있다.

"아무래도 서울에나 있을 법한 대기업이 제주도에 있으니까 굳이 서울로 가지 않더라도 지역에서 충분히 내 몫을 할 수 있죠. 게다가 다음은 젊은 기업이어서 여기서 잡을 수 있는 기회들도 무궁무진하고요."

곧 결혼을 앞둔 우경씨는 남자친구 역시 회사에서 만났다. 같은 제주 출신이라 고향을 떠나지 않아도 앞으로 행복하게 잘 살 수 있을 것이라며 회사에 고마워한다. 그렇다면 서울에서 이주한 직원들 역시 제주 토

열정이 뜨거운 한
청춘입니다.
내:일은 다음의 것!

박이인 우경씨처럼 행복해하고 있을까? 누구나 한번쯤 대도시 탈출을 꿈꾸지만 선뜻 실행하지 못하는 것은 걱정 때문이다. 대도시가 주는 풍족함과 편리함, 다양한 서비스에 익숙해지다보면 삶의 터전을 통째로 바꾸는 것은 쉽지 않은 일이다.

제주에 정착한 지 7년이 넘었다는 소프트웨어 기술자 김영국씨도 처음엔 잘 적응할 수 있을지 불안감이 컸다고 한다. 그럼에도 그가 제주 근무를 스스로 선택한 건 알 수 없는 내일에 대한 불안보다 매일 맞닥뜨려야 하는 현재의 불행이 더 컸기 때문이다.

"서울에서는 출근만 해도 이미 파김치가 되고 지쳐버려서 오전에는 일하기가 힘들었어요. 그러다보니 일을 더 오래하게 되고 퇴근은 늦어지고 더 피곤해지고…… 악순환이 계속되는 거죠. 제주도에 와서는 통근버스 타고 편하게 출근해서 회사 오면 바로 일을 시작할 수 있죠. 일하는 시간이 늘어나지는 않았지만 일을 더 집중해서 타이트하게 할 수 있게 됐고요. 그런 점들 때문에 삶의 질도 많이 높아진 것 같습니다."

영국씨는 제주도만이 갖는 지역환경과 회사가 제공하는 복지환경의 수혜를 받으며 일과 삶의 두 마리 토끼를 잡았다고 생각한다. 그에게 이제 회사는 더이상 억지로 출근해서 최대한 빨리 벗어나야 하는 곳이 아니다. 직장과 삶과 가족이 하나가 될 수 있는 생활의 근거지다.

과거에 지역의 일자리 창출 정책이라 하면 대규모로 산업단지를 조성하는 것을 의미했다. 우리나라의 몇몇 지역 거점 도시들 역시 그러한 산업단지를 기반으로 성장할 수 있었다. 하지만 최근 그러한 '하드웨어' 위주의 개발계획은 성공하기 어렵다. 요즘의 젊은이들은 일정 수준의 '삶의 질'이 마련되지 않은 지역에서의 획일화된 일과 직장을 원하지 않는다. 반면 대도시에서 얻지 못하는 삶의 풍요로움과 만족감이 있을 때, 스스로 지역에 돌아와 기꺼이 일한다. 제주도와 다음커뮤니케이션은 젊은이들의 그러한 변화를 수용해 새로운 상생 모델을 완성했다. 즐거운 실험이 만든 행복한 정착, 이것이 바로 기업이 직원에게, 또 지역이 정착민에게 선사한 가장 큰 반전의 선물이 아닐까?

이제 제주 올레는 단순히 집 앞 대문에서 마을까지 이어지는 길이 아니다. 지역주민과 젊은이들이 자신의 일을 찾고 더 큰 세계와 만나게 해주는 새로운 올레가 저 푸른 바다 너머를 향하고 있었다. 제주의 다양한 컨트리보이스가 만들어가는 풍요로운 내일이 바다 건너 저 넓은 육지 위로도 이어지길 희망한다.

독일 헤르만 지몬 박사

놀라운 숨은 한 방, 히든 챔피언들에게 배운다

내가 돈이 많아서 임금을 많이 주는 게 아니라,
내가 임금을 많이 주기 때문에 우리가 돈을 많이 버는 겁니다.
로베르트 보슈(자동차 부품 기업 보슈 창업자)

눈부신 성공이나 화려한 명성을 이뤄낸 젊은이들을 찾는 것은 어렵지 않다. 그런 성공 스토리는 이내 소문이 나고 언론에 보도되면서 빠르게 세상에 전해진다. 하지만 우리가 이 책에서 소개하고자 하는 사례는 그런 슈퍼 성공사례가 아니다. 예외적인 성공담을 두고 "왜 당신은 저렇게 하지 못하는가?" 하고 묻는 것은 일반적인 해법이 되기 어렵다. 오히려 계단을 오르듯이 한 발 한 발, 차근차근 성장하는 컨트리보이스들의 이야기가 숨겨진 보물처럼 소중하다.

최근 우리나라에서 가장 뜨거운 정책 영역인 중소기업 육성 분야에서 관심의 초점이 되고 있는 개념은 바로 '히든 챔피언Hidden Champion'이다. 히든 챔피언이란, 말 그대로 숨겨진 영웅, 즉 잘 알려지지 않은 숨은 강소기업을 일컫는 말이다. 작지만 강한 기업, 기업의 규모가 작아 눈에 띄지 않지만 틈새시장을 집요하게 파고들어 세계 최강자에 오른 알짜배기 회사를 뜻한다. 독일의 경제학자 헤르만 지몬 박사에 의해 만들어진 '히든 챔피언'은 무려 25년 전에 등장한 개념임에도 불구하고 여전히 기업들의 성장 전략으로 활용되고 있다. 청년 창업 지원, 지역경제 활성화, 중소기업 육성 등 일자리 창출과 관련한 정책의 핵심은 바로 그 숨겨진 보물, 히든 챔피언을 많이 만들어내는 일일 것이다.

유럽의 경제 위기 와중에도 거의 흔들리지 않고 유럽 경제를 호령하는 유일한 나라가 있다. 바로 독일이다. 초대형 글로벌 기업 없이도 이런 탄탄한 구조를 가질 수 있는 독일 경제의 힘은 어디에서 나오는 것일까? 나라 곳곳에 숨어 있는 히든 챔피언 때문이다. 독일에서는 대체 어떻게 그 수많은 히든 챔피언들을 만들어낼 수 있었을까? 우리의 컨트리보이스가 궁극적으로 지향하는 최선의 모델이 히든 챔피언이기에, 그들의 성공조건을 귀담아 듣는 것도 가치 있는 일일 것이다.

: 로컬 보이스에서 히든 챔피언으로

대기업처럼 거대하지도 않으면서 세계 시장에서 당당히 선두를 차지하는 기업들이 있다. 세상은 그들을 히든 챔피언이라 부른다. 대기업의 뒤를 좇느라 숨가쁜 중소기업이 아니라 대기업과 반대되는 길을 달리며 당당하게 제 목소리를 내는 강소기업들이다. 헤르만 지몬 박사가 히든 챔피언이란 개념을 선보인 지도 벌써 25년이다. 25년 전, 그가 히든 챔피언이란 이름을 달아주고서 세상에 선보인 독일 기업들은 현재 어떤 모습일까? 그가 발굴해낸 챔피언들이 여전히 세계 시장에서 승승장구하고 있을까? 아니면 반짝 떠올랐다가 중소기업의 한계를 이기지 못하고 서서히 침몰했을까? 지몬 박사의 대답은 놀라웠다.

"25년 전 내가 찾은 히든 챔피언 기업들의 길은 매우 성공적이었다고 평가할 수 있습니다. 독일의 1300개 히든 챔피언들이 지난 10년간, 1백만 개의 새 일자리를 창출했어요. 이들의 연간 성장률은 약 10% 정도로 1995년에 비하면 그 규모가 5배나 성장했습니다. 이들의 시장 점유율은 세계무대에서도 점차 증가 추세에 있어요. 그리고 우리는 이들이 주도한 엄청난 혁신의 물결을 지금도 목격하고 있습니다. 따라서 모든 기준에서 이들은 지속 가능한 성공을 거두고 있다고 확신할 수 있습니다."

지몬 박사는 전 세계를 뒤엎은 불황의 파고 속에서도 독일이 다른 국가들에 비해 굳건할 수 있었던 까닭 역시 히든 챔피언들이 구축한 완충지대 덕이었다고 말했다. 그리고 그 완충지대를 만든 건 바로 '수출'이라고 한다. 한 국가의 수출 규모는 소수의 대기업에 의해 결정된다는 통념과는 반대로 대외 무역능력이 뛰어난 중간 규모의 기업, 즉 히든 챔피언들이 많아야 수출이 증대된다는 것이다.

히든 챔피언들은 세밀함을 무기로 세계시장을 뚫었다. 실제로 독일에서는 히든 챔피언의 생산성이 대기업보다 높다. 수천수만 명이 일하는 대기업은 직원들끼리도 서로 잘 알지 못하고, 상사의 지시를 이행하는 것이 우선인 수직적 구조에서 벗어나지 못하지만, 작은 기업은 직원들끼리 서로에게 익숙하고 강한 유대감을 갖고 있기 때문이다. 그러다 보니 동기 부여에 더 유리하고 작업을 작은 단위로 분리시키는 대기업에 비해 훨씬 유연하게 일할 수 있다. 직원 개개인이 작업의 전체과정을 이해하기 때문에 생산성이 높아지고 이것이 바로 기업의 경쟁력으로 이어지는 것이다. 히든 챔피언들은 소수정예의 멤버가 집중적으로 연구개발에 뛰어들어 대기업보다 더 현실적인 전략을 내놓고 세계시장에 빠르게 승부수를 던졌다. 포틀랜드의 작은 카페가 스타벅스와 어깨를 나란히 할 수 있었던 것 역시 이 때문일 것이다.

: 공동체 의식으로 지역을 이끄는 히든 챔피언의 힘

히든 챔피언들은 대도시의 대기업이 아니다. 지역에 기반을 둔 로컬 경제의 총아다. 그런 측면에서 컨트리보이스의 이상적인 미래상이 바로 히든 챔피언이라고 할 수 있다. 컨트리보이스가 지역에 기반을 두고 성장을 거듭하면 어느 날 세계적인 경쟁력을 갖춘 히든 챔피언이 되어 있으리라. 지몬 박사는 설명을 덧붙인다.

"맞습니다. 지역의 힘이죠. 히든 챔피언들은 주로 대도시가 아닌 지방에 위치해 있습니다. 이처럼 지방 소재 기업들은 직원들과 고용주 간의 관계가 상호의존적일 수밖에 없죠. 직원들에겐 그 회사가 작은 지방에서 가질 수 있는 유일한 직장일 수도 있고, 고용주의 입장에서도 한 지역민을 직원으로 고용해 멤버 교체 없이 계속 유지할 수밖에 없기 때문입니다. 그런 여건이 상호 간에 성실하고 진실한 애티튜드를 가지게 해주는 것이죠. 게다가 히든 챔피언은 무려 69%가 가족경영기업입니다. 최근엔 점차 회사경영이 가족 구성원에서 전문 매니저로 바뀌고 있긴 하지만 오랜 시간 가업으로 시작해 지역에서 기반을 쌓아왔기 때문에 직원들의 애사심이 매우 강합니다. 실제로 히든 챔피언 기업들의 연간 이직률은 고작 2.7%에 불과하다고 합니다. 반면, 독일 평균은 7.3%에 이르죠. 이들 기업들은 특유의 기업문화를 갖고 있어요. 젊은 나이에 인턴으로 시작해 회사에 동화되고 그 기업문화에 남다른 애착을 갖고 있죠. 경제 위기 속에서도 직원들을 쉽게 해고하거나 감원을 결정하지 않는 것 역시 이러한 지역 기반의 특성 때문이에요."

지몬 박사의 설명을 뒷받침해주는 대표적인 사례가 독일의 역사 깊은 자동차 부품 기업 보슈다. 1886년에 설립된 보슈는 회사 직원들은 물론 지역주민들에게까지 주택을 지어주고, 지역 노인들을 위해 무상의료를 지원하며 사회적 책임을 실천한 대표적 기업이다. 보슈의 창업자 로베르트 보슈는 평소 이렇게 말했다고 한다.

"내가 돈이 많아서 임금을 많이 주는 게 아니라, 내가 임금을 많이 주기 때문에 우리가 돈을 많이 버는 겁니다."

결국 안정된 일자리, 높은 생산성, 지역공동체라는 신뢰가 어우러진 로컬 경제의 선순환이 히든 챔피언들의 활약을 가능하게 했던 것이다. 기업의 성장을 지역과 함께 나누는 보슈는 히든 챔피언들이 어떻게 영웅이 될 수 있었는지를 잘 보여준다. 지몬 박사 또한 히든 챔피언들의 일자리 창출의 핵심을 지역 특유의 강한 공동체 의식에서 찾는다. 매해 수백 명의 신규 인력을 채용하고 또 그만큼의 인력이 빠져나가는 대기업에선 쉽게 만들어내기 어려운 문화이다. 지몬 박사가 말을 이어갔다.

"히든 챔피언 기업들은 심지어 경제 위기 상황에서도 직원을 해고하기보다는 탄력적인 작업계획을 통해 근무시간 단축이나 특별휴가 등의 방법을 활용했습니다. 대개의 CEO들이 지금까지 함께해온 노동자들을 해고한다면 회사의 중요한 노하우를 잃게 되는 것과 같다고 생각하죠."

보슈의 사례가 특정 회사의 예외적인 기업문화가 아니라 독일 강소기업, 즉 히든 챔피언 기업들 대부분의 경영철학이라는 것이다. 지몬 박사는 히든 챔피언의 미래에 대해 이렇게 전망한다.

"한 세기 동안 탄생한 혁신기업은 구글이나 마이크로소프트 정도가 고작입니다. 그러니 히든 챔피언 기업엔 여전히 뛰어들어야 할 무대가 많이 남아 있는 거죠. 대개의 히든 챔피언들에게 혁신은 한순간의 도약이 아니라 지속적인 개선을 의미합니다. 매일 조금씩 나아지는 것입니다. 히든 챔피언들이 그런 성실한 노력을 지속한다면 지난 25년의 성과가 증명하듯 앞으로도 계속 발전해나갈 수 있을 것입니다."

컨트리보이스의 내일이 아름다운 이유는 그들이 스스로 선택한 길을 걷고 있기 때문이다. 스펙에 밀리고 시험에 떨어져서 어쩔 수 없이 선택한 일자리가 아닌, 작지만 내 일을 키울 수 있는 확실한 일자리를 찾아 스스로 시각을 달리하고 시야를 넓혔기 때문이다. 그런 노력이 하루이틀 쌓여나가다보면 바로 세계적인 경쟁력을 갖춘 히든 챔피언으로 성장하는 것이다. 이제 우리 젊은이들도 히든 챔피언이 되기 위한 새로운 도전을 시작해야 하지 않을까? 안정된 취업에만 목맬 것이 아니라, 숨겨진 강소기업을 찾아 그 기업을 히든 챔피언으로 만들어나가는, 혹은 자신만의 사업을 히든 챔피언으로 길러나가는 용기가 필요한 시대가 눈앞에 온 것이다.

Entrepreneurship
for Micro-Startups

마이크로창업이
뜬다

F U T U R E

:E

자기만의 일을 찾는 가장 확실한 방법은 자기 일을 직접 만들어내는 것이다. 사람들은 안정적인 직업을 찾아 정년까지 꼬박꼬박 월급 주는 직장을 선호하지만, 요즘처럼 불확실이 일상인 시대에 다른 사람에게 밥줄을 의존하는 것처럼 불안정한 일이 또 어디 있으랴.

변화하는 시대적 요구 속에서 자신만의 아이디어와 열정으로 스스로의 일을 만들어내는 작은 창업micro-startup이 새롭게 각광받고 있다. 과거 세계 최초의 개인용 컴퓨터 '애플'을 선보이며 IT 신화를 창조한 스티브 잡스의 첫 사무실은 차고였다. 지금도 스탠퍼드 인근의 차고에선 수많은 젊은이들이 스티브 잡스와 같은 꿈을 꾸고 있다. 하지만 최근의 창업 붐은 1990년대의 소위 '닷컴 버블' 시기의 열기와는 사뭇 다르다. 당시 세계를 휩쓸었던 '제1의 닷컴 붐'이 엔젤투자자 주도의 자본 지향적인 창업 붐이었다면, 최근 불고 있는 마이크로창업 붐은 청년 개개인의 빛나는 창의력이 주도하는 소규모의 아이디어 지향적인 '제2의 창업 붐'이다.

이러한 변화가 가능해진 것은 사회적, 기술적 변화 때문이다. 아이디어만 있다면 클라우드 컴퓨팅 등 저비용 인프라를 활용하고, 난제인 마케팅은 소셜네트워크서비스SNS를 활용할 수 있게 됐다. 이렇게 창업환경이 다시 바뀌면서 실리콘밸리엔 나 홀로 기업은 물론 대여섯 명의 동료들이 똘똘 뭉쳐 사업을 이끌어가는 소규모 벤처기업들을 쉽게 찾아볼 수 있다.

최근 마이크로창업 붐의 특징은 반드시 첨단기술을 동원할 필요가 없다는 것이다. 털실가게를 하든, 감자튀김 가게를 열든, 다이어트 상담을 하든, 소규모의 오랜 비즈니스 아이템이더라도 조금 다른 혁신적인 아이디어를 더하면 얼마든지 성공적인 창업 아이템이 될 수 있다. 중요한 것은 남들과 약간 다른 그 차별점을 발견해내는 것이고, 거기에서 자기만의 보람을 찾아내는 일이다. 지구촌 창업시장에 과거와는 전혀 다른, 새로운 트렌드의 바람이 불고 있다.

미국 작가 크리스 길아보

100달러로 세상에 뛰어들어라

창업에는 돈이 많이 필요하다는 생각을 버려야 해요.
일의 가치를 찾기도 전에 어떻게 은행에 갈지, 어떻게 부모님을 설득할 것인지,
어떻게 신용카드를 쓸 것인지에 연연하기 때문에 사업이 실패하는 겁니다.
사업이 성공하면 돈을 써도 됩니다.
하지만 사업이 성공할지 알아보는 데에는 보통 많은 돈이 들지 않아요.
크리스 길아보

대기업의 나라 미국에서 전체 사업체의 95%가 소규모 자영업체로 이루어진 도시가 있다. 수천 개에 달하는 작은 가게들이 지역 전체의 경쟁력을 끌어올리는 곳, 바로 로컬 경제의 모범사례로 살펴보았던 곳, 포틀랜드이다. 포틀랜드의 젊은 창업가들은 작은 창업, 즉 마이크로창업의 무한한 가능성을 확인시켜준다. 스스로 상품이 아니라 주인이 되는 삶을 선택한 이들, 그들은 비교되기보단 구별되기를 원했고, 최고의 길보단 유일한 길을 걷고 있다.

열정과 즐거움을 추구하며 일하는 청년 사업가들의 내일에 자본은 장애가 아니다. 돈이 사업의 규모를 결정할 수는 있지만 사업의 성패를 결정짓지는 않는다. 결국 마이크로창업은 스스로의 의지에 달려 있다. 단돈 100달러만으로 세상에 뛰어들어 사업을 일으킨 세계 곳곳의 창업

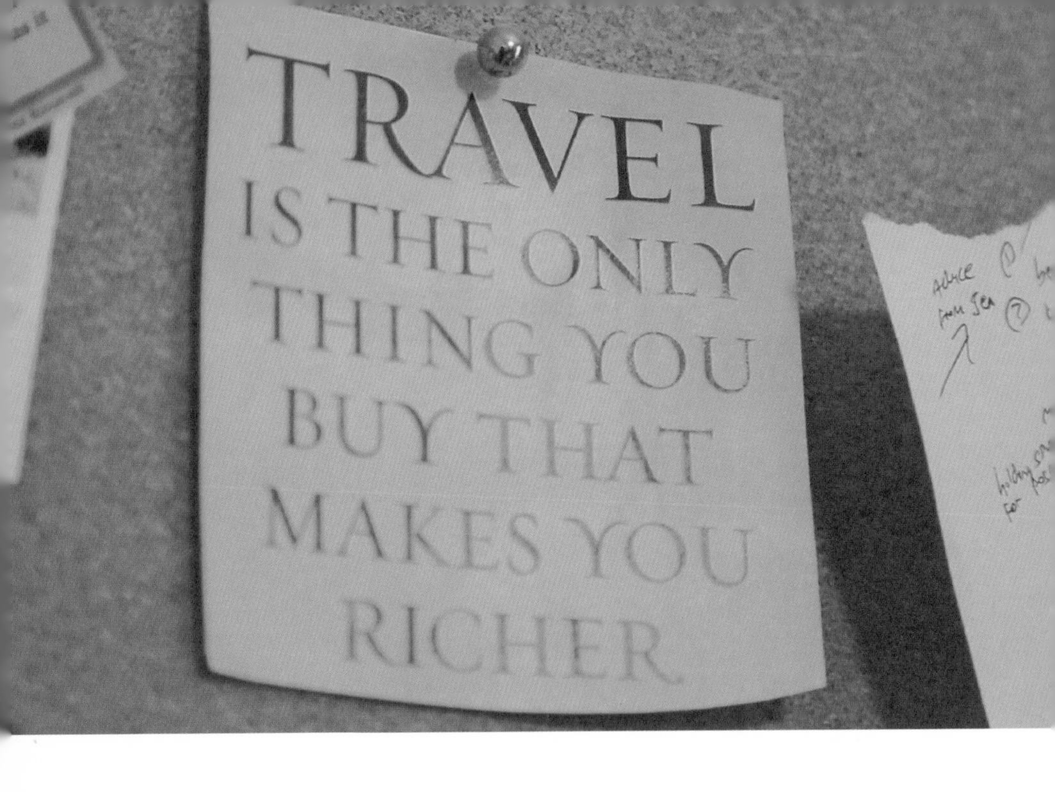
TRAVEL
IS THE ONLY
THING YOU
BUY THAT
MAKES YOU
RICHER

고수들이 그 증거이다. 크리스 길아보는 그 고수들의 이야기를 책으로 엮어 세상에 알려 유명해진 여행작가다.

올해 서른네 살의 크리스는 10년 동안 무려 192개국을 여행하며 스스로 '내 일'을 만들어가는 다양한 사람들을 만났다. 그들은 대부분 적은 돈으로 최대한 규모를 줄인 작은 창업에 도전했고, 크리스는 그들의 일에 세상을 바꿀 마이크로비즈니스 혁명micro-business revolution이라는 이름을 붙여주었다. 크리스는 저서 『100달러로 세상에 뛰어들어라The $100 Start-Up』에서 이색적인 창업에 뛰어든 주인공들의 흥미로운 성공 스토리들을 소개하며 마이크로창업을 지구촌 전체의 화두로 만들었다.

100달러, 우리 돈으로 대략 10만 원. 이 돈으로 어떻게 창업이 가능한 걸까? 크리스는 이렇게 말한다.

"전 세계를 여행하면서 저는 소액의 자본금으로 다양한 일을 시도하는 온갖 유형의 사람들을 계속 만났어요. 그들 대부분은 사업 경력도 없었고 장기적인 사업계획을 세우지도 않았을뿐더러, 더 많은 돈을 구하기 위해 은행 대출창구에서 줄을 서지도 않았어요. 소액으로 그에 맞는 아이디어들을 꾸준히 현실화시켰고, 원하는 일을 지속적으로 해나갈 수 있도록 자신에게 자유를 가져다주는 회사를 창업한 거죠."

아주 적은 돈으로 사업을 시작했기 때문에 실패의 부담도 그리 크지 않았다. 최대한 자신의 역량을 쏟을 수 있도록 집중하되, 혹시 기대만큼 이루지 못하더라도 목줄을 조여올 만큼 무리한 일은 벌이지 않았다. 그들에게 실패란 재기할 수 없는 좌절이 아니라 또다른 기회를 찾기 위한 과정일 뿐이었다. 크리스는 이것이야말로 마이크로창업의 장점이자 지속 가능한 힘이라고 말했다.

"여행을 다니면서 전 세계적으로 꽤 많은 사람들이 대기업에서 일하느라 평생을 보내는 것에 대해 회의하고 있단 걸 알았어요. 그들은 자신을 위해 더 많은 일을 하고 싶어했고, 스스로의 자유와 독립성을 지킬 만한 다른 일을 찾아나섰죠. 그들의 공통점은 첫번째로 호기심이 많다는 거예요. 그들은 먼 곳이 아닌 가까운 곳에서, 자신이 좋아하는 일을 토대로 창업할 수 있는 방법을 적극적으로 찾아다녔어요. 두번째로 그들은 재빨리 행동을 취했죠. 오랫동안 생각만 하는 게 아니라 빠르게 현실화시켜요. 보통 한 달이나 최대 두 달 내에 자신의 프로젝트를 시작하죠. 그런 다음 상황을 보고 거기에 적응하는 겁니다. 그들은 기다리느라 많은 시간을 허비하지 않았고 뭔가를 실행하는 데 훨씬 많은 시간을 보냈어요."

그가 만난 창업가들은 어떤 가치에 방점을 두고 사업을 준비하는 걸까? 그저 자신이 좋아하는 일이라면 무엇이든 의미가 있는 것일까? 크리스는 긴 여정에서 발견한 '진짜 사업'의 가치에 대해 이렇게 정의 내린다.

"간단히 말해 가치 있는 일이란 사람들을 돕는 일, 특정 집단의 사람들을 위해 더 좋은 세상을 만들고자 뭔가를 하는 일, 누군가의 삶을 더 쉽고 좋게 만드는 일, 그리고 그들의 삶에 즐거움을 가져다주는 일을 의미해요."

사람들에게 털실을 팔거나 누군가의 영양을 상담하는 일이라도 거기에서 새로운 가치를 발견하고 창출하는 순간, 성공은 자연스럽게 따라온다. 크리스에게 사업이란 자신이 하고 싶은 일과 사람들이 원하는 일 사이의 교집합을 찾는 것이었다. 그는 창업가들이 가장 많이 오해하는 부분, 자본에 대해 이렇게 지적한다.

"창업에는 돈이 많이 필요하다는 생각을 버려야 해요. 일의 가치를 찾기도 전에 어떻게 은행에 갈지, 어떻게 부모님을 설득할 것인지, 어떻게 신용카드를 쓸 것인지에 연연하기 때문에 사업이 실패하는 겁니다. 사업은 돈을 쓰기 위해서가 아니라 벌기 위해 존재하는 것이란 점을 잊지 말아야 해요. 사업이 성공하면 돈을 써도 됩니다. 하지만 사업이 성공할지 알아보는 데에는 보통 많은 돈이 들지 않아요."

오랫동안 우리는 큰 조직에서 일하는 것이 안전한 삶의 방향이라고 믿어왔다. 사람들이 너무 쉽게 쓰는 "이거 안 되면 장사나 하지"라는 말에서 느껴지듯이, 우리 사회에서 창업은 어딘가 낙오된 사람들이 선택하는 어쩔 수 없는 생계수단으로 인식됐던 것이 사실이다. 하지만 크리스처럼 일의 가치를 발견하고 세상과의 교집합을 넓힌다면 오히려 자기만의 일을 만드는 것은 이 시대의 가장 안전한 선택이 될 수도 있다. 그에게 가장 큰 실패는 아무런 행동도 하지 않는 것이다.

어쩌면 이 세계에는 우리가 간절히 찾아 헤매는 꿈의 직업, 꿈의 회사 같은 건 없을지도 모른다. 하지만 그런 것이 없다면 스스로 그것을 만들어보려는 시도는 할 수 있지 않을까? 설령 그 첫번째 시도에서 실패한다면 왜 두번째 시도는 할 수 없단 말인가? 삶이라는 긴 여정 위에서 어김없이 매일 찾아오는 내일처럼, '내 일'도 수없이 다른 모습을 띠고 매일 우리를 찾아오고 있는데 말이다.

미국 털실가게 '해피 니트'

몸집을 줄여 '창UP'하라

뜨개질이라는 공통의 관심사로 마음을 나누다보니
물건은 저절로 많이 팔리더라고요.
새라 영(해피 니트 대표)

요즘에는 초등학생조차 장래희망 1위가 공무원이라고 할 정도로 직업을 선택할 때 안정성에 큰 가치를 둔다. 이러한 현상을 무조건 비판할 수는 없다. 한국 사회의 변동성이 매우 커졌고 사업환경 역시 불확실하기 때문이다. 이런 현실 속에서 창업은 매우 도전적인 선택지다. 한 조사에 따르면 우리나라 대학생의 63.3%가 창업 의향이 있다고 밝혔지만 이중 실제로 창업을 준비중인 학생은 4.9%에 불과했다. 창업 의향이 전혀 없는 대학생들은 실패에 대한 위험 부담(19.7%)과 자금 확보의 어려움(16.4%)을 가장 큰 이유로 꼽았으며, 안전한 미래를 보장받기 위해서는 창업보다는 취업이 낫다고 여기고 있었다(한국고용정보원 2012년 전국 남녀 대학생 1천 명 창업 의향 조사 자료).

정말 창업은 그렇게 위험하고 무모한 도전일까? 수많은 젊은이들이 남의 회사에 들어가 누군가가 시키는 일을 숙명처럼 받아들이며, "불안하니까 어쩔 수 없잖아요"라고 말한다. 하지만 남의 손에 내 운명을 맡기는 일보다 불안한 일이 또 있을까? 모두가 '내 일'을 꿈꾸는 시대에 진정 취업 이외의 다른 길은 없는 것일까? 거창한 기술이나 큰 자본 없이도 '내 일'의 문을 여는 열쇠를 찾아가는 사람들이 있다. 높이 뛰기 위해선 최대한 몸을 움츠렸다가 활짝 펴야 되는 것처럼 창업도 가능한 한 몸집을 줄이고 낮은 곳에서부터 발돋움할 때 더 높이 '창UP'할 수 있지 않을까?

: 이야기와 함께 마음을 푸는 털실가게

앞서 이야기한 바와 같이 포틀랜드는 돈을 벌기 위한 수단으로서의 장사가 아닌 스스로 즐길 수 있는 '내 일'을 벌이기 위해 작은 가게를 차리는 사람들의 마을이다. 포틀랜드의 작은 가게 안에는 셀 수 없이 많은 상품의 수만큼 숱한 이야기가 진열되어 있다. 수천 개의 가게들이 저마다 다른 빛깔을 띠듯 그 속에 담긴 이야기 또한 모두 다르다. 포틀랜드 시내 호손 거리 한복판에서 노란 불빛을 따뜻하게 밝히고 있는 털실가게 '해피 니트Happy Knits'도 그중 하나다.

해피 니트는 이름처럼 '행복한 뜨개질'을 모토로 하는 작은 털실가게다. 여느 가게들처럼 쇼윈도에는 털실을 엮어 만든 다양한 소품들이 옹기종기 진열되어 있고, 가게 안으로 들어서면 알록달록 무지개 빛깔의 털실 뭉치들이 손님들을 맞는다. 귀여운 니트 앞치마를 두른 건장한 청년이 해피 니트의 점원이라고 자신을 소개하더니 마치 자신이 사장인 것처럼 자랑스럽게 가게를 소개하기 시작한다.

"우리 가게의 털실은 전부 무지개색으로 배치되어 있어요. 빨간색부터 시작해 색깔별로 쭉 이어지죠. 같은 색깔의 털실도 두께에 따라 배치되어 있어서 원하는 물건을 쉽게 찾을 수 있어요. 물론 다른 가게도 저마다 매력과 장점들이 있겠지만, 우리 가게만큼 털실이 체계적으로 정리되어 있어서 상품에 쉽게 접근할 수 있는 곳은 없을 거예요. 우리 가게의 물건들은 소파 밑에 숨겨져 있거나 사방의 선반을 꽉 채우고 있지 않아요. 우리는 모든 털실이 언제, 어디로 가는지, 몇 개가 채워져 있는지 정확히 알고 있죠."

카페처럼 안락해 보이는 매장 휴게실에서는 두 팔에 문신이 가득한 한 젊은 여성이 해피 니트의 주인 새라 영에게 뜨개질을 배우고 있다.

"가로로 코의 절반을 떠서 발뒤꿈치를 만드세요. 지금 이 베이지색으로 계속해도 괜찮겠어요? 아니면 다른 색으로 바꾸고 싶으세요?"

"베이지가 좋아요."

"그러면 가로로 서른세 코를 떠보세요."

"네."

그들은 양말을 뜨며 이야기를 멈추지 않는다.

"지난번에 만든 모자는 아버지가 마음에 들어하시던가요?"

"그럼요. 그런데 제가 직접 만들었다는 걸 안 믿으세요. 내일은 병원에 가서 직접 뜨개질하는 걸 보여드릴까 싶어요."

"좋은 생각이네요. 아버님께도 뜨개질을 가르쳐드리는 건 어때요?"

"글쎄요…… 워낙 완고한 분이라."

$100
STARTUP

젊은 여성은 병원에 입원중인 아버지 곁에서 양말을 완성하고 싶다며 베이지색 털실을 품에 안고 가게를 떠났다. 김이 모락모락 피어오르는 찻잔을 건네며 새라 영이 숨은 사연을 꺼낸다.

"우리 가게를 찾는 손님들 중에는 암환자를 가족으로 둔 분들이 꽤 많이 있어요. 뜨개질하는 사람들 대부분이 사랑하는 사람이나 지인을 위해 뭔가를 해주고 싶어하는 경우가 많죠. 특히나 암환자는 항암치료 때문에 머리카락이 빠져서 니트 모자가 더 절실히 필요해요. 그래서 여기서 뜨개질을 배우고 직접 모자를 만들어 선물하는 거예요. 이곳은 누구나 뜨개질을 할 수 있도록 개방되어 있기 때문에 손님들의 발길이 끊이질 않아요. 그렇다고 상담실 같은 환경은 전혀 아니에요. 그 누구도 억지로 모임을 이끌거나 감정을 주도하려고 하지 않아요. 그저 우연히 만나서 뜨개질을 하고 자연스럽게 이야기를 나누며 아픔을 치유하는 거죠."

이 작은 털실가게가 포틀랜드에서 주목받는 이유가 거기 있었다. 해피 니트를 찾는 손님들은 실타래를 풀면서 헝클어진 마음도 함께 풀어나가는 것이다. 어떤 이들에겐 뜨개질이 그저 소소한 취미일 뿐이지만 누군가에겐 사랑하는 사람의 완쾌를 바라는 간절한 소망 그 자체이기도 하다. 해피 니트는 그런 다양한 사람들의 이야기가 술술 풀리는 사연 많은 털실가게다. 문을 연 지 이제 갓 3년이 지난 해피 니트가 포틀랜드 내 성업중인 열여덟 곳의 털실가게들 중 가장 높은 성장세를 기록하고 있는 비밀 또한 바로 그 이야기 속에 있었다. 새라 영이 그 비결을 밝힌다.

"우리 가게에서 판매하는 털실은 다른 가게와 다르지 않아요. 가격도 비슷하죠. 다만 우리는 다른 가게에는 없는 특별한 공간을 만들었을 뿐이에요. 사람들이 자유롭게 와서 뜨개질을 하는 공간이죠. 뜨개질을 처음 해보는 사람은 방법을 배울 수 있고, 아무 때나 와서 뜨개질을 하다 갈 수 있어요. 늘 사람들이 모이기 때문에 재미나게 대화를 나누면서 뜨개질을 할 수 있죠. 설령 다른 가게에서 구입한 털실을 가지고 와도 아무 문제 없어요. 우리는 뜨개질을 좋아하는 사람이라면 누구나 환영하거든요."

새라 영은 해피 니트를 창업하기 전에는 평범한 가정주부였다. 살림과 육아에 지쳐 있던 그녀에게 털실 쇼핑은 유일한 기쁨이었다. 하지만 그녀는 점차 기존의 털실가게에 불만을 느끼기 시작했다고 한다.

"보통 가게들은 손님들에게 친절하잖아요. 그런데 유독 제가 가는 털실가게들은 무뚝뚝하고 무성의했어요. 털실을 사러 오는 사람들도 정해져 있고 판매량도 매달 엇비슷하니까 그런 것 같더라고요. 뜨개질을 무척 좋아하는데도 점점 털실가게에 가는 게 싫어졌어요. 그러다 문득 이런 생각이 들었죠. 내가 원하는 털실가게를 만들고 싶다고요. 다른 사람들도 저처럼 털실가게에서 마음 편히 자유롭게 뜨개질을 하면서 시간을 보내고 싶을 거란 생각이 들었죠."

그녀의 예상은 적중했다. 단순히 털실을 파는 가게가 아니라 '뜨개질을 좋아하는 사람들의 커뮤니티'를 콘셉트로 삼자 사람들이 모여들기 시작한 것이다. 뜨개질이라는 공통의 관심사는 사람들을 해피 니트로 끌어당겼고, 이제는 마을 주민들이 오랜 시간을 보내는 사랑방으로 자리잡았다.

"사업을 시작하면서 가장 큰 걱정은 딸이었어요. 학교에서 돌아온 딸

Happy Knits

과 함께 있어주지 못할 테니까요. 하지만 뜨개질 공간 덕분에 그런 걱정도 싹 사라졌어요. 이곳에선 서로 모르는 사이여도 뜨개질이라는 공통점 하나로 금세 친구가 되거든요. 엄마가 뜨개질을 하는 동안 아이들도 서로 친구가 되죠. 일종의 놀이터 역할도 겸하는 거예요. 제 딸도 이곳에서 친구를 많이 사귀었답니다."

같은 취향은 요즘 같은 '접속의 시대'에 가장 적합한 비즈니스 키워드다. 공통의 관심사에 세계 어디서나 접속 가능한 인터넷과 모바일이라는 비즈니스 플랫폼이 더해지면 그 동질성의 위력은 증폭된다. 실제로 해피 니트의 온라인숍은 오픈한 지 얼마 되지 않아 오프라인숍을 능가하는 수익을 벌어들이고 있다. 그녀는 해피 니트의 성공을 단 한 문장으로 요약했다.

"뜨개질이라는 공통의 관심사로 마음을 나누다보니 물건은 저절로 많이 팔리더라고요."

새라 영은 좋아하는 일을 사업으로 구체화하고 실행한 것이 지금껏 가장 자랑스러운 선택이었다고 말하며 이렇게 덧붙였다.

"창업하길 잘했어요. 내가 하고 싶은 일이 뭔지에 대해 생각하는 데는 돈이 한 푼도 들지 않아요. 사업 계획을 생각해내는 데도 돈은 전혀 들지 않았죠. 그냥 밤에 침대에 기대 머릿속으로 궁리한 게 전부였어요."

해피 니트의 털실들은 세상을 뒤집어놓을 기막힌 아이템은 아니었다. 그 누구도 흔해빠진 털실 꾸러미 속에서 대박을 찾지 않는다. 하지만 그 털실 꾸러미에 진심이 담기고 이야기가 스며드는 순간, 새로운 가치가 만들어졌다. 그 가치를 사소함의 힘이라고 부를 수 있을까? 우리의 삶 속엔 위대한 무엇보다는 미처 발견하지 못한 사소한 기회들이 더 많다는 사실을, 해피 니트는 다시 한번 일깨워준다. 거창한 아이템에 한 방의 운명을 걸기보다 사소한 것들의 가치를 재발견하며 매일의 일상을 투자할 수 있다면, 아무리 작은 창업일지라도 새로운 내일을 기대하기엔 충분할 것이다.

미국 맞춤 식단 전문가 '스프라우트'

포틀랜드 주민들의 식단 주치의

저는 식단과 함께 건강한 행복을 찾아주는 사람이에요.
그러니 일이 재미없을 수가 없죠.
일을 하면 할수록 저는 제 일에 더 열정을 갖게 돼요.
스카일러(스프라우트 대표)

소규모 자영업자들이 많은 포틀랜드에선 교환경제가 번창하고 있다. 각자 서로에게 더욱 잘해줄 수 있는 서비스가 따로 있다는 사실을 서로가 이해하고 있기 때문이다. 카페를 운영하는 사람이 뜨개질을 하고 싶을 땐 지역의 털실가게를 찾아 도움을 받고 털실가게 주인 역시 신선한 커피 한잔이 그리울 땐 작은 카페를 찾아가 각자의 서비스를 교환한다. 서로를 도와주고 필요한 서비스를 제공받고자 하는 막강한 교환경제가 포틀랜드를 소규모 창업의 천국으로 만들고 있다.

자영업자의 3년 내 폐업률이 절반 이상에 달하는 우리나라의 경우 창업은 극심한 출혈경쟁의 전장으로 뛰어드는 것과 같다. 사정이 그렇다보니 가까운 주변 사람이 창업을 준비하면 대개 심란한 마음이 먼저 든다. 하지만 포틀랜드에선 창업을 시작할 때 "정말 멋진 생각이야. 꼭 해봐. 어쩌면 내가 도울 수 있을지도 몰라"라는 지지와 응원을 더 많이 받는다고 한다. 아마도 창업을 시작할 때 불안보다 설렘을 더 많이 느끼기 때문일 것이다. 그들은 정말 좋아서 시작하는 일이라면 설령 실패하더라도 그 속에서 또다른 일을 찾을 수 있다고 믿는다. 대부분 작은 규모로 시작하기 때문에 리스크도 적고 많은 자본금이 필요하지도 않다.

: 행복하게, 죄책감을 느끼지 않고 음식 먹기

포틀랜드의 젊은 창업가 스카일러 역시 그저 좋아하는 일을 하고 싶어서 사업을 시작한 스물다섯 살의 여성이다. 포틀랜드 시내의 한 슈퍼마켓에서 스카일러와 그녀의 고객 피터가 함께 장을 보며 이야기를 나누고 있다. 그것이 바로 그녀의 직업이다.

"피터, 장을 볼 때는 바깥쪽으로 돌아야 해요. 매장 가운데에 있는 건 주로 가공식품들이거든요. 가공식품은 건강에 좋지 않아요. 레몬이 우리 몸을 알칼리성으로 만들어준다는 건 알죠? 코코넛도 아주 좋아요. 앞으로는 물을 마실 때 레몬이나 코코넛 조각을 넣어서 먹어보세요. 레몬도 몇 개 더 사는 게 좋겠어요."

"최근에 위통胃痛이 생겼어요. 병원에 가봤는데 특별한 원인을 모르겠대요. 당신에게 도움을 요청해야겠다고 생각한 것도 그 때문이고요."

"피터, 건강하다는 건 당신에게 어떤 의미인가요?"

"올바른 식습관과 운동이 결합되었을 때 나오는 결과물 같아요. 수면 부족과 스트레스가 누적되지 않아야 하고요."

"그렇죠. 앞으로 우리가 일차적으로 초점을 맞출 것은 바로 올바른 식사법이에요. 사실 건강하게 먹고 싶어하지 않는 사람은 없을 거예요. 다만, 방법을 모를 뿐이죠. 건강한 음식이란 사람마다 조금씩 달라요. 건강한 식습관이라는 게 실제로 어떤 의미인지에 대해서도 세상엔 굉장히 다양한 개념들이 있죠. 앞으로 우리는 음식이 당신에게 어떠한 영향을 미치는지 함께 살펴볼 거예요. 즐겨 먹는 음식은 물론이고 그간 잘 먹지 않았던 음식까지, 어떤 음식이 위통을 유발하는지도 찾아낼 거고요."

고객과 함께 장을 보고 식단을 짜주는 일, 상당히 이색적이지만 분명 그것이 스카일러의 직업이다. 스카일러는 맞춤 식단 전문가이다. 식단 조절과 헬스 코칭을 전문으로 하는 '스프라우트Sprout'가 그녀의 일터다. 스카일러는 어떻게 이런 사업을 시작하게 됐을까?

"대학을 졸업하고 스튜디오에서 요가를 가르쳤어요. 요가 강사 자격증과 헬스 코칭 자격증이 있었는데, 요가와 헬스를 접목한 강의 덕분에 제법 인기가 있었죠. 그런데 일 년 전에 문을 닫고 말았어요. 주변에 비슷한 요가 스튜디오가 우후죽순 생겨나면서 경쟁에서 밀린 거죠. 그때 깨달았어요. 뭔가 저만의 특별함이 필요하다고요. 그래서 떠올린 게 건강 식단이에요. 제가 평소 먹는 걸 좋아하고 특히 건강식에 관심이 많았거든요. 요가 스튜디오를 운영하며 고객들에게 식단에 대한 조언을 해주곤 했는데, 그게 저만의 사업 모델이 될 수 있을 거라고 생각했어요."

요가 스튜디오로 뼈아픈 실패를 겪었지만 그녀는 새로운 아이디어가 떠오르자 곧바로 실행에 옮겼다. 자신의 모든 노하우를 활용해 건강 식단 프로그램을 짜고, 지인들에게 도움을 구해 온라인 홍보를 시작했다.

HEALTHY
for
PETER

"식이요법을 알려주는 곳은 지금도 많이 있어요. 그들은 한 가지 식습관이 올바른 방식이라고 이야기하죠. 그러나 저는 다르게 생각했어요. 아무리 좋은 음식도 사람에 따라 약이 되기도 하고 독이 되기도 해요. 저는 그 차이를 반영해서 그 사람에게 맞는 유일무이한 식단을 짜요. 어떤 음식을 먹은 후 몸이 어떻게 반응하는지를 살펴본 후 그에 맞는 식단을 구성하는 거죠. 고객과 많은 시간을 보내며 관찰하는 것이 저의 업무예요. 이런 독특한 방식이 지금의 스프라우트를 있게 한 거죠."

스물다섯의 젊은 아가씨가 마흔다섯의 이웃집 아저씨를 위한 맞춤 식단을 짠다. 각자의 전문성을 편견 없이 받아들이고 교환하는 지역문화가 이토록 사소한 서비스직을 탄생케 했다. 스카일러는 자신의 일에 큰 만족감을 느끼는 만큼 책임감도 커졌다고 이야기한다.

"저는 사람들과 함께하기 위해 일해요. 작지만 사람들에게 해줄 수 있는 일이 있어서 아주 다행이라고 생각하죠. 음식이 우리의 삶에 어떠한 영향을 끼치는지 이해하는 것은 매우 중요한 일이에요. 우리는 매일 먹어야만 살 수 있기 때문이죠. 저는 사람들에게 먹는다는 행위가 아주 즐겁고 놀랍고 우리에게 활력을 줄 수 있는 일이라는 걸 알려주기 위해 노력해요. 하지만 안타깝게도 여전히 많은 사람들이 그와는 정반대의 감정을 느끼며 죄책감과 자괴감 속에서 음식을 먹고 있어요. 저는 그들에게 식단과 함께 건강한 행복을 찾아주는 사람이에요. 그러니 일이 재미없을 수가 없죠. 일을 하면 할수록 저는 제 일에 더 열정을 갖게 돼요."

자신이 잘할 수 있는 일을 적극적으로 계발할 때 진정한 천직도 발견할 수 있다. 스카일러는 작은 사무실 한 칸과 사람과 음식을 향한 지극

한 관심만으로 창업에 도전했고, 포틀랜드의 식단 주치의로 활약하고 있다. 이웃의 장바구니를 진단하고 식단을 처방해주기 위해 마트로 뛰어가며 스카일러는 이렇게 외치며 마지막 인사를 대신한다.

"여기선 다들 제게 그렇게 격려해주죠. '그 일, 정말 멋진 일인 것 같아!'라구요."

어쩌면 지금 우리 청춘들에게 필요한 것은 막대한 지원금이 아니라 이토록 작고 따뜻한 격려 한마디인지도 모른다.

미국 스탠퍼드대 창업동아리 '베이시스'

실리콘밸리를 들썩거리게 하는 대학생 창업군단의 비밀

실리콘밸리의 기업들에 스폰서를 요청하면
매년 큰 부담 없이 지원을 해줘요.
그들은 저희 베이시스를 지원하는 것을
미래 인력에 대한 투자로 생각합니다.
루비(베이시스 공동대표)

"노트북 한 대와 라떼 한잔이면 창업할 수 있다."

요즘 미국 실리콘밸리에서 심심찮게 들을 수 있는 말이다. 애플, 구글, 페이스북 등 IT 대기업이 몰려 있는 실리콘밸리에 최근 마이크로창업 붐이 다시 일고 있다. '제2의 닷컴 붐'이라 표현될 만큼 실리콘밸리에는 청년 창업가들이 폭증하고 있다. 번뜩이는 아이디어 하나로 무장한 이 청년 창업가들은 이력서의 빈칸을 의미 없는 스펙으로 채우는 대신, 스마트 혁명의 물살을 타고 세상이라는 빈 공간을 자기만의 아이디어로 채우기로 결심한 젊은이들이다.

한 달에 몇만 원만 내면 인터넷 서버를 마음껏 빌려 쓸 수 있는 클라우드 서비스가 활성화되면서 창업비용은 급감했다. 이제 돈이 없어 창업할 수 없다는 말은 변명 축에도 들지 못한다. 작은 아이디어 하나와 그것을 실행할 용기면 충분하다. 많은 돈이 들지 않으니 위험 부담도 적고 두려움도 없다. 작은 아이디어로도 창업에 도전하는 젊은이들이 많아진 이유이다.

지금 실리콘밸리의 청년들은 작고, 빠르게, 그리고 세계를 향해 자기 소개서 밖의 세계로 뛰어들고 있다. 그리고 그들의 도전이 미국 스타트업 생태계에 새로운 변화를 불러들이고 있다. 과거 버블 붕괴를 가져왔던 투자자 중심의 대박 벤처가 아닌, 작지만 자유로운 혁신과 기회가 보장되는 소규모 창업이 붐을 일으키기 시작한 것이다. 기업가 정신으로 무장한 청년 창업가들과 함께 실리콘밸리가 다시 새롭게 진화하고 있다.

: 작고Micro 빠르게Speed 세계로Global 향하는 청년들

미국의 첨단기술을 상징하는 지역 실리콘밸리, 반도체와 컴퓨터 산업의 메카로 불리는 이곳에 청년 창업가들의 새로운 도전이 잇따르고 있다. 인근에 우수한 인력이 모여 있는 대학을 중심으로 20대 초반의 재학생들이 쏟아내는 참신한 아이디어로 스타트업 붐이 일고 있는 것이다. 한창 스펙 쌓기에 바쁠 재학생들이 졸업장도 밀쳐둔 채 제 발로 산업현장에 뛰어들고 있다. 도대체 무엇이 그들의 꿈을 입사지원서 밖의 세계로 움직이게 만들었을까? 실리콘밸리를 주름잡는 다수의 IT기업 창업주를 배출한 미국 서부의 명문대 스탠퍼드 대학 인근에서 그 답을 구해보기로 했다.

스탠퍼드는 학교 캠퍼스 전체가 마치 중세 유럽의 소도시를 통째로 옮겨놓은 듯한 느낌을 준다. 이곳은 캘리포니아 서부 해안이라는 지리적 위치 때문에 역사적으로 개척자들이 많이 모여들었다고 한다. 그래서일까? 학교의 역사적 기운을 이어받기라도 한 듯 캠퍼스 곳곳에서 아이디어로 세상을 개척하는 학생들의 패기와 리더십을 발견할 수 있었다. 그중 이곳 학생들이 자발적으로 운영한다는 창업동아리 '베이시스BASES, Business Association of Stanford Entrepreneur Students'가 가장 눈에 띈다. '베이시스'는 동아리 수준의 활동을 넘어 스탠퍼드의 스타트업 지원기관으로 여겨질 만큼 폭넓은 창업 지원 프로그램을 운영중이다. 그 규모나 전문성 역시 상당해서 도무지 학생들끼리 운영하는 단체라곤 믿기지 않을 정도다.

캠퍼스 잔디밭에 둘러앉은 베이시스 멤버들은 이제 갓 스무 살이 넘은 앳된 대학생들의 모습 그대로다. 실리콘밸리를 들썩이게 한다는 대학생 창업군단의 실세들이 이토록 평범한 젊은이들이라니! 하긴 스티브 잡스도, 빌 게이츠도, 마크 저커버그도 처음엔 모두 평범한 대학생일 뿐이었다. 만약 이 세계적인 IT기업가들이 창업이 아니라 취업을 선택했다면 세상은 지금과는 많이 달랐을 것이다. 어쩌면 지금 옹기종기 모여앉은 이 학생들도 언젠가 세계를 무대로 혁신의 깃발을 올릴 주역이 될지도 모른다.

베이시스의 공동대표를 맡고 있는 루비는 컴퓨터 공학 석사과정을 공부하고 있다. 그녀는 베이시스의 멤버가 된 동기를 이렇게 밝힌다.

"제가 베이시스에 가입한 건 4년 전 신입생 때죠. 사실 전 기업가로서의 비전에 관심은 있었지만 창업이나 실리콘밸리에 대해선 잘 몰랐어요. 친구가 창업과 관련해서 활발한 활동을 하고 있는 모임이 있다고 알려줘서 모임에 참여하게 됐고, 결국 제 삶에 큰 영향을 받게 됐죠. 정말 멋진 시간이었어요."

베이시스는 학생들이 운영하는 동아리지만 지역 벤처, 벤처 캐피털, 법무법인 등의 적극적인 지원을 받고 있다. 정신적인 멘토로서의 지원뿐 아니라 실질적인 재정 지원도 함께 이루어진다.

"실리콘밸리의 기업들에 스폰서를 요청하면 매년 큰 부담 없이 지원을 해줘요. 그들은 저희 베이시스를 지원하는 것을 미래 인력에 대한 투자로 생각합니다."

베이시스가 배출한 졸업생들 중 창업에 성공한 이들은 무수히 많다. 루비는 자신이 재학중에 직접 본 가장 인상적이었던 창업 일화를 소개했다.

"우리가 주관하는 경연 중에 '소셜리 챌린지Socially Challenge'란 것이 있는데, 일 년 동안 꼬박 소셜벤처에만 집중하는 대회예요. 반드시 사회적으로 뚜렷한 의미와 미션이 있어야 하는 경연이죠. 몇 년 전 그 경연에서 키바KIVA라는 업체가 우승을 차지했어요. 이후 키바는 눈부신 성장을 거두었죠. 키바는 각국의 창업자들에게 마이크로대출을 해주는 기업이에요. 예를 들자면 축산업자가 더 많은 우유를 생산할 수 있도록, 소를 구매할 수 있게 소액대출을 해주는 거죠. 그 소액대출금을 나중에 상환받는 거예요. 예컨대 제가 키바에서 20달러를 빌렸다면 1년 후에 그 돈을 갚는 식이죠. 그럼 그렇게 상환받은 돈으로 또다른 이에게 대출이 가능해져요. 실리콘밸리에 마이크로창업이 증가하는 것도 키바와 같은 소셜벤처가 있기 때문이죠. 물론 키바가 탄생할 수 있었던 건 저희 베이시스가 있었기 때문이고요."

베이시스는 학교와 지역의 지원을 받아 매달 성공한 창업가를 초청해 강연회를 개최하는데, 500석 규모의 강연장이 창업을 꿈꾸는 학생들로 매번 가득 찬다. 또 매주 수요일에 여는 '기업가적 사고를 하는 리더를 위한 세미나' 역시 학생들의 높은 관심 속에 진행되고 있다. 강의실에서 배울 수 없는 창업 관련 실무를 실리콘밸리의 기업가에게 직접 배우고 학생들 스스로 토론하고 연구하는 무대를 만들고 있는 것이다.

루비는 베이시스 덕분에 기업의 사회적 역할에 대해 많은 것을 배웠다고 한다. 장래 의료보건 부문의 구글이라 불릴 만한 기업을 설립하는 것이 꿈이라며 수줍게 웃었다. 베이시스의 또다른 공동대표 맷은 기계공학을 전공하는 스물세 살의 청년이다.

"제 목표는 언젠가 에너지 부문에 혁신을 가져올 수 있는 기업을 설립하는 거예요. 미래 에너지 사업에 큰 변화를 가져올 수 있는 기술을 개발할 겁니다."

스탠퍼드에 베이시스가 꼭 필요한 이유는 무엇일까? 다시 말해서 스탠퍼드처럼 창업 지원에 적극적으로 나서는 대학에 굳이 학생들이 별도의 지원시스템을 만드는 게 어떤 의미가 있을까?

"저희는 교직원들과도 긴밀한 협력을 하고 있어요. 하지만 그들은 예비 창업자들을 지원한다는 특정한 책임을 맡고 있을 뿐 실제로 창업을 준비하는 사람들이 아니잖아요. 저희는 학생의 입장에서 창업에 꼭 필요로 하는 것들을 위해 만들어진 조직이에요."

적극적인 학생들의 의지는 실제 창업으로 이어져 엄청난 경제 효과를 창출했다. 스탠퍼드 공대의 척 이슬리 교수의 조사에 따르면 1930년 대부터 2011년까지 베이시스 졸업생들이 창업한 기업의 수는 무려 3만 9천 개가 넘는다. 이는 5천 4백만 개의 일자리 창출로 이어졌고 전 세계적으로 3조 달러에 달하는 연간 수익을 달성했다. 스탠퍼드 졸업생들이 일궈낸 경제사회를 하나의 국가로 본다면, GDP 면에서 세계 11위의 경제대국에 맞먹는다.

물론 스탠퍼드의 모든 대학생들이 창업을 꿈꾸는 것은 아니다. 이곳의 학생들 다수가 우리나라의 청년들처럼 대기업에 취업하길 원한다. 루비와 맷과 함께 베이시스의 임원진으로 활동하는 인도 출신 유학생 수릴은 곧 구글에 입사할 예정이다. 하지만 수릴 역시 구글은 궁극적인 '꿈'은 아니라고 단언한다.

"저는 개도국의 빈민아동들을 위한 교육에 도움이 되는 일을 하고 싶어요. 그리고 또하나의 꿈은 우주탐험과 관련된 일을 하는 거죠. 구글을 선택한 건 제가 아직 어리고 더 많은 경험이 필요하기 때문이에요. 앞으로 제가 올라설 계단의 하나인 거죠."

루비와 맷, 수릴은 세상이 요구하는 스펙을 찾기보다 스스로 필요한 삶의 옵션들을 찾아나서는 중이다. 스탠퍼드와 실리콘밸리 역시 그 옵션들 중 하나일 뿐이다. 중요한 건 얼마나 능동적으로 선택하는가, 어떻게 효율적으로 실천하는가에 달려 있다. 마이크로창업은 그런 학생들을 위해 활짝 열려 있다. 작고, 빠르게, 세계로 향하는 청춘들이 실리콘밸리에 모여드는 이유다.

: 창업은 실패의 피드백이다

2012년, 스탠퍼드 대학에 기부된 기금이 처음으로 연 10억 달러를 돌파하며 8년 연속 1위 자리를 지켰다. 하버드대와 예일대의 두 배에 달하는 액수다. 스탠퍼드가 이처럼 막대한 금액의 기금을 유치할 수 있었던 것은 실리콘밸리에서 활약하고 있는 졸업생들 덕분이다. 학교는 교육을 통해 창업가들을 배출하고, 그들은 사회에서 번 돈을 다시 학교의 후배들을 지원하기 위해 아낌없이 투자한다. 산학협력의 피드백 속에서 학생들은 더 안정적으로 창업의 꿈을 펼칠 수 있다. 척 이슬리 교수는 「스탠퍼드 출신 기업가들이 주도한 혁신과 기업가 정신에 의한 경제효과」란 논문을 통해 스탠퍼드와 실리콘밸리의 연계 효과를 분석했다. 그는 스탠퍼드 대학에서 연구뿐만 아니라 학생 창업교육을 선도하는 교수이기도 하다. 이슬리 교수는 이곳의 졸업생들이 창업을 통해 달성한 연간 수익이 3조 달러에 달한다고 말한다.

"정확히는 2조 7천억 달러입니다. 이 수치는 오직 생존한 기업들만 계산한 것이고요. 스탠퍼드의 성공에는 인근에 위치한 실리콘밸리의 생태계적 특성이 중요했습니다. 학교와 업체 간의 긍정적인 사이클이 학생들에게 영향을 미치면서, 대학에서 배운 기술과 수완을 활용해 전 세계적인 문제들을 해결하거나 경영수익을 올린 사례들을 자주 볼 수 있었던 것이죠."

이슬리 교수는 스탠퍼드 출신 창업가들이 이룬 결과뿐 아니라 그들의 창업이 '어떻게' 성공했느냐에 더 주목했다. 그리고 그 '어떻게'의 키워드는 독립성과 성취감이라고 말한다.

"실리콘밸리의 젊은 창업가들에겐 돈벌이가 제1순위가 아니었어요. 대개 기업가들은 일을 할 때 독립적인 성향이 매우 강하고 장래의 성공을 스스로 결정하겠다는 의지가 강하죠. 그것은 결국 성취감과 무관하지 않은 소양입니다. 기업가에게는 겉으로 드러나는 회사의 성과뿐만 아니라 개인적인 성취감이 있어야 해요. 그리고 그 성취감은 분명 돈을 초월하는 동기부여가 있을 때만 느낄 수 있죠. 기업을 경영한다는 게 생각보다 매우 기복이 심한 일입니다. 명확한 동기부여가 되지 않는다면 고객과의 계약에 실패하고 좋은 직원들이 퇴사하는 등의 난관을 극복하기가 어렵습니다. 단지 돈을 목적으로 한다면 이런 좌절을 딛고 일어나기란 결코 쉽지 않을 거예요. 하지만 문제 해결에 필요한 능력을 갖추고 세상을 바꾸고 싶다는 의지가 있다면 그런 사업상의 시련을 극복하기가 훨씬 쉬워집니다. 돈이 아닌 명확한 동기부여가 독립성과 성취감을 끌어올려 성공의 뿌리를 내리게 만드는 겁니다."

자기 자신을 향한 명확한 동기부여, 그것이 바로 '내 일'의 키워드다. 남들이 다 하기 때문에, 또는 돈만 많이 벌면 되니까, 라는 식의 수동적인 동기가 아니라 내가 스스로 발견한 동기, 내 삶이 즐거워질 수 있는 동기가 있어야 비로소 내 일을 사랑할 수 있다. 그랬을 때, 독립성과 성취감이란 애써 붙들어야 할 대상이라기보다는 내 일을 찾은 사람들이 명함처럼 늘 지니고 다니는 소명과도 같은 것일 테다.

이슬리 교수는 청년 창업가들에게 가장 중요한 자질 중 하나가 '실패에 대처하는 자세'라고 강조한다.

"스탠퍼드의 좋은 점 중 하나는 학생들이 실리콘밸리에서 창업한 졸업생들이나 벤처투자자들을 강의실에서 직접 만날 수 있다는 점입니다. 그들은 언론에 비친 것보다 훨씬 솔직한 모습으로 자신의 이야기를 학생들에게 들려주곤 하죠. 그런 고백들이, 누구에게나 실패는 있지만 그를 통해 교훈을 얻어 결국에는 다시 재기에 성공할 수 있다는 사실을 학생들에게 각인시켜주게 됩니다. 우리가 학생들에게 강조하는 것 역시, 큰 성공을 거둔 기업들 대부분이 처음부터 올바른 전략으로 출발한 건 아니라는 사실이에요. 대개는 사업과정에서 전략을 계속 수정해왔던 거죠. 비록 첫 시도에서는 실패했다 할지라도 다른 전략을 구사하면 같은 기술과 아이디어로 다음번에는 성공할 수 있다는 증거를 학생들이 직접 목격하게 하는 거예요."

창업의 세계에서 실패는 전략의 수정을 필요로 할 뿐 결코 게임오버가 아니다. 오히려 실패는 새로운 전략을 만들 수 있는 또하나의 기회다. 특히나 경험이 많지 않은 젊은이들에게 실패는 발등을 찍는 도끼가 아니라 내 몸의 근육을 더욱 단단하게 키워주는 약이 될 수도 있다. 우리가 살고 있는 세계는 무수히 많은 피드백으로 이루어져 있다. 실패 또한 그 피드백 중의 하나일 뿐이다. 지금 우리에겐 벼락같은 성공 앞에 스포트라이트와 축포를 쏘기보다는 청년들의 숱한 실패들을 용인하고 다시 일어설 수 있도록 격려하는 문화가 필요한지도 모른다.

닷컴 기업의 버블이 꺼진 이후 침체되었던 실리콘밸리에 다시 작은 창업가들이 모여들고 스탠퍼드의 학생들이 그토록 창업 준비에 열성인 까닭도 실패가 끝이 아닌 또하나의 숙제라고 생각하기 때문이다. 혁명적인 트렌드의 변화가 눈앞에 펼쳐지고 있는 새로운 시대가 왔다. 아이디어만 있다면 노트북 한 대로 사업을 시작할 수 있는 스마트 시대, 라떼 한잔과 함께 어떠한 정보도 쉽게 찾고 전문 영역을 넘나들 수 있는 하이브리드 비즈니스 시대, 제4의 물결이 밀려오는 시대적 흐름 속에서 지금 마이크로창업이 미국 젊은이들의 내일에 날개를 달아주고 있다.

청년장사꾼

열정을 팔고 감동을 덤으로 주는 젊은 가게들

지금 당장 도전해서 설령 지금 가지고 있는 것들이
0이 되거나 -1000이 된다고 해도
경험은 얻을 수 있으니 일단 고! 못 먹어도 고!
그런 생각으로 장사하고 있습니다.
김윤규(청년장사꾼)

서울의 한복판 종로구에 있지만 아는 사람만 안다는 금천교 시장, 이 작은 동네 시장에서 요즘 가장 떠들썩하다는 곳이 있으니, 바로 '열정감자'라는 감자튀김집이다. 안으로 들어서면 힙합가수처럼 두건을 쓴 청년들이 쩌렁쩌렁한 목소리로 손님을 맞는다. 동네 분식집보다 작은 매장에서 가장 먼저 눈에 띄는 건 벽에 걸린 플래카드이다. "열정을 만나면 정열이 솟는다!"라는 글귀가 젊은이들의 굵은 땀방울과 어우러져 보는 이들까지 괜스레 두 주먹 불끈 쥐게 한다. 자세히 보니 유니폼까지 별나다. 각자의 개성을 드러낸 글귀가 파란 셔츠에 큼지막하게 새겨져 있다. 이곳의 점장인 듯한 '크게 될 놈 뭘 해도 될 놈'은 테이블을 정리하고 손님들을 상대하느라 발길이 바쁘고, 'Mr. 빈, Mrs. 포테이토'는 감자를 썰고 튀기느라 손길이 바쁘다. 그 옆에서 생맥주를 따르는 '감자

열정감자

pyrex

크게될놈
뭘해도될놈

살래 나랑 살래' 역시 숨 돌릴 틈 없기는 마찬가지다. 고단할 법도 한데 이 청년들의 입가엔 웃음이 떠나지 않는다. 작은 가게 안에 고소한 감자튀김과 행복 바이러스를 뿌리며 발길이 뜸해진 시장통에 활기를 선사하는 청년장사꾼들, 이 열혈장사꾼들이 세상에 판다는 열정이란 과연 어떤 모습일까?

: 못 먹어도 GO! 청년장사꾼들의 거침없는 하이킥

이른 아침부터 건장한 청년들이 이태원의 허름한 단독주택에서 이삿짐을 꾸리느라 바쁘다. 드디어 청년장사꾼들이 둥지이자 아지트인 합숙소를 옮기는 날이다. 큰방 하나, 작은방 하나가 전부인 이 좁은 곳에서 무려 여덟 명이 합숙을 해왔다. 새로 이사 가는 곳은 방도 세 개나 되는데다가 거실과 욕실까지 갖춰 훨씬 쾌적한 생활을 할 수 있게 되었다. 그래서일까? 짐을 싸는 청년들의 표정이 무척 밝다. 합숙까지 불사하며 장사를 위해 똘똘 뭉친 젊은이들, 이들이 바로 국내 청년 창업문화의 새바람을 일으키고 있는 단체 '청년장사꾼'의 멤버들이다. 청년장사꾼은 창업교육과 영업활동은 물론 장사에 문화를 접목해 청년들의 창업을 돕고 지역 상권을 활성화시키기 위해 만들어진 조직이다.

그들의 첫번째 창업 프로젝트는 이태원 골목상권을 노린 문화카페 '사원 앞 카페 벗'이었다. 장사가 하고 싶어 부모님 몰래 자취방 보증금을 탈탈 털어 올인한 스물일곱 살의 김윤규씨, 그리고 그와 뜻을 함께 한 젊은이들이 뭉쳐 오픈한 첫 가게다. 이후 여세를 몰아 지난해 10월

금천교 시장에 감자튀김 가게 '열정감자'를 열었고, 올 2월엔 같은 골목에 꼬치 전문점 '열정꼬치'까지 선보였다. 장사의 신이라도 꿈꾸는 걸까? 이토록 다양한 분야에 도전하며 창업 릴레이를 펼치게 된 계기는 무엇일까? 대학에서 전자전기를 전공하던 공학도가 장사꾼의 길로 들어선 그 이유, 청년장사꾼의 공동대표를 맡고 있는 윤규씨가 잠시 이삿짐 보따리를 내려놓고 대신 이야기보따리를 풀기 시작했다.

"처음에 청년장사꾼을 시작하게 된 계기는요. 젊은 친구들끼리 같이 잘할 수 있는 걸 하면서 잘 먹고 잘살아보자는 단순한 이유였어요. 그러면서 매장을 하나둘 오픈할 때마다 엄청난 희열을 느끼게 됐죠. 그러다 결심했어요. 우리만 이렇게 잘 먹고 잘살지 말고, 청년들이 다 같이 한번 잘 먹고 잘살아보자, 라고요. 그래서 친구들을 모으고 청년장사꾼의 나아갈 길을 분명히 세울 수 있었죠."

장사를 하며 잇속만 따지기보다 함께 잘 먹고 잘사는 세상을 만들고 싶다는 청년들, 그러나 처음부터 성공가도를 달린 것은 아니었다. 초기엔 창업자금이 부족해 한푼이라도 아끼기 위해 인테리어 공사까지 직접 했다. 하루에 열다섯 시간 이상을 일하고 좁은 방 안에서 합숙생활까지 하며 고달픈 생활을 이어갔다. 그리고 깨달았다. 장사라는 판과 인생이라는 판이 크게 다르지 않음을. 그에게 장사는 인생의 축소판 같았다. 희로애락이 반복되는 삶 그 자체였다. 힘들다고 삶을 포기할 수 없듯, 어렵다고 장사를 포기할 순 없는 것이었다.

"지금도 새로운 매장의 계약을 앞두고 있지만 실패하면 어떡하지, 라는 고민은 매일매일 해요. 그럼에도 불구하고 계속 도전하는 이유는 처음 시작할 때부터 가진 게 없었기 때문이에요. 지금도 외부에서 봤을 때는 매장도 많고 그럴싸해 보이지만 다 빚이고 대출이거든요. 그래서 가진 게 없다보니까 잃을 게 없어요. 지금 당장 도전해서 설령 지금 가지고 있는 것들이 0이 되거나 -1000이 된다고 해도 경험은 얻을 수 있으니 일단 고! 못 먹어도 고! 그런 생각으로 장사하고 있습니다."

윤규씨에게는 20대 젊은이답지 않은 노련함이 배어 있다. 그 노련함은 거저 생긴 것이 아니다. 소중한 경험에서 얻어낸 것이다. 도서관에서 스펙 쌓기에 바쁜 또래와 달리 그는 축구경기장에 가서 무릎담요를 팔기도 하고 채소가게에서 장사의 내공을 쌓으며 장사꾼으로서의 삶의 초석을 닦았다. 평범한 직장인보다 고달픈지언정 장사의 스페셜리스트가 되기로 작정했다. 그에게 장사는 저절로 굴러들어온 일자리가 아닌 숱한 시행착오 속에서 스스로 갈고닦은 천직이다.

"저는 창업을 선택한 게 아니고 비취업의 길을 먼저 선택했어요. 나쁘지 않은 학교에, 나쁘지 않은 과에, 나쁘지 않은 성적에, 그리고 대외활동을 굉장히 많이 했는데도 불구하고 제가 기업에 가서 벌 수 있는 수입, 그리고 살아갈 수 있는 라이프스타일이 너무 뻔하게 고정된 건 아닌가 생각했어요. 저는 그렇게 정해진 삶을 살고 싶지 않았어요. 그래서 세일즈맨, 영업, 창업…… 여러 가지 길 중에서 제가 가장 잘할 수 있는 게 뭔지를 경험하기 위해서 많은 활동들을 했던 거죠. 그 활동 중에서 장사가 저와 제일 잘 맞았고요."

윤규씨와 청년장사꾼들의 거침없는 도전 덕분에 창업을 희망하는 젊은이들의 발길도 늘고 있다. 청년장사꾼은 단순히 아이템을 정해주고 매장 오픈을 돕는 것뿐 아니라 교육을 통해 공동체 마인드와 팀워크의 중요성을 함께 키워주고 있다. 이들은 장사꾼을 자처하지만 이들이 꿈꾸는 미래는 장사가 전부가 아니다. 대형 프랜차이즈의 공세 속에서 청년장사꾼이란 브랜드의 힘을 키워 사람들에게 더 큰 신뢰를 줄 수 있길 꿈꾼다.

"어른들이 보기엔 아무것도 모르는 젊은이들이겠지만 우리도 다 같이 잘 먹고 잘사는 것에 대해서 어떤 역할을 할 수 있다는 사실을 보여주고 싶어요. 그래서 단순히 매장 한 개를 성공시키는 것에 그치지 않고 우리 주변, 옆집 아줌마 혹은 그 옆 만두가게 사장님, 그 옆옆집 생선구이 아주머니한테도 우리가 좋은 영향을 끼칠 수 있다는 걸 보여주고 싶었어요. 앞으로 옷가게든 음식점이든, 어떤 종류든 업종에 상관없이 청년장사꾼 마크만 붙어 있으면 젊은 사람들이 정말 열심히 해서 가게를 냈고, 그곳에 가면 친절하게 서비스를 잘 받을 수 있는 것은 물론 최고 품질의 상품을 적정한 가격에 살 수 있구나, 라는 믿음을 퍼뜨리고 싶습니다."

청년들의 꿈과 열정, 패기를 가득 싣고 낡은 트럭과 작은 봉고차가 새로운 둥지를 향해 출발한다. '마음만은 벤츠'라고 새겨넣은 그 봉고차의 모습이 청춘들과 꼭 닮았다. 아직은 어리고 작은 장사꾼이지만 꿈만큼은 그 어떤 글로벌 기업보다 크고 찬란한 청춘들, 세상을 향해 거침없이 날리는 그 유쾌한 하이킥이 작은 장사꾼들의 세계를 어떻게 변화시킬지 기대된다.

매장 크기는
Minor
우리의 꿈은
Major
- 청년장사꾼

: 꿈의 높이만큼 오르고 열정의 크기만큼 얻는다

청년장사꾼의 첫번째 매장이자 그들의 사업 기지와 다름없는 곳, 이태원 골목길의 카페 '사원 앞 카페 벗'이다. 이곳에선 열정감자나 열정꼬치에서 볼 수 있는 청년장사꾼들의 땀방울 대신 지역을 향한 그들의 관심과 아이디어가 가득하다. 작은 공간에 큼지막한 테이블 하나와 의자들이 전부인 회의실 같은 카페, 청년장사꾼들의 전용 카페쯤으로 쓰이는 곳인가 했더니 그것도 아니란다. 이미 매출의 70% 이상을 지역 주민들이 채워줄 정도로 동네 사랑방으로 자리매김한 어엿한 카페다. 청년장사꾼에서 전략기획을 담당하고 있다는 김연석씨가 이곳의 정체를 밝히기 위해 나섰다.

"보시다시피 테이블이 이거 하나예요. 테이블을 여러 개 놔두면 상업적인 면에서는 이득이 되겠죠. 더 많은 손님을 받을 수 있을 테니까요. 그런데도 이 불편한 큰 테이블을 고집하는 건 이게 사람들 사이의 소통을 만들어주기 때문입니다. 모르는 사람들이 와도 마주 보게 되고, 그러면 괜히 무슨 이야기든 나누게 되고, 자연스럽게 이런 일들이 이루어지도록 공간적으로 의도한 거죠."

청년들의 이러한 진심은 골목길을 가로질러 동네 전체로 통했다. 먼저 동네의 아티스트들이 모여들기 시작했고, 청년장사꾼들과 함께 마을 문화 프로젝트를 기획하기 시작했다. 그 성과물로 지난 연말 '월간 우사단'이라는 마을신문을 발행하고 동네 장터도 열었다. 이태원에 위치한 덕분에 외국인 주민들의 발길도 이어지고 있어 그야말로 경계를 넘는 네트워크의 장이 되고 있다. 연석씨는 동네의 작은 장사꾼들이야말로 지역의 생기를 불어넣고 경제를 일으키는 파수꾼이라고 믿는다.

"저희는 장사를 하는 장사꾼이잖아요. 그런데 장사꾼이야말로 마을에서 사람들을 가장 많이 만나는 사람이라고 생각해요. 그러니 단순히 장사만 할 게 아니라 동네의 문화를 만들어갈 책임도 있는 거죠. 문화라는 게 고답적인 예술만을 의미하는 것이 아니라 전체적인 큰 분위기이자 흐름이잖아요. 저희는 그 흐름의 물꼬를 트는 장사꾼인 거죠."

포틀랜드의 '해피 니트'에서 털실과 이야기가 함께 풀리듯, 이들의 카페에선 커피향과 사람 사는 이야기가 어우러져 퍼져나간다. 어쩌면 작은 가게의 경쟁력은 중심을 향하기보다 주변에서 보이지 않는 가치를 발견해나갈 때 더 강한 결속력으로 형성되는 것인지도 모른다. 이태원 번화가에서 한참이나 떨어진 이 작은 골목길에서 문화를 파는 카페가 열리고 쇠락해가던 동네 시장통에서 소박하지만 열정으로 튀긴 감자와 구운 꼬치를 파는 가게가 열렸다. 지금 청년장사꾼들은 경쟁이란 이름에 밀려 가려 있던 서울의 거리를 다시 생동하게 하고 있다. 청춘의 푸른 에너지가 빛바랜 도시에 작지만 강한 또하나의 가능성을 선보이고 있는 것이다. 연석씨 또한 그 가능성을 믿고 청년장사꾼에 뛰어들었다.

"제가 창업을 해야겠다고 결심하게 된 이유는 단순해요. 지금까지 이런 일을 하는 회사가 없었거든요. 장사와 문화, 사람과 공간이 어우러지고 결합돼서 시너지를 발휘하는 적극적인 필드가 없었던 거죠. 그런 회사가 있었다면 아마 저는 그곳에 취직해서 일하고 있었을지도 몰라요. 그런데 없으니까, 보이지 않으니까, 제가 만들어서 하는 게 당연하지 않나요? 그래서 이태원에 이런 카페가 탄생할 수 있었던 거죠."

매일 출퇴근하는 직장인들의 삶을 함부로 폄하해선 안 된다. 진정으로 일하고 싶은 필드가 없을 때, 대부분의 사람들은 그 필드에 자신을 맞추어 일과 삶의 타협점을 만들며 살아가고, 그 소리 없는 타협들이 우리가 사는 세상의 균형을 맞춰주고 있기 때문이다. 그러나 한편으로는 누군가의 일탈 없이는 새로운 필드는 만들어지지 않는다. 마이크로 창업의 진수를 보여주고 있는 청년장사꾼들의 선택이 모든 젊은이들을 위한 대안은 아니겠지만 분명한 것은 그들의 도전이 청년들의 선택지를 넓혀주고 있다는 것이다. 청년장사꾼은 창업이 은퇴한 기성세대의 전유물이 아니라 20대에도 충분히 안전하게 뛰어들 수 있는 필드가 될 수 있음을 그 작은 가게들을 통해 증명하고 있다. 누구든지 꿈의 높이만큼 오르고 열정의 크기만큼 얻을 수 있는 필드 말이다. 윤규씨가 시원한 커피를 마시며 일에 대한 자신의 생각을 보탠다.

"제게 일은 감동이에요. 장사하면서 감동을 주고 저 또한 일하면서 감동을 받아요. 왜냐하면 땀 흘려 일해 번 돈으로 우리 가족에게 맛있는 것도 사주고 여자친구랑 여행을 가는 것도 감동이고요. 같이 일하는 친구들과 회식을 할 수 있는 것도 감동이에요. 그리고 저희 사업이 번창해서 주변 상권에 좋은 영향을 끼치는 것도 감동이고, 제가 일을 잘해서 청년들한테 의미 있는 영향을 줄 수 있다면 그 또한 사회에 감동을 전하는 거겠죠. 결국 작고 사소하더라도 어떻게 하면 주변 사람들한테 감동을 줄 수 있을까, 라는 고민을 하는 게 중요한 것 같아요. 저에겐 그 감동을 주는 방법이 바로 일이었어요. 그리고 그 일 중에서 내 일은 장사고요. 내 일인데, 내 일이니까, 열심히 안 할 수가 없죠."

사회생활에 치이고 찌들다보면 일에서 감동을 찾기란 쉽지 않다. 어쩌면 그것은 단지 일이 힘들고 고단하기 때문만이 아니라, 우리가 일에서 너무 거창한 감동을 찾기 때문인지도 모른다. 청년장사꾼들은 어마어마한 부와 명성을 바라지 않는다. 대신 작지만 따뜻한 감동을 나눌 줄 알고 또 적극적으로 감동받을 줄도 안다. 잠자리에 들 때면 눈을 감고 '내가 오늘 열심히 했나?'라고 매일 하루를 되짚어본다는 청년장사꾼. 앞으로 그들이 팔게 될 열정엔 또 어떤 감동이 덤으로 담기게 될까? 내 일이 감동적이라고 말하는 청년들의 세상, 상상만으로도 기쁘지 아니한가!

제2부

나만의 천직을 찾기 위한 일자리 전략

: MY JOB

격변하는 글로벌 잡트렌드의 흐름 속에서 어떻게 하면 나만의 천직을 만들어낼 수 있을 것인가? 구체적으로 어떤 준비를 해야 하며, 어떻게 기존의 고정관념을 바꿔 나가야 할 것인가? 나만의 일자리, '내 일'을 찾기 위한 전략적 사고가 그 어느 때보다도 필요한 시기다. 다섯 가지로 정리되는 '나만의 일자리 찾기 전략'은 다음과 같다. 1) 정보의 새로운 활용을 통해 구인구직의 불일치를 줄일 것Mismatch, Good-bye!, 2) 자신만의 특화된 업무역량을 만들어 개인의 업무 브랜드를 창조할 것Your Brand is Your Power, 3) 변화하는 업무환경에 적응하고 새로운 역량을 익히기 위해 직무관련 학습을 계속할 것Joy of Learning, 4) 새롭게 형성되는 세계시장을 겨냥해 글로벌 잡마켓을 겨냥할 것Over the Global Border, 5) 지속 가능성과 차별화된 독창성을 위해서라도 행복을 위해 일할 것Business for Happiness. 이들 키워드의 영문 첫 글자를 모으면 MY JOB, '내 일'이다.

Mismatch, Good-bye!

굿바이, 미스매칭! 구인구직의 패러다임이 바뀐다

M Y J O B

:M

매년 취업시즌마다 전국의 대학 캠퍼스와 전시장에는 인재를 찾는 기업들과 일자리를 찾는 구직자들이 한바탕 난장을 벌이는 크고 작은 취업박람회들이 열린다. 수많은 기업들과 구직자들이 서로를 원하지만 딱 맞는 조합을 찾기란 쉬운 일이 아니다. 그런 면에서 구인-구직은 결혼과 많이 닮았다. 그렇게 수많은 선남선녀가 있어도 좋은 배필로 맺어지기가 쉽지 않다. 기업들은 좋은 인재를 찾기가 어렵다고 불평하고, 구직자들은 나를 원하는 기업이 없다고 하소연한다. 구직자와 기업 간의 짝 찾아 헤매기, 일자리 시장의 '미스매치'다.

통계에 의하면 일본 기업의 80%, 미국 기업의 50% 이상이 미스매치 때문에 필요한 인재를 뽑지 못하고 있는 실정이라고 한다. 우리나라도 예외는 아니다. 대학 진학률이 70%를 넘을 만큼 학력 인플레가 심한 우리나라의 경우 구인-구직자 간의 눈높이 차이가 크고 그것이 미스매치를 심화시키기 때문이다. 더구나 청년 구직자들이 생활이 편리한 대도시 소재의 기업과, 임금과 복지 등 노동조건이 좋은 대기업의 사무직종을 선호하는 데 반해, 일자리 시장의 큰 비중을 차지하고 있는 중소기업들은 지방에 위치하거나 노동조건이 상대적으로 좋지 않아 미스매치 현상은 날로 심각해지고 있다. 미스매치 때문에 발생하는 실업자 수만 40만 명에 이른다는 통계도 있다. 전체 실업자 수의 절반에 이르는 수치로, 미스매치만 없앨 수 있다면 당장 실업률을 절반으로 줄일 수 있다는 의미다(2012년 경기개발연구원 연구자료).

미스매치는 이처럼 일자리 문제의 핵심 키워드 중 하나다. 미스매치를 해결할 열쇠, 새로운 대안의 모색이 시급하다.

미국 스탠퍼드대 앨빈 로스 교수

기업과 구직자의 잘못된 만남? 일자리 '매칭'으로 풀어라

그래서 미국경제학회에서는 신호 메커니즘을 만들었습니다.
사인은 미국경제학회의 인증도장과도 같은 것인데
1인당 단 두 번만 허용합니다.
수백 건의 입사지원서를 제출할 수는 있지만
그 신호는 오직 두 번만 사용할 수 있는 거죠.
앨빈 로스(노벨경제학상 수상자)

한 조사에 따르면 직장인들 대부분이 현재 주어진 업무에 비해 자신들이 스펙을 지나치게 많이 쌓았거나 스펙이 업무와 호응되지 않는다고 여긴다. 이들은 결국 다른 직장을 찾아 떠나게 될 확률이 높다. 미스매치는 이처럼 신규 구직시장뿐만 아니라 재직자들에게도 영향을 미친다. 미스매치는 기업에도 재앙이다. 이직률이 높아지며 채용 비용이 늘고, 필요한 자리를 다시 채우려면 상당한 공백을 감수해야 하기 때문이다. 미국 스탠퍼드 대학의 앨빈 로스 교수는 미스매치 연구로 2012년 노벨경제학상을 수상했다. 그는 우수한 인재들이 명문대학에 들어가지 못하고, 능력 있는 의사들이 미국 주요 병원에 뽑히기 위해 한참을 기다려야 하는 이유를 자신의 수학적 모델로 명쾌하게 설명해 세계 경제학계에 새로운 로드맵을 제시했다.

"우리 연구진은 시장을 서로 매칭하는 문제에 대해 고심했어요. 매칭마켓matching market은 가격이 지배적인 결정요인이 아니라는 점에서 일반적인 상품시장commodity market과는 다른 개념이죠. 상품시장에서는 경제 사정에 맞게 원하는 것을 구매할 수 있지만 매칭마켓에서는 원하는 대로 선택할 수도 없거니와 선택의 대상이 되어야 하는 문제가 발생합니다. 예컨대 대학입시가 바로 매칭마켓이라 할 수 있죠. 원한다고 누구나 하버드 대학에 진학할 순 없고 반드시 입학허가가 필요하죠. 노동시장도 마찬가지입니다. 원한다고 누구나 구글에서 일할 수는 없죠. 반드시 사용자의 채용이 필요해요. 원하는 대로 선택이 불가능한 겁니다."

일자리 시장의 본질은 매칭마켓이다. 가격과 품질만 맞으면 언제든지 제품을 구입할 수 있는 보통의 상품시장과는 다르다. 일자리 시장에서는 기업이 구직자들을 조건만 보고 그냥 뽑거나 구직자가 기업을 선택한다고 해서 바로 취직이 될 순 없기 때문이다. 서로 원해야 한다. 이런 쌍방 선택 과정에서 일어나는 미스매치를 줄이기 위해서는 매칭마켓의 작동 메커니즘을 이해하고 정보의 유통과 상호 간 신호체계의 작동을 원활하게 만들어줘야 한다. 실제로 미국경제학회는 새로운 신호체계를 도입해 이러한 매칭마켓의 부조화를 상당히 완화했다고 한다.

"매년 1월 초, 신참 경제학자들이 모이는 대규모 채용박람회가 열립니다. 채용을 원하는 대학의 학과마다 현장 면접을 실시하고 추후 캠퍼스에서 최종 선발자들에 대한 본격적인 면접이 이뤄지기도 하죠. 그런데 이런 채용행사에서조차 약 20명 정도가 최종 면접에 이른 것이 고작이었어요. 그러면서도 다수의 면접관들에게 너무 많은 시간과 노력을 소요하게 만들죠. 수백 명의 지원자 중에서 면접이 가능한 그 20명을 추려내기 위한 행사치고는 너무 비효율적이에요. 그 한 가지 원인은, 요즘엔 구직 신청이 매우 간단해졌기 때문에 박사학위 소지자들은 한 사람당 최고 100곳까지도 지원하기 때문입니다. 결국 일자리 하나마다 수백 명이 지원하게 되는 것이죠. 그래서 미국경제학회에서는 신호 메커니즘signaling mechanism을 만들었습니다."

이것은 흡사 한국의 취업시장이나 과거 대학 수시입시와도 비슷한 상황이다. 구직자 1인당 100곳 이상의 기업까지도 일단 '찔러보는' 상황에서 경쟁률은 치솟지만 정작 기업이나 대학은 '진정으로' 들어오기를 희망하는 인재들은 받을 수 없게 되는 것이다. 이에 새로 도입한 신호 메커니즘은 정말 간절히 원한다면 제한적인 '특별한 신호'를 보내기로 약속하는 것이다.

"구직자가 정말 원하는 대학에 면접을 요청할 때는 이메일로 특별한 사인을 보냅니다. 사인은 미국경제학회의 인증도장과도 같은 것인데 1인당 단 두 번만 허용합니다. 수백 건의 입사지원서를 제출할 수는 있지만 그 신호는 오직 두 번만 사용할 수 있는 거죠. 대학들은 접수된 수백 통의 지원서 중에서 구직자가 허용된 단 두 개의 신호 중 하나를 자신의 대학에 보냈다면 그 진지한 관심도와 열의를 인정해 더 쉽고 빠르게 면접을 고려할 수 있게 됐습니다."

실제로 신호 메커니즘은 현재 미국의 공공기관과 결혼 중개업체들에 퍼져 적극적으로 활용되고 있다고 한다. 일자리 시장과 마찬가지로 결혼시장, 교육시장 등 단순 상품시장이 아닌 매칭마켓에 속한 여러 분야에서 최적의 파트너를 감별하기 위한 변화가 시작된 것이다. 채용공고를 내면 일주일에 무려 7만 5천 명의 입사지원서가 도착한다는 구글 또한 미스매치를 최대한 줄이기 위한 새로운 채용 전략을 운영중이다. 구글은 자체 개발한 인재 추적 프로그램Candidate Tracking Program을 활용해 인터넷상에 흩어져 있는 방대한 인재들의 정보를 체계적으로 분류하고, 구글에 적합한 인재들만 추려낼 수 있다고 한다. 이 자료를 바탕으로 600명의 채용 전문가들이 필요한 인재와 접촉해 미스매치로 인한 손실을 줄이고 있다. 아직 완전한 대안은 아니지만, 서로의 '잘못된 만남'이 각자의 문제가 아닌 시스템 그 자체의 문제라는 인식만으로도 일자리 문제를 풀 수 있는 길이 열린 셈이다.

최근 정보 처리와 이동통신 기술이 비약적으로 발달하면서 구인구직 시장의 미스매치를 해결하기 위한 새로운 시스템이 속속 선보이고 있다.

영국 파트타임 직업소개소 '슬리버스 오브 타임'

당신에게 주어진 '시간의 조각들'로 돈을 벌게 해드립니다

제가 원하는 건 기존에 존재해오던 자본주의가
좀더 생동감 있고 세분화된 자본주의의 모습으로 전환되는 것입니다.
그래서 작은 규모의 일꾼들이 커다란 규모의 일꾼들과
똑같이 경쟁할 수 있게 된다면 정말 기쁠 것 같아요.
웡햄(슬리버스 오브 타임 책임자)

영국 웨스트 런던, 이곳에서 한 채용정보 회사가 영국 전역이 주목하는 새로운 일자리 매칭 시스템을 운영중이다. 영리보다 사회 전체의 질을 높이기 위해서 활동한다는 사회적 기업, '슬리버스 오브 타임'이다.

'Slivers of Time', 시간의 조각들이란 뜻을 지닌 이름처럼, 이곳은 풀타임 근무를 할 수 없는 구직자들을 위한 파트타임 직업소개소이다. 이곳의 직업 소개 과정은 특별하다. 우리나라의 인력사무소처럼 일용직 일자리를 중개해주는 곳이지만 모든 과정이 온라인에서 진행된다. 웹사이트를 통한 구인구직은 즉각 실제 업무 현장으로 이어져 서로의 조건을 조율하고 곧바로 인력 채용이 이루어진다. 웹사이트에 가입된 모든 회원이 매일 모바일로 스케줄을 입력해 자신이 일할 수 있는 시간을 슬리버스 오브 타임과 실시간으로 공유하기 때문이다. 구직자 개인이 어떤 일을 잘하고 못하는지에 대한 정보도 온라인상에 공개되어 있어서 고용주가 원하는 구직자를 쉽고 빠르게 채용할 수 있다. 시간을 쪼개서 일해야 하는 사람들에게 구직활동의 수고로움을 덜어주고 채용 과정에서 지체되는 시간을 줄여주는 똑똑한 직업소개소인 셈이다. 이곳의 책임자인 윙햄은 정규직 노동시장에서 소외된 사람들에게 보다 안정적으로 일자리를 지원해주기 위해 웹사이트를 열었다고 한다.

"예를 들어 아침에 일어났는데 갑자기 돈과 그 돈을 벌 일자리가 필요한 경우, 당신이 일할 수 있는 시간에 바로 일자리를 알아봐드려요. 만약 오늘은 네 시간 정도 일할 수 있고 내일은 확실치 않지만 두 시간 정도 일할 수 있다든지 또는 당일 오후에 바로 일하길 원한다든지, 이런 식으로 시간을 쪼개서 일자리를 구하고자 하는 사람들이 런던엔 너무도 많거든요. 하지만 이런 사람들을 지원해줄 수 있는 직업소개소가 없다면 그들은 노동시장에서 제외될 수밖에 없죠."

그렇다면 이곳의 회원들은 왜 안정적인 풀타임 일자리 대신 파트타임을 선택할 수밖에 없는 걸까?

"모든 사람이 원하는 직장을 얻을 수 있다면 저희가 이런 일을 할 필요가 없겠죠. 하지만 현실은 그렇지 않아요. 풀타임으로 일할 수 없는 사람들이 정말 많습니다. 예상치 못한 병에 걸렸다거나, 부양해야 할 가족이 있다거나, 장애아를 키우는 경우 등등, 일반 직장에서 일할 수 없는 상황들이 있어요. 하지만 일을 아예 안 할 수는 없죠. 그런 상황에서 저희가 도움을 드리는 거예요. 그들은 아예 일을 포기하는 것보다는 가능한 여건하에서 조금씩이라도 하는 게 낫다고 생각하고 있어요. 저희도 그렇게 생각하고요."

어쩔 수 없는 상황 탓에 매일 정해진 시간에 일할 수 없는 사람들에게 탄력적인 일자리는 중요한 생계수단이다. 더구나 그들은 일을 구하러 다닐 시간조차 넉넉하지 못한 경우가 많아 자신과 맞는 일을 찾아내기조차 어렵다. 슬리버스 오브 타임은 이러한 구직자들의 쪼개진 시간을 데이터화해 고용주에게 공개하는 방식으로 파트타이머들의 고충을 해결해준다.

고용주들 또한 고용 과정의 효율성을 높일 수 있어 이곳을 신뢰하며, 웹사이트를 통해 필요한 인력을 직접 매칭한다. 자신이 필요한 시간에 근무 가능한 구직자들의 리스트를 보고 그들의 과거 경력과 지불해야 할 임금 수준을 확인할 수 있다. 고용주가 원하는 사람을 클릭하면 시스템이 구직자에게 즉시 문자메시지를 자동 전송한다. 구직자는 다시 문자로 Yes 또는 No라고 대답만 하면 된다. 모바일과 인터넷을 적극 활용해 시스템을 업그레이드하고 온라인상에서 현장성을 높임으로써 구직자와 고용주 간의 미스매치를 확실하게 줄이고 있는 것이다.

"제가 원하는 건 기존에 존재해오던 자본주의가 좀더 생동감 있고 세분화된 자본주의의 모습으로 전환되는 것입니다. 그래서 작은 규모의 일꾼들이 커다란 규모의 일꾼들과 똑같이 경쟁할 수 있게 된다면 정말 기쁠 것 같아요."

이제 이곳의 웹사이트를 찾는 방문객은 하루 평균 6만 5천여 명에 달한다. 런던에서 슬리버스 오브 타임은 파트타이머들의 확실한 인력사무소로 활약하며, 개인이 풀 수 없었던 일자리 매칭 문제를 함께 풀어가고 있다. 윙햄의 표현처럼 작은 일꾼들의 세계가 큰 일꾼들의 세계를 향해 미스매치를 해결할 수 있는 새로운 일자리 시스템의 가능성을 제시하고 있는 것이다.

지금까지 파트타이머는 불안정한 일자리의 대명사로 꼽혀왔다. 그러나 새로운 정보통신 기술을 적용해 스케줄을 공유함으로써 실제로 일할 수 있는 사람을 우선 선별하고, 고용주가 원하는 직종에 능숙한 구직자를 한번 더 선별한 후, 구직자와 고용주가 바로 만나는 원스톱 구인구직 시스템이 이제 새로운 균형을 맞춰주고 있다. 일자리의 미스매치를 줄여주면서 불안정했던 일자리가 지속 가능한 일자리로 변해가고 있는 것이다.

구직자들을 위한 SNS 전문가 조슈아 월드먼 & 비즈니스 SNS 링크드인

진심 관심 호기심으로 똘똘 뭉친 당신, SNS로 취업하라

나는 구직자들이 반드시 대답해야 할 세 가지 질문이 있다고 생각해요.
첫째, 당신이 그 일을 할 수 있는가?
둘째, 당신은 누구인가?
셋째, 당신에게 동기부여가 되어 있는가?
스펙은 첫번째 질문에 대한 대답의 일부에 불과합니다.
가장 중요한 건 동기입니다.
그리고 그 동기를 가장 확실하게, 지속적으로 보여줄 수 있는 비밀병기가 바로 SNS죠.
조슈아 월드먼

지난 2009년까지 세계에서 브랜드 가치가 가장 높은 기업 1위로 무려 13년간 꼽힌 기업이 있다. 세계인의 입맛을 사로잡은 음료회사 코카콜라이다. 코카콜라가 2008년 한 해 동안 인재 채용을 위해 쓴 비용은 무려 1500만 달러에 달한다고 한다. 다들 선망하는 최우량 기업에서도 좋은 사람을 뽑기 위해 어마어마한 투자를 한다는 사실을 잘 보여준다. 직원을 잘못 채용하면 이를 바로잡는 데 엄청난 비용이 발생한다. 이것은 단순히 채용 과정에서 소모한 비용의 손실이 크다는 사실을 넘어, 그 사람의 재능을 개발하기 위해 기업이 투자한 노력과 시간을 전혀 보상받지 못한다는 것을 의미한다. 실제로 한 신입사원이 입사 3개월 안에 퇴사할 경우, 기업에는 그 사람의 1년 반 이상의 임금에 해당하는 손실이 발생한다는 조사 결과도 있다.

그런데 최근 코카콜라에서 놀라운 변화가 있었다. 인재 채용에 드는 비용을 2008년의 절반도 안 되는 700만 달러로 크게 절약한 것이다. 게다가 입사자들의 만족도까지 높아져 이직률이 눈에 띄게 줄었다고 한다. 코카콜라에 대체 무슨 일이 있었던 것일까?

답은 소셜네트워크서비스, SNS에 있었다. 코카콜라가 채용절차에 SNS를 활용하기 시작했던 것이다. 이제 SNS는 개인의 영역을 넘어 취업의 영역까지 그 영향력이 점차 확대되고 있다. 보통 새로운 인맥을 쌓거나, 기존 인맥과의 관계를 강화시키기 위해 사용되는 SNS의 특성이 커리어, 채용, 비즈니스 등 전문 분야와 합쳐지며 새로운 구인구직 시스템으로 진화한 것이다. 기업과 구직자가 보다 쉽게 서로를 매칭할 수 있는 세계적 규모의 초대형 채용박람회장이 온라인에서 새롭게 열리고 있다. 그 신세계 속으로 떠나는 데는 짐가방도, 여권도 필요 없다. 그저 클릭하고 로그인만 하면 순식간에 입장할 수 있다.

: 잘 키운 SNS 하나, 열 스펙 안 부럽다

기업의 입장에서 소셜미디어는 그야말로 따끈따끈한 실시간 인재정보를 얻을 수 있는 보물창고다. 더구나 즉각적인 피드백까지 가능하다. 인사담당자가 지원자에게 물어보고 싶은 것이 있다면 굳이 면접을 진행할 필요 없이 지원자의 페이스북이나 트위터에 찾아들어가 물으면 된다. 게다가 SNS에는 이력서나 자기소개서에서는 결코 볼 수 없는 더 솔직하고 풍성한 내용들이 가득하다. 지원자들도 이러한 사실을 잘 알고 있기 때문에 자신에 관해 알리고 싶은 모든 것을 SNS에 전시한다. 이와 같은 SNS의 특징들은 기존의 오프라인 채용방식에서 발생했던 불필요한 미스매치들을 현저하게 줄여준다. 기업 인사담당자가 이력서와 면접만으로 지원자를 평가하는 데서 한 걸음 더 나아가, SNS를 통해 공유된 지원자의 전문성, 주위의 평판, 과거의 경력 등을 보다 구체적으로 확인해 지원자의 실제 성격과 특성을 쉽게 파악할 수 있기 때문이다.

인터넷과 모바일 강국인 우리나라에서도 최근 SNS를 고려한 채용이 확산되고 있다. 한 포털사이트에서 기업 인사담당자 397명을 대상으로 조사한 결과 52%가 '지원자의 SNS 활용'을 평가한다고 답했을 만큼(2012년 취업포털 사람인 조사자료), 이제 SNS는 채용시장의 확실한 대세로 자리잡고 있다.

과연 SNS와 같은 소셜미디어가 구인구직 과정에서 어떻게 활용될 수 있을까? 미국 포틀랜드의 한적한 마을에서 왕성하게 일자리 관련 컨설턴트로 활동하고 있는 조슈아 월드먼이 좋은 예다. 그는 연이은 실업의 불행을 SNS로 극복하고 그 경험을 토대로 구직자들을 위한 SNS 이용 전략을 『소셜미디어로 일자리 찾기Job Searching with Social Media for Dummies』라는 책으로 엮어 세계적으로 유명해졌다. 조슈아는 불과 몇 년 전까지만 해도 한 해에 두 번이나 직장에서 해고를 당한 불운하고도 무능한 실직자였다. 연이은 해고도 충격이었지만 다시 직업을 구하는 과정은 더 큰 충격이었다고 한다. 그가 원하는 회사와 그를 원하는 회사 간의 간극이 너무도 컸기 때문이다.

그는 수많은 인사담당자들과 면접을 치렀지만 채용에 이르지 못했고 그때마다 수천 편의 글을 썼다. 그리고 그것들을 자신의 웹사이트에

SW 79 AVE
STOP

올리고 더 많은 사람들과 의견을 나누기 위해 SNS를 활용했다. 그러자 놀라운 일이 일어나기 시작했다. 그가 이력서를 제출하기도 전에 기업들이 먼저 면접 제의를 건네기 시작한 것이다. 조슈아는 취업의 지름길을 안내해준 SNS의 활용 비법을 이렇게 소개한다.

"단순히 계정을 만드는 것만으로는 당연히 안 되죠. 일단은 계정을 만들고, 당신이 무슨 일을 해온 사람인지, 원하는 일자리가 무엇인지, 그런 자리에 내가 어느 정도의 경쟁력을 가지고 있는지를 소개하는 것이 기본입니다. 많은 사람들이 그저 SNS가 유행이고 다들 페이스북을 하니까 나도 한다는 식으로 뛰어드는 경우가 많아요. 그리고 자신이 말하고 싶은 것이라면 무엇이든 포스팅합니다. 하지만 문제는 그게 출판 매체publishing media라는 것이죠. 많은 사람들이 그 점을 잊고 페이스북을 그냥 장난감이나 낙서판 같은 것으로 생각하는 경향이 있습니다. 출판 매체는 일관성이 있어야 해요. 당신이 포스팅한 것들 중 하나가 채용담당자가 원했던 정보라 할지라도 나머지 아홉 개가 실없는 농담이어서는 안 된다는 말입니다. 포스팅한 모든 것이 당신이 누구인지, 추구하는 가치가 무엇인지를 보여주니까요."

소셜미디어를 활용해 구직을 하기 위해선 매체의 속성을 분명히 이해하고 있어야 한다. 마구잡이식 접근이 아닌 매칭 시스템matching system이라는 매체의 특성을 알고 자신만의 SNS 채널을 관리해야 한다. 중요한 것은 나라는 사람의 일관성과 지향점을 보여줄 수 있는가이다. 온라인 세상에서 내가 무엇을 링크하고, 어떤 것을 포스팅했느냐는 익명의 바다 위에서 내가 누구인지 어디를 향하는지 보여주는 조명탄과도 같기 때문이다. 물론 개인적인 프라이버시의 영역에서조차 꼭 이렇게까지 해야 하는가 반문하는 이들도 있을 것이다. 하지만 망망대해 위에서 길을 잃었을 때, 아무도 나를 발견하지 못한다면 멀리 지나가는 큰 배를 향해 조명탄 하나는 쏘아올릴 수 있어야 하지 않겠는가? SNS는 망망대해와 같은 일자리 시장에서 미스매치를 줄여주고 보다 분명하게 나를 띄울 수 있는 가장 사적이면서 또한 공적인 조명탄의 기능을 할 수 있다.

미국의 유명 대학에서 MBA 학위까지 지니고 있던 조슈아의 경우도, 스펙이 실직을 막아주진 못했다. 취업에 골인하긴 했지만 매번 다시 골라인 밖으로 튕겨나가곤 했다. 그는 자신과 맞지 않는 그라운드 위에서 엉뚱한 골대를 향해 계속 공을 차고 있었던 것이다. SNS는 그 잘못된 선택을 바로잡아주었다. 그가 무엇을 잘할 수 있는가라는 명제에 답을 준 것은 바로 SNS를 통해 그를 알게 된 기업의 채용담당자들이었다. 그의 진심과 관심과 호기심이 담긴 SNS가 변방의 그를 비로소 중심으로 이끌어준 셈이다.

"어쨌든 스펙을 더 많이 쌓는 게 최선이라는 생각에 동의하지 않습니다. 나는 구직자들이 반드시 대답해야 할 세 가지 질문이 있다고 생각해요. 첫째, 당신이 그 일을 할 수 있는가? 둘째, 당신은 누구인가? 셋째, 당신에게 동기부여가 되어 있는가? 스펙은 첫번째 질문에 대한 대답의 일부에 불과합니다. 가장 중요한 건 동기입니다. 누군가가 그 일을 꼭 하고 싶어하는 동기를 보여줄 수 있다면 그 사람이 신입사원이 될 겁니다. 따라서 자신이 장기적인 관심을 갖고 있고 단지 현상 유지를 넘어 자기만의 비전이 있음을 보여준다면 그는 회사가 요구하는 것 이상의 자격을 갖추고 있는 셈이죠. 그리고 그 동기를 가장 확실하게, 지속적으로 보여줄 수 있는 비밀병기가 바로 SNS죠."

SNS 공간은 지극히 개인적인 공간이면서 온라인 세상에 완전히 오픈된 공간이기도 하다. 개인적인 감정이나 표현을 자유롭게 드러낼 수 있지만 그에 대한 책임 또한 온전히 자신의 몫으로 돌아온다. 그러니 오히려 자신의 발등을 찍는 도끼가 될 수도 있다. 결국 SNS 자체가 중요한 게 아니다. 그 가상의 채널을 통해 드러나는 그 사람의 관심사와 성향, 노력의 발자취가 중요한 것이다. 세상을 향해 자신만의 신호를 쏠 수 있는 SNS, 이 새로운 채널이 숱하게 차고 넘치는 스펙을 이길 수 있는 힘이다. 그리고 그 힘을 펼칠 수 있는 무대가 점점 커지고 있다. 불특정 다수를 향한 개인적인 매체인 페이스북이나 트위터와 달리 전문 인맥을 겨냥한 소셜네트워킹의 등장, '비즈니스 SNS'가 구인구직 시스템의 혁신을 불러오고 있기 때문이다.

: 내 일에 로그인하는 패스워드 '링크드인'

링크드인LinkedIN은 전 세계적으로 가장 유명한 비즈니스 SNS이다. 개설 10년째를 맞은 이 SNS의 사용자 수는 무려 2억 2500만 명이 넘는다. 우리나라에선 아직 활성화되지 않았지만 한국어 서비스가 시작된 만큼, 앞으로 국내에서도 주목할 만한 무대가 될 것이란 전망이 높다.

구인구직 공고를 내걸고 채용을 중개하는 취업포털들과 달리 링크드인은 구인구직 자체가 목적이 아니다. 자신의 직업을 바탕으로 필요한 인맥을 만들고, 그들과의 선택적 교류를 통해 전문적인 경력을 쌓는 것이 목적이다. 페이스북과 트위터가 각각 인맥기반형, 실시간형 SNS라면, 링크드인은 전문가 인맥 형성에 방점을 찍은 SNS라고 할 수 있다. 비즈니스라는 목적이 분명한 만큼, 링크드인에서의 프로필은 이력서와 같다. 때문에 취미나 사소한 관심사보다 경력과 학력이 더 중요하다. 링크드인에서는 자신이 공부하고 있는 분야, 원하는 회사와 관련되거나 자신의 경력을 보여줄 수 있는 사람을 선택해 전문적으로 소통함으로써 온라인에서 자신만의 인맥을 쌓을 수 있다. 단순히 학연, 지연, 혈연으로 맺어진 인맥이 아니라 오로지 전문성만으로 이어지는 새로운 인적 네트워크의 장이 탄생한 셈이다. 링크드인은 개인뿐 아니라 기업에서도 이용할 수 있다. 회사 주소, 연락처, 직원 수, 설립연도, 기업 유형 등 다양한 회사 정보를 등록해 구직자들의 링크를 유도한 후 그들의 링크를 검토해 채용과정의 미스매치를 줄일 수 있는 것이다.

조슈아 역시 과거 링크드인으로 취직에 성공했을 뿐 아니라 지금은 자신의 회사에 필요한 인재를 찾기 위해 고용자의 입장에서 링크드인을 활용한다고 한다.

"작년 말에는 두 명을 충원해야 했습니다. 다들 그러듯이 구인란에 포스팅하고 제 인맥을 활용해 주변에 알렸지만 별 효과가 없더라고요. 그래서 링크드인으로 들어가 포틀랜드 메트로에 내가 찾고 있던 키워드를 입력했죠. 그러자 180여 개의 프로필이 나타났습니다. 그냥 키워드 하나를 입력했을 뿐인데 말이죠. 그래서 처음 몇 페이지를 쭉 훑어보고 서너 명의 프로필을 골라 이메일을 보냈는데 그중 두 명이 답장을 보내왔어요. 그런 식으로 저는 이틀 안에 마음에 드는 사람 두 명을 발견해 채용했습니다. 그보다 더 적합한 사람을 찾기 힘들 정도로 우리에게 꼭 필요한 인재들이었죠."

링크드인에서는 구직자가 원하는 아주 구체적인 조건에 해당하는 회사의 채용정보를 알 수 있고, 좀더 적극적으로 나서면 그 직업과 관련된 사람과도 접촉할 수 있다. 지원하고 싶은 회사 부서의 실무자 프로필을 구직자가 먼저 볼 수도 있다. 이 모든 과정들은 복잡한 취업설명회에서 얻을 수 있는 것보다 더 구체적이고 현실적인 정보들을 얻게 해준다. 그리고 결과적으로 그 채용정보가 정말 자신이 찾는 조건의 자리인지, 자신은 정말 그러한 자리에 어울리는 사람인지 사전에 자세하게 파악할 수 있어 미스매치로 인한 회사 부적응을 줄여준다. 조슈아는 링크드인과 같은 비즈니스 SNS가 전통적인 구인구직 방식을 대체할 수 있는 강력한 채널이 될 것이라고 확신한다.

"물론 이력서와 자기소개서를 제출하는 오래된 방식이 완전히 사라지지는 않겠죠. 하지만 그 중요성은 분명 감소하고 있습니다. 현재, 이미 충돌이 일어나고 있죠. 요즘 글로벌 대기업들은 공개채용에 의한 지원자 추적 시스템을 활용하고 있습니다. 전 세계에 흩어져 있는 인재들의 이력서를 자체 검증 시스템으로 선별해 모아오는 거죠. 문제는 그러한 지원자 추적 시스템이 최고의 지원자들을 합격권 최상위에 올리는 일까지는 못한다는 것입니다. 하지만 소셜미디어 전략을 활용하면 다른 양상이 전개되죠. 평소에 그 회사에서 일하는 사람들과 전문적인 정보를 나누고 소통하며 인맥을 쌓아왔다면 '제가 당신 회사에 관심이 많은데 저를 인사부서에 소개해주실 수 있나요?'라고 자연스레 말할 수 있을 겁니다. 서로 원하는 바를 잘 알기 때문이죠. 그러면 그 이력서, 입사지원서는 입사지원자 파일의 맨 위로 올라가게 되고 채용담당자가 눈

여겨보게 될 가능성이 더 높아지겠죠."

지인의 소개나 추천을 통해 입사한 신입사원들이 일을 더 잘하고 오랫동안 근속한다는 조사 결과가 있다. 이는 SNS를 통해 채용되는 신입사원들의 이직률이 더 낮다는 통계와 비슷한 의미가 있다. 헤드헌터가 해야 할 일을 나를 잘 알고 있는 지인이 대신 해줄 때의 효용은 크다. 단순히 팔이 안으로 굽는다거나 혈연, 학연을 이용하면 일이 쉽다는 의미가 아니다. 지원자와 회사, 양쪽에 대해서 모두 잘 알고 있는 존재가 중개를 했을 때 성공적인 채용으로 이어질 확률이 훨씬 크다는 의미다. 소셜미디어는 인사담당자와 지원자가 알고 있는 지인들을 자발적인 리크루터로 만들어준다. 어쩌면 이런 방식은 이제껏 시도되어왔던 그 어떤 것보다 효과적으로 미스매치를 줄여주는 방식이 될지도 모른다. 이제 사람을 링크하면 일자리에 링크될 수 있는 인적 네트워크의 새로운 장이 열린 것이다.

SNS는 기업이나 리크루터들보다 구직자들에게 더 반가운 선물일 수도 있다. 자기의 관심사, 스크랩한 글들, 직접 찍은 사진들은 자기소개서에 적힌 틀에 박힌 사연들보다 스스로에 관해 더 진실하고 정확한 내용을 담고 있기 때문에, 자신이 원하는 회사와 더 쉽게 연결되고 더 쉽게 어필할 수 있다. 이제 소셜미디어는 추억을 공유하기 위한 앨범이 아닌 '내 일에 로그인할 수 있는 패스워드'로 떠올랐다. 자신에게 꼭 맞는 일자리에 로그인하고 싶다면 온라인 세상 속으로 뛰어들어라. 그리고 만들어라, 이 세상 단 하나뿐인 자신만의 패스워드를.

미국 마인드스모

스펙이 아닌 아이디어로 승부하는 온라인 취업 경기장

단지 명문대 출신이 아니란 이유로
유능한 인재들이 취업의 기회조차 얻지 못하는 경우가 있어요.
우린 그들을 숨겨진 보석이라 부릅니다.
트랜트 하지(마인드스모 설립자)

대학 캠퍼스마다 취업설명회가 성황이다. 어쩌면 취업 경기가 얼어붙을수록 취업설명회의 열기는 더 뜨거워지는 법인지도 모른다. 하지만 취업설명회는 결코 공평하지 않다. 미국 내에서 페이스북 같은 대기업이 매년 취업설명회를 열기 위해 방문하는 대학은 20군데 미만이다. 그 주요 대학을 제외한 미국 전역의 수천 개 다른 대학들은 페이스북 담당자와 직접 만나 이야기를 듣고 지원 의사를 밝힐 기회에서 배제된다는 의미이다. 대부분의 구직자가 자신의 역량을 드러낼 기회조차 갖지 못하는 경우가 많다.

기업들 역시 고민이다. 좋은 학벌이 뛰어난 업무능력을 보장해주지 못한다는 사실을 잘 알고 있기 때문이다. 또한 토익 성적이 비즈니스 영어 실력과 반드시 비례하지 않는다는 것도 알고 있다. 하지만 기업의 입장에선 모든 지원자들에게 인턴이나 면접의 기회를 줄 수는 없기 때문에 할 수 없이 학벌이나 스펙 같은 간접적인 기준들로 지원자를 바라볼 수밖에 없다. 이 때문에 학생들은 기업의 1차 관문에 통과하기 위해 대학생활의 대부분을 스펙 쌓기에 투자한다. 정말로 중요하다고 할 수 있는 입사 후의 능력 발휘 역량은 평가의 대상조차 되지 못한다.

얼마 전 대학생들을 대상으로 한 조사 결과에 따르면 우리나라 대학생들의 37.8%가 스펙을 쌓기 위해 휴학하거나 졸업을 연기한 적이 있다고 답했다. 그리고 그들이 쌓고 있는 스펙으로는 토익시험 등 영어점수가 69.2%로 가장 높은 비중을 차지했다(2013년 전국경제인연합회 조사 자료). 어쩔 수 없는 서류전형의 1차 관문 탓에 대학생들의 실무능력은 이력서 안에 갇혀 있다. 문제는 그 1차 관문에 있다. 대학생들이 스펙이 아닌 아이디어로 실력을 겨룰 수 있는 공정한 링이 필요하다.

이에 미국에서 새로운 시도가 이뤄지고 있다. 구직자와 기업의 첫 만남이 서류 속의 스펙이 아니라 새로운 아이디어와 실제 업무수행 능력이 되게 하자는 것이다. 그것이 바로 대학을 갓 졸업한 미국 실리콘밸리의 청년들이 만든 대학생들을 위한 챌린지 플랫폼, 마인드스모다.

: 대학생이여, 스펙이 아닌 아이디어로 소통하고 실력으로 선택받아라!

마인드스모의 대표 트랜트 하지가 어떻게 구직자 학생들과 실무 역량을 갖춘 인재를 찾는 기업을 연결시킬 수 있는지, 그 비즈니스 모델을 설명한다.

"마인드스모는 기업들이 내건 챌린지 미션에 학생들이 솔루션을 제시하는 인터넷 사이트예요. 쉽게 말하자면 기업의 공모 프로젝트에 학생들이 공개적으로 자신의 아이디어를 제출할 수 있는 플랫폼이죠. 기업들은 챌린지 미션을 통해 좋은 아이디어와 채용할 만한 인재를 선별할 수가 있고, 학생들은 실력을 인정받고 원하는 기업에 취직할 수 있는 기회를 얻을 수 있게 되는 겁니다."

마인드스모는 인터넷에서 흔히 볼 수 있는 취업 알선 사이트와는 그 궤가 다르다. 이 무대 위에선 서류 속에 갇힌 스펙보다 '실전 투입'이 가능한지 본질적인 업무능력을 확인받는 것이 더 중요하다. 기업은 과제를 내고 학생은 해결책을 제시하며 사이버상에서 미리 손발을 맞춰보는 것이다.

마인드스모는 스스로를 챌린지 플랫폼이라고 부른다. 여기서 챌린지는 기업이 직접 출제한 과제로 우리나라의 공모전과 비슷하다. 학생들은 이 챌린지를 통해 업무와 무관한 스펙이 아니라 각자의 능력을 뽐낼 수 있다. 이 챌린지는 온라인상에서 진행되기 때문에 대학생이라면 누구나 참여할 수 있다.

우리나라에도 대학생들을 대상으로 무수히 많은 공모전들이 열린다. 공모전이 너무 많아 언제, 어디에서, 어떤 공모전이 있는지 정보를 모으는 것조차 벅찰 정도다. 공모전 입상 여부가 중요한 스펙으로 활용되는 탓에 많은 대학생들이 적극적으로 참여한다. 하지만 문제는 상당수의 공모전이 참가자들의 '아이디어 빼먹기' 놀음이 되기 십상인데다가, 수상을 한다 해도 이력서 평가에서 가산점에 그치는 경우가 대부분이고, 곧장 취업에 이르는 경우는 많지 않다는 점이다. 평가과정도 공개되지 않아 내 아이디어가 무엇이 부족했는지 알아내기도 쉽지 않다. 승자와 패자의 구분만 있고 배움은 없는, 살벌한 경쟁의 장이다.

마인드스모는 이러한 기존 공모전의 문제점을 해결하고 대학생들과 기업의 만남을 적극적으로 이어주는 웹사이트이다. 마인드스모의 링 위에선 오로지 아이디어만으로 기업과 매칭될 수 있다. 이곳의 설립자 트랜트는 기업이 더이상 비효율적인 채용과정 없이도 공정하게 인재를 선발할 수 있는 새로운 무대가 필요하다며 창업 목적을 밝혔다.

"모든 문제는 커뮤니케이션이 충분하지 못해서 벌어지는 겁니다. 구글이나 링크드인 서비스의 핵심은 검색이죠. 물론 그것도 좋은 출발점이 될 수 있지만 구체적인 사안에 대한 학생들의 문제 해결 능력을 평가하는 데에는 한계가 있어요. 독창성이나 문제 해결 능력은 이력서에 적는다 해도 증명할 길이 없잖아요. 이력서 같은 문서나 웹상의 링크드인 프로필 같은 것도 사실은 한 사람을 평가하기에는 매우 소극적인 자료일 뿐입니다. 실질적인 업무능력을 측정하기에는 전혀 유용하지 않다는 거죠."

트랜트는 소셜네트워크서비스를 활용하는 것보다 한 차원 더 진일보한 방식이 바로 마인드스모라고 말한다. 기업들이 마인드스모 사이트에 과제를 공개하고 상금을 걸면 학생들이 저마다의 방식으로 해결에 나선다. 기업에서는 사업을 운영하는 과정에서 실제로 봉착한 과제들을 공개하거나 특정 업무를 수행하는 데 꼭 필요한 능력을 점검할 수 있는 과제를 제시한다. 그리고 아이디어만 있다면 누구나 여기에 도전 가능하다. 여기서 눈여겨볼 점은 기업이 어떤 아이디어에 관심을 갖게 되면, 그 아이디어의 개발자인 학생에게도 자연히 흥미를 보이게 됨으

로써 양자 간에 관계가 형성되기 시작한다는 점이다. 챌린지 해결과정을 통해 기업이 아이디어의 주인공인 학생에 대한 정보를 얻고 학생도 해당 기업의 실무가 스스로에게 적합한지 판단할 수 있다.

"채용을 기업의 경영과정에서 가장 중요한 인재를 '입수'한다는 측면에서 비유한다면, 일단 직접 사용해본 후에 구매한다try before you buy는 원칙인 셈입니다. 기업이 학생들을 채용해 봉급을 지불하기 전에 그들의 능력을 먼저 시험해볼 수 있는 거죠. 학생들에게도 세 가지 분명한 이점이 있고요. 첫째, 취업 가능성을 타진해볼 수 있고 둘째로, 우승 상금을 거머쥘 수 있으며 셋째는, 명백하게 공인된 능력을 인정받을 수 있다는 점이죠. 구직과정에서 학생들은 자신의 능력을 입증할 길이 없어 숱한 좌절감을 맛보곤 합니다. 자신과 엇비슷한 수천수만 명의 경쟁자들이 있기 때문이죠. 따라서 정말 간절하게 어떤 기업에 입사하길 원한다면, 이런 챌린지를 통해 자신만의 능력을 드러낼 기회를 잡아야 해요!"

트랜트가 직접 마인드스모의 서비스를 보여주겠다고 했다. 웹사이트에 접속하자 현재 진행중인 챌린지가 펼쳐졌다. 매주 두 건씩 새로운 챌린지가 게시될 만큼 기업들의 관심이 크다고 한다.

"이게 바로 챌린지 페이지예요. 학생들이 신청서를 제출할 수 있도록 챌린지의 개요를 설명해주는 거죠. 우리 사이트는 가입할 때 먼저 현재 대학생임을 증명할 수 있는 학교 정보를 기입해야 해요. 로그인을 하면 내 신상정보가 나오는데, 내가 해결한 챌린지들이나 우승상금 액수 등이 누적되어 기록되죠."

마인드스모에서 활동한 과정은 학생에게 또하나의 포트폴리오가 된다. 존이란 학생의 프로필엔 최근 50달러의 상금을 받은 내용이 적혀 있었다. 이 학생의 풀 프로필을 클릭해 확인해보니 그동안 다섯 가지의 미션을 해결했음을 알 수 있었다. 수행한 과제들 옆에 우승배지가 반짝 거렸다.

이렇게 기업은 학생들이 수행한 챌린지 내역과 아이디어 등을 보고 보다 적합한 인재를 채용할 수 있게 된다. 기업과 학생 간의 소통과정은 보다 직접적이다. 실제 기업의 인사담당자들이 특정 학생에게 메시지도 보낼 수 있다. 예컨대 "존! 학생의 아이디어가 아주 마음에 드니, 우리 회사 인턴직 채용과 관련해 얘기를 나눠보고 싶어요"라는 메시지를 보낼 수 있다. 일반적으로 학생들은 기업과 큰 거리감을 느끼는데, 마인드스모는 양측이 서로 직접 소통하며 거리감은 물론 미스매치까지 줄일 수 있는 마당이 되고 있다.

: 숨겨진 인재들의 등용문이 열리다

학생 입장에서도 이러한 과정은 자신에게 맞는 기업을 찾아나갈 수 있다는 점에서, 그저 취업정보를 조회해보는 것과는 큰 차이가 있다. 한 발 더 나아가 마인드스모는 기업이 특정 직책의 인재 채용을 원하는 경우, 그 일에 필요한 능력을 확인할 수 있는 챌린지를 제시할 것을 요청한다. 기업과 적극적으로 피드백을 이어나가기 때문에 더 많은 학생들이 더 다양한 기업의 시야 안에서 제 능력을 발휘할 수 있는 것이다. 기업들이 학생을 평가하는 1차 관문으로 스펙을 따지는 관행은 미국에서도 마찬가지다. 하지만 마인드스모와 같은 시스템을 통해 단지 명문대 졸업장이나 학점 같은 스펙만 보는 것이 아니라 비명문대 출신이라도 문제 해결 능력을 갖춘 인재들을 신뢰하고 등용할 수 있는 가능성을 열 수 있게 됐다. 마인드스모의 설립자 트렌트는 이렇게 말했다.

"단지 명문대 출신이 아니란 이유로 유능한 인재들이 취업의 기회조차 얻지 못하는 경우가 있어요. 우린 그들을 숨겨진 보석hidden gem이라 부릅니다. 예컨대 알래스카 같은 오지 출신에 지방대학을 나왔지만, 특정 분야에 충분히 뛰어난 재능을 가진 학생들이 있단 말이죠. 안타깝게도 그런 인재들이 기업에 발굴되지 못하는 경우가 분명 있어요. 우린 기업들이 그런 숨겨진 보석 같은 인재를 찾는 데 도움을 주고 싶습니다."

최근 우리나라의 대기업들도 숨겨진 인재들을 발굴하기 위해 기존의 면접방식이 아닌 새로운 만남의 방식을 고민하고 있다. 하지만 늘 공정성, 적합성 논란이 일어난다. '공정한 기회'에 입각해 '적합한' 인재를 발굴해야 한다는 사회적 합의가 필요한 시기이다.

마인드스모는 시스템을 통해 일대일 면접에서 주어지는 기업 테스트를 수천 명의 학생들을 대상으로 시행함으로써 그 기회의 폭을 넓힌 좋은 예다. 더불어 과제에 도전하는 과정에서 학생들 스스로 자신의 열정을 확인하고, 미처 몰랐던 숨겨진 자신의 재능을 발견할 수 있는 기회 또한 얻을 수 있도록 했다. 대개 실제 업무상황에서 요구되는 문제해결능력이란 겉으로 보이는 스펙이 아니라 총체적이고 종합적인 능력을 요구하는 경우가 많다. IT회사라고 해서 오직 엔지니어들과 프로그래머들만 필요한 것은 아니다. 학생들은 주어진 과제를 해결하면서 이러한 사실을 배우게 된다. 마인드스모의 성공은 채용의 효용성과 구직자의 역량 향상이 동시에 가능함을 보여주는 성공 사례가 되고 있다.

현재 마인드스모에서 가장 뜨겁게 진행되고 있는 챌린지는 바로 페이스북에서 올린 미션이다. 취업 선호도가 높은 기업이니만큼 학생들의 참여 열기가 대단하다고 한다. 이번에 페이스북이 공개한 챌린지는 '스마트폰이나 태블릿과 같은 모바일 영역에서 효과적으로 광고수입을 낼 수 있는 아이디어를 만들어라'이다. 페이스북이 참가자들의 아이디어를 검토중이라 앞으로 어떤 아이디어가 채택될지는 미지수다. 어쩌면 그중 한 학생의 아이디어가 페이스북의 수익방식을 획기적으로 바꾸는 기획이 될지도 모른다. 그렇다면 그 학생은 명문대라는 타이틀 없이도, 학점이 낮아도, 어떤 인맥도 없이 모두가 선망하는 그 기업에 당당하게 입사할 수도 있을 것이다.

언젠가 미국의 대학생뿐 아니라 우리 대학생들도 취업 성공이라는 멋진 '챌린지 미션 완료'의 주인공이 될 수 있기를 꿈꿔본다. 톡톡 튀는 대학생들의 아이디어가 스펙의 그림자 아래서 숨죽이지 않고 정정당당하게 기업과 만날 수 있는 무대가 펼쳐질 수 있도록 새로운 마당을 만들어내는 것은 우리 모두의 숙제다.

Your Brand is Your Power

당신만의 브랜드는 무엇입니까?

M Y J O B

우리나라엔 몇 개의 직업이 있을까? 얼마 전 학생들을 대상으로 간단한 설문조사를 실시했다. 청소년들이 실제 직업으로 인식하고 있는 일자리가 얼마나 되는지 파악하기 위해서다. 학생들에게 충분한 시간을 주고, 자신이 아는 직업을 다 써보라고 일렀다. 어릴 때부터 인터넷과 미디어에 익숙한 세대이니, 알고 있는 정보 또한 충분하고도 넘치리라 예상되었다. 설문지를 수거해 결과를 확인하고서야, 왜 우리나라 학생들의 꿈이 공무원을 벗어날 수 없는가에 대한 답을 찾을 수 있었다. 대부분의 학생들이 알고 있는 직업은 100개 남짓. 200개 이상을 쓴 학생은 거의 없었다. 현재 우리나라에는 2만 개 이상의 직업이 있다고 한다. 그러니까 우리나라의 청소년들은 존재하는 직업의 단 1%도 알지 못하는 것이다. 정보화 시대의 수혜를 일찍부터 누린 세대이건만 직업에 관한 정보 인식은 매우 부족했다. 어쩌면 기성세대가 심어놓은 직업에 대한 선입견이 학생들이 미처 발견하지 못한 99%의 직업을 가리고 있는 것은 아닐까?

모두가 알고 있기 때문에, 또 모두가 선망하기 때문에 선택하는 1%의 직업, 그것은 유행에 뒤처지지 않기 위해, 무리에서 이탈하지 않기 위해 선택하는 똑같은 브랜드의 옷과 다름없다. 내 마음이 끌려 고른 옷이 아니라 남의 시선이 강요한 브랜드의 옷 같은 것이다. 그런 옷을 입은 학생들에게 브랜드는 과시해야 할 대상일 뿐, 창조의 대상은 되지 않는다. 진정한 패션리더는 유행을 따르기보다 유행을 만드는 사람이듯, 내 일을 갖는 것 또한 마찬가지일 것이다. '같음'보다 '다름'을 추구할 때 나만의 특별한 가치가 탄생할 수 있다. 세상에 둘도 없는 값진 브랜드, 그것은 쇼윈도 속이 아닌 바로 나 자신 속에 있다. 스스로 세상에 둘도 없는 브랜드가 된 사람들의 이야기는 그래서 소중하다.

베트남 샌드위치 전문점 '반미11'

세상에 둘도 없는 브랜드 'Me'

그냥, 일단, 하는 거예요.
좋아하니까요, 무엇보다 저 자신이.
그리고…… 제가 아니면 또 누가 하겠어요?
반(반미11 대표)

매주 토요일마다 거리 전체가 시장통이 되어 북적이는 곳, 영국 런던의 브로드웨이 마켓은 우리나라의 오일장과 벼룩시장을 합쳐놓은 모습이다. 갓 수확한 과일과 채소 등 식재료는 물론이고 중고 의류, 소품, 자전거 등 생활용품들도 그득하다. 길거리 시장의 가장 큰 재미인 먹거리들도 가지각색이다. 우리의 시골 장터에서도 시장 보기는 뒷전이고 막걸리부터 기울이는 주객들이 있듯 런던의 마켓도 마찬가지다. 아침부터 거리의 파라솔 아래에 모여 앉아 맥주를 즐기는 현지인들의 모습은 우리 장터의 풍경과 크게 다르지 않다. 이곳에 요즘 런던인들의 입맛을 사로잡고 있다는 가장 '핫'한 샌드위치를 맛볼 수 있는 곳이 있다.

브로드웨이 마켓 거리에 위치한 '반미11Banhmi11' 레스토랑. 이곳에서 가장 인기를 끄는 메뉴는 베트남 샌드위치 '반미'다. 가게 규모가 작아

COM £6
Rice box with sushi rice
FISH Q
CHA CHA CHICKEN
Grilled chicken breast, marinated in coconut milk and lemongrass
TEMPLE TOFU
SUMMER ROLLS
TOFU
PRAWN

서 대부분의 손님들은 테이크아웃을 해간다. 아침부터 손님들의 발길이 끊이질 않아 단 4명뿐인 직원들의 손과 발이 마냥 바쁘다. 근처에 크고 편안한 음식점들도 많은데, 런던인들이 이 작은 레스토랑의 샌드위치에 열광하는 이유는 무엇일까? 이곳의 대표이자 셰프인 스물여덟 살의 베트남 여성 반은 옥스퍼드 대학에서 경제학을 전공하고 2년간 금융업계에서 일했다고 한다. 누구나 선망하는 탄탄대로를 걷다가 힘들고 불안정한 샛길로 돌아서게 된 계기를 이렇게 털어놓는다.

"저는 경제공황이 일어나기 직전에 일을 시작했는데 옥스퍼드 출신이어서 그런지 정말 훌륭한 기업들이 좋은 일자리를 제안했어요. 하지만 그냥 좋은 조건의 직업을 고르는 것이 아니라 내가 진정으로 하고 싶은 일을 찾고 싶었어요. 회사는 너무 뻔히 보이는 길이었죠. 매뉴얼처럼 직선으로 된 인생을 걷고 싶지 않았어요."

인생이 직선이 아니라는 것을 깨달은 이후, 그녀는 자신이 가장 좋아하는 것이 무엇인가를 고민하기 시작했다. 베트남에서 태어나고 자란 반에게 서양 음식들은 늘 입에 맞지 않았고 자연스럽게 직접 요리하는 일이 취미가 됐다. 그러다 자신이 만든 건강한 음식을 더 많은 사람들에게 전하고 싶다는 사명감을 느꼈다고 한다. 그녀는 사람들이 병을 앓는 것은 좋지 않은 음식을 먹기 때문이라고 믿는다.

"런던의 슈퍼마켓에 가면 거의 모든 게 다 냉동음식이에요. 소스도 물론이고요. 오븐에 굽고 데우고 소스와 함께 조리하면 되는 정도입니다. 직접 재료를 다듬고 요리하는 사람이 많지 않아요. 그래서 제가 홈메이드 요리를 선보이고 싶었어요. 제가 가장 잘 만들고, 잘 아는 음식으로요. 그래서 베트남 샌드위치인 반미가 첫 메뉴가 되었죠. 그렇지만 베트남 재료를 쓰진 않아요. 지금 제 가게는 런던에 있으니까, 모든 재료는 수입하지 않고 여기서 자란 신선한 재료를 사용해요. 멀리 비행기에서 날아온 재료로 음식을 만들고 싶진 않았거든요."

반의 예상은 적중했다. 인스턴트 샌드위치와 패스트푸드 햄버거의 물량공세 속에서 반미는 홈메이드 샌드위치라는 웰빙 이미지로 런던인들의 입맛을 사로잡았다. 이제 그녀는 영국에 처음으로 베트남 샌드위치인 '반미'를 들여와 소개한 주인공이 되었다.

"4년 전, 제가 처음 런던에서 반미를 팔기 시작했을 땐, 아무도 이런 샌드위치를 팔지 않았어요. 반미라고 하면 다들 그게 뭐냐고 알아듣지도 못했죠. 그런데 지금은 슈퍼마켓에서도 반미를 팔아요. 예전엔 베트남 샌드위치 주세요, 다들 이랬는데 지금은 '반미'라고 콕 집어 주문하죠. 저는 아예 새로운 음식을 만든 게 아니에요. 반미는 아주 오래전부터 베트남에 있던 음식이고, 저는 제가 즐겨 먹고 좋아하는 반미를 사람들에게 전해준 것뿐이죠. 꼭 새로운 것을 만들어야만 성공하는 건 아닌 것 같아요."

반미는 베트남에선 길거리 어디에서도 값싸게 먹을 수 있는 흔하디흔한 음식이다. 그러나 타국에서 직장생활을 하던 그녀에겐 흔히 먹을 수 없는 향수 어린 음식이었다. 주말이 되면 늘 집에서 혼자 만들어 먹곤 했던 그녀만의 소울푸드였다. 그녀에게 반미는 베트남 전통음식을 넘어 자신만의 이야기가 담기고 함께 성장한 '나만의 브랜드'이다. 그리고 그 평범한 브랜드의 가치를 런던이라는 대도시에 전파한 그녀 역시 이곳의 새로운 브랜드 그 자체가 되었다. 인스턴트에 길들여진 손님들에게 방부제를 넣지 않은 '진짜' 음식을 더 다양하게 제공하고 싶다는 반, 그녀는 그렇게 '진짜 음식'으로 '진심'을 전하며 자신의 인생을 '진품'으로 가꾸고 있다.

"순진한 게 가끔은 도움이 되는 거 같아요. 얼마나 열심히 일해야 하는지 겪어보지 않으면 모르니까요. 저는 모든 사람들에게 이런 일이 더 낫다고 말하고 싶지는 않아요. 그들에게 어떤 일이 맞을지 전 잘 모르니까요. 저는 자라면서 너무나 많은 곳에 살아보고 많은 사람들을 만나봤기 때문에 새로운 일을 시작하는 것에 대한 두려움이 적었어요. 사실 앞으로도 계속 반미가 인기를 끌 수 있을지, 사람들의 입맛이 어떻게 변할지 확신할 수 없고, 어떻게 끝이 날지도 모르겠어요. 그래도 그냥, 일단, 하는 거예요. 좋아하니까요, 무엇보다 저 자신이. 그리고……제가 아니면 또 누가 하겠어요?"

베트남 샌드위치 반미는 누구나 만들 수 있다. 그러나 옥스퍼드를 졸업하고 금융회사에서 일하며 반듯한 직선 위를 걷던 베트남 아가씨가 추억과 향수를 버무려 만든 반미는 오로지 하나뿐이다. 그 반미 속엔 그녀의 지난 과거와 다가올 내일의 희망이 함께 담겨 있다. 그 반미 덕분에 런던 사람들은 신선하고 맛 좋은 한 끼의 행복을 누린다. 그리고 반은 그 반미 덕분에 자신의 가치를 높이고 있다.

곧 2호점을 오픈한다는 '반미11'과 그녀 '반'이라는 브랜드가 런던을 넘어 얼마나 더 멀리 뻗어나가게 될지 궁금해진다.

영국 왕립예술학교의 자동차 디자이너 & 피터 슈라이어

명품 자동차보다
사람이 브랜드다!

중요한 것은 리더십을 키우는 일입니다.
저희는 학생들이 그저 디자인 분야에 종속된 노동자가 아니라
그 산업을 이끌 수 있는 선구자가 되길 원하기 때문입니다.
덴 헤로드(영국 왕립예술학교 교장)

아이디어가 세상을 바꾸는 시대, 창의성의 가치가 더욱더 커지고 있다. 창의성은 사람에게서 나온다. 그야말로 사람이 브랜드이자 자산인 이 시대를 호령하기 위해 세계 각국은 전문 인력 양성에 큰 투자를 하고 있다. 그중에서도 영국은 조금 더 특별하다. 현재 영국은 직접 만들어서 수출하는 차가 거의 없다. 많은 영국 자동차 회사들이 이미 인도와 중국 회사에 팔려나갔기 때문이다. 하지만 영국의 수출품목은 아직 남아 있다. 바로 디자인이다. 실제로 전 세계의 명차들 대부분이 영국 디자이너에 의해 만들어지고 있다고 한다. 영국에서는 디자이너 한 명 한 명이 곧 브랜드와 같다. 그리고 그 예비 브랜드들이 자신만의 경쟁력을 키우고 있는 곳이 바로 영국 왕립예술학교The Royal College of Art, RCA이다.

런던에 위치한 왕립예술학교는 전 세계에서 자동차 디자인으로 가장 유명한 학교이다. 재규어, 포드 등을 디자인한 세계 3대 디자이너 중 한 명인 이언 칼럼이나 혁신적인 디자인의 접히는 전기자전거, 만도 풋루스의 디자이너인 마크 샌더스도 이 학교 출신이다. 현재 등록된 학생의 수는 920명, 세계 55개 국가에서 유학 온 젊은이들이 세계를 무대로 자신만의 브랜드를 펼치기 위해 이곳에 모여 있다. 과연 이들은 어떤 교육을 받으며 세상을 바꿀 디자이너의 꿈을 키우고 있는 것일까? 덴 헤로드 교장은 왕립예술학교야말로 자기 자신을 세계 속의 브랜드로 만들기에 가장 적합한 학교라고 말한다.

"물론 자동차 디자인 기술도 가르치죠. 하지만 가장 역점을 두고 가르치는 것은 미래를 내다볼 수 있는 능력을 키우는 겁니다. 졸업 후 다가올 20~30년이 어떨지 예상할 수 있도록 말이죠. 또 중요한 것은 리더십을 키우는 일입니다. 저희는 학생들이 그저 디자인 분야에 종속된 노동자가 아니라 그 산업을 이끌 수 있는 선구자가 되길 원하기 때문입니다."

덴 교장은 디자이너야말로 상업적으로 가장 근본적인 차이를 만들어낼 수 있는 사람이라고 믿는다. 회사 내에서 디자이너가 하는 일은 그 누구도 대체할 수 없는 창의적인 일이기 때문이다. 디자인을 향한 이렇듯 확고한 믿음은 이곳의 학생들에게서도 확인할 수 있었다. 벨기에에서 온 벨타는 현재 디자인 스튜디오를 운영하고 있지만 자신의 경쟁력을 더 키우기 위해 이곳에 입학했다. 그는 이곳에 와서야 비로소 개성을 표현하는 것이 얼마나 중요한지 깨달았다고 한다. 디자이너가 된 후에도 그저 일을 좋아하고 즐기면 된다고 생각했지만, 이곳의 교육을 통해 디자인의 새로운 가치를 발견한 것이다.

"저에게 디자인은 새로운 언어예요. 모양과 색채로 커뮤니케이션하고 이야기를 전하는 거예요. 디자인은 사람들에게 자신을 표현하는 수단이 되어주고 누군가의 라이프스타일에 영향을 미치는 등 다양한 일들을 할 수 있어요. 디자인의 가치를 알고 나니까 저 자신의 가치도 다르게 느껴졌죠."

한국에서 대학을 졸업한 지영씨 역시 디자이너로서 스스로의 경쟁력을 더 키우기 위해 이곳에 입학했다.

"그냥 단순한 자동차 디자이너가 되기 위해서라면 한국에서도 할 수 있었겠지만 저는 리더십이나 디자인 철학을 공부할 수 있을 거란 기대로 이곳에 왔어요. 자동차업계에서 인정받는 수준 높은 디자이너들이 대부분 여기 졸업생들이 많거든요. 도대체 어떤 교육을 받기에 그런 디자인리더가 될 수 있었나 궁금하기도 했고요. 디자이너는 단순히 스타일링만 하는 사람이 아니에요. 이제 디자이너가 문화를 바꾸고 새로운 브랜드를 창조할 수도 있고, 트렌드를 리드할 수 있기 때문이죠. 요즘 저는 차별화된 디자이너가 되기 위해서 앞으로 어떻게 미래를 바꿔놓을 수 있을지에 대한 생각을 가장 많이 하고 있어요."

영국 왕립예술학교의 힘은 이토록 열정적인 학생들 한 명 한 명의 도전이 만든 결과다. 이들은 보장된 브랜드를 따르기보다 자신만의 브랜드를 창조하기 위해 내일을 디자인하고 있다. 소금통과 후추통을 디자인하던 평범한 디자인학도에서 전 세계 자동차 산업디자인의 거장이 된 피터 슈라이어 또한 그랬다. 그는 아우디에서 근무하며 성공가도를 달리던 중, 이곳 왕립예술학교에 입학해 공부를 다시 시작했다. 그리고

회사로 돌아가 아우디의 디자인 총괄을 맡으며 본격적으로 자신만의 색깔을 드러냈다. 대표적인 모델이 지금까지도 아우디를 대표하는 '아우디 TT 쿠페'다. 그의 도전은 여기서 멈추지 않았다. 2006년, 자동차 디자인에 갓 눈을 뜬 아시아의 작은 나라, 한국의 현대기아차를 선택해 최고디자인 책임자가 되었다. 이후 그는 우리나라에 둥지를 튼 7년여 동안 국내 자동차 디자인 사업에 변화의 바람을 몰고 왔으며, 외국인으로는 처음으로 현대자동차그룹의 사장이 되었다.

블랙 수트를 근사하게 차려입은 피터 슈라이어. 그는 평소에도 검은 옷을 즐겨 입기로 유명하다. 그 사소한 취향 속에도 그만의 철학이 담겨 있다.

"미술이나 건축업계에 종사하는 많은 사람들이 검정색을 선호해요. 자신의 작품보다 튀는 걸 싫어해서죠. 그냥 배경의 일부가 되길 원해요. 이미 내가 만든 작품이 나를 보여주는 브랜드니까요."

작품으로 승부하는 프로답게 그가 국내에 선보인 자동차 디자인은 '직선의 단순화'라는 그만의 철학과 창의성으로 국내 자동차 디자인의 수준을 한 단계 끌어올렸다는 찬사를 받았다.

"벌써 7년 전이네요. 시간 참 빨리 가는데요. 기아에 들어온 이유는, 당시엔 기아가 잘 알려진 회사가 아니었어요. 무에서 유를 창조하고 싶었습니다. 브랜드를 창조하고 싶었어요. 독일에서 일할 때에도 저는 한국이 자동차 산업의 중심이 될 거라고 생각했어요. 그리고 이곳에 와서 또다른 세계를 찾았죠. 도전이었지만 기회이기도 했죠. 아직도 즐기고 있어요. 한국 기업에 들어온다는 것이 저에게는 큰 모험이었고 아직도 그렇습니다."

그에게 디자인이란 끊임없이 새로운 것을 발견하는 과정이다. 결코 끝이란 없는 멈추지 않는 도전인 셈이다.

"기업만의 디자인 스타일을 갖는 것은 매우 중요하다고 생각합니다. 그리고 그 디자인에 기업의 특색을 반영하는 것이 중요하죠. 처음에 기아라는 회사 이름을 듣고 이름이 매우 청량하다는 느낌을 받았어요. 그런 느낌을 반영해서 디자인하고 싶었죠. 깨끗한 물과 같은 느낌이에요. 눈의 결정과도 같은 느낌입니다. 그리고 매우 논리적이고 규칙적인 느낌이고요. 반면 현대는 좀더 유동적인 느낌이에요. 물방울같이 좀더 흐르는 느낌이죠. 그런 철학을 바탕으로 깔끔하고 깨끗한 디자인을 만들어내기 위해 노력했습니다. 여전히 그 철학을 유지하고 있고요."

그 철학 덕분일까? 기아차는 슈라이어 영입 이후 2008년 9월 국내시장 점유율이 최초로 30%를 넘어섰고, 그가 디자인한 K시리즈는 이제 기아차의 대표적인 브랜드가 되었다. 이제 슈라이어는 우리나라의 대표기업 현대기아차의 수장이 되어 세계시장을 호령하기 위한 준비에 박차를 가하고 있다. 그는 이 모든 과정이 모험을 떠나는 것과 같다고 말한다. 일을 모험이라고 표현할 수 있는 긍정의 힘, 그는 그 힘으로 일을 하고 일 때문에 행복하다.

"운도 작용한 것 같아요. 하지만 자기 꿈을 위해 달리는 사람에게 운도 찾아오는 거겠죠. 그렇기 때문에 항상 시도는 해봐야 해요. 저는 항상 긴장감을 유지하며 지냈습니다. 그냥 만족하고 말았던 기억이 없어요. 자신이 돈을 얼마나 벌 수 있을지 생각하지 마세요. 자신이 하는 일에 행복할 수 있다면 당신은 이미 성공한 것입니다. 열정을 가지고 일하고 있다면 지금 이미 성공한 것입니다. 자신은 원하지 않지만 단순히 돈을 많이 벌 수 있다는 이유로 다른 사람이 권한 대로 일하고 있다면 항상 불만족스러운 삶을 살아가게 되겠죠. 돈은 벌어도 행복하지는 않을 겁니다. 그리고 자신이 행복하지 않으면 돈도 벌 수 없어요."

일을 통해 행복을 찾고 나 자신을 브랜드로 키우고 싶다는 꿈과 열정! 청소년들의 장래희망 1위가 공무원인 나라에서 이런 생각의 씨앗은 쉽게 싹트지 않는다. 일자리 그 자체가 목표가 될 때, 자신의 숨겨진 가치를 발견할 수는 없는 것이다. 2만 개의 직업이 있는 나라에서 200개의 직업도 알지 못하는 학생들에게 나만의 브랜드를 키우라는 건 시기상조일지도 모른다. 하지만 일자리의 미래는 변하고 있다. 사람의 가능성은 무한하다. 나 스스로가 아직 발굴되지 않은 무한한 가능성임을 잊지 말아야 한다. 그런 자신감으로 자신의 가치를 발견하기 위해 노력한다면 세계를 바꾸진 못할지언정, 나를 바꾸는 내일은 마침내 찾아올 것이다. 무한한 가능성으로 가득한 세상에 둘도 없는 브랜드는 바로 나 자신이기에.

프랑스 스테판 라펠리 박사

신新프리랜서 전성시대의 주인공 '아이프로'

아이프로는 자유직 종사자로
단순히 싼 임금으로 고용할 수 있는 대체 인력이 아닙니다.
아이프로는 주로 지적인 분야의 일을 하는 사람들입니다.
컨설턴트나 자문가 등이 대표적이죠.
스테판 라펠리

유엔 미래보고서는 앞으로 글로벌 직업 트렌드가 프리랜서의 시대로 변화할 것이라 전망한다. 실제로 전문기술을 갖고 있는 사람들이 좀더 높은 수입과 자유로운 삶을 찾아 대거 직장을 나오고 있다. 프리랜서의 증가 추세는 우리나라 역시 예외가 아니다. 이러한 변화는 기업 안에서 더 확연하게 나타난다. 요즘 인사담당자들의 가장 큰 고민은 인재들의 짧은 근속연수일 것이다. 힘들게 인재를 찾아 직원으로 뽑아놓아도 그들은 금세 회사를 떠난다. 대기업들에서조차 대부분 근속연수가 10년도 채 되지 않는다. 결국 언제 떠날지 모르는 직원들을 대신해 일정 기간 특정 업무를 확실히 처리할 수 있는 능력 있는 프리랜서들과 계약하는 경우가 늘어나는 상황이 전개되고 있는 것이다. 프리랜서를 고용하면 고정적인 임금 부담 없이 다양한 인재들을 수시로 필요에 따라 구할 수 있다는 이점도 있다.

무선인터넷과 스마트 기기의 발전으로 자유로워진 작업환경의 변화 역시 프리랜서 시대를 앞당기고 있다. 21세기형 프리랜서들은 기술과 트렌드의 변화를 자신만의 비즈니스 기회로 만들어가며, 과거 불안정한 '을'의 대명사에서 지식기반사회의 새로운 '갑'으로 떠오르고 있다. 단순히 돈을 주는 쪽이 '갑'이 아니다. 대체 불가능한 전문성을 가진 쪽이 '갑'이다. 프리랜서란 타이틀을 달고 놀라운 전문성과 고수익을 실현하는 이들을 이제 세상은 더이상 평범한 프리랜서라 부르지 않는다. 프리랜서 시장의 무한한 가능성을 예고하는 새로운 타이틀, 개인의 '프로페셔널' 그 자체를 브랜드로 승부하는 신인류의 직업, 아이프로I-pros다.

: 아이디어 + 프로페셔널 = '아이프로'의 탄생

프리랜서는 지금까지 소속도 없고, 사회보장도 받지 못하는 경우가 대부분이었다. 그러나 이제 새로운 프리랜서들이 미래 일자리 시장의 주역으로 스포트라이트를 받기 시작하고 있다. 그들의 활약이 다양한 분야에서 가장 두드러지는 곳은 유럽이다. 지난 10년간 유럽의 고용률은 정체됐지만 프리랜서의 수는 무려 800만 명이 증가했다고 한다. 물론 이 숫자 속에는 자발적 프리랜서뿐 아니라 어쩔 수 없이 프리랜서가 된 이들이 함께 포함되어 있어서 단순히 통계상의 증가폭만으로 프리랜서의 비전이 높아졌다고 단정할 순 없을 것이다. 하지만 프리랜서 시대가 도래할 것이란 예견은 여전히 유효한 것으로 보인다. 프랑스에서 스스로 프리랜서로 일하며 프리랜서에 관한 많은 연구를 진행해온 경제 컨설턴트 스테판 라펠리 박사는 최근 새롭게 등장하는 프리랜서들은 기존의 프리랜서들과 구별된다며 이들을 일컬어 '아이프로'라 지칭했다.

"아이프로는 자유직 종사자로 단순히 싼 임금으로 고용할 수 있는 대체 인력이 아닙니다. 기존의 정규직이 수행할 수 없는 분야에서 혼자 자유롭게 직업활동을 하는 프리랜서를 지칭합니다. 그래서 장인, 상인, 농민 들은 여기 포함되지 않습니다. 아이프로는 주로 지적인 분야의 일을 하는 사람들입니다. 컨설턴트나 자문가 등이 대표적이죠. 물론 아이프로들 가운데는 신고, 허가를 받고 활동하는 사람들도 있어요. 변호사, 건강 의료 관련 직종들이 그렇죠."

그러니까 아이프로는 프리랜서들 중 지식기반 분야에 전문성을 갖고 고소득을 올리는 이들을 일컫는다. 첨단 IT 분야에서 전문성을 갖춘 프리랜서들인 이랜서 역시 아이프로에 속한다. 프리랜서들의 활동 영역이 다양해지고 그 역할 또한 중요해지면서 거대한 프리랜서 직군을 유형별로 구분하려는 시도가 이루어지고 있다. 이 또한 프리랜서를 향한 지구촌의 관심을 뒷받침하는 증거일 것이다.

라펠리 박사는 아이프로의 증가폭과 국가 경제의 상관성을 분석하기도 했다. 아이프로의 비율이 급증한 독일, 프랑스, 영국은 경제 위기를 잘 버틴 반면, 아이프로가 오히려 줄어든 스페인과 이탈리아는 경기 침체가 심화되었다는 것이다. 고정적인 정규직보다 탄력성이 높은 프리랜서 직군의 특징이 불안정한 고용시장의 완충재가 되어주었기 때문이다. 최근 10년 유럽 내 아이프로의 증가 비율은 15~20%, 같은 시기 샐러리맨의 증가폭은 불과 3%였다.

높아진 프리랜서들의 위상은 고용 형태의 변화도 불러오고 있다. 영국의 프리랜서 취업 중개 사이트인 '이랜서닷컴'처럼 인터넷과 소셜네트워크서비스가 발전하면서 기업과 프리랜서의 거리가 한층 가까워졌다. 특히 아이프로는 기업의 입장에서는 무한한 아이디어 경쟁에서 다채로운 창의적 사업을 발굴하고 진행할 수 있는 소중한 가능성의 씨앗이 되고 있다. 이 때문에 유럽에선 아이프로를 단순히 고용하는 것을 넘어 투자의 대상으로 보는 기업들이 늘고 있다고 한다. '아이디어'와 '프로페셔널 정신'으로 기업 못지않은 브랜드 가치를 만들고 있는 아이프로, 이들이 지금 프리랜서 세계에 새로운 대안이 되고 있다.

: 지식기반사회를 이끄는 새로운 브랜드

프리랜서의 증가는 21세기 지식기반사회에서 더욱 두드러지는 필연적인 현상이다. 이른바 '스마트 워크'라 불리는 업무의 변화가 고용 형태의 변화까지 불러온 것이다.

"기업 입장에선 회사 내에서 가지고 있지 않은 전문지식을 필요로 할 때 외부에서 바로 섭외해 쓰면 비용을 줄일 수 있죠. 예를 들면 변호사나 자문 인력 같은 경우가 그래요. 어떤 기술혁신 문제에 맞닥뜨렸을 때, 전문 인력과 전문적인 답이 필요할 때, 그 방면의 아이프로 인력을 찾아 쓰면 이들은 기한 내에 즉시 답을 찾아줍니다. 이틀 만에 필요한 일을 끝내달라고 해도 즉각 끝내주죠. 그러나 소속 직원에게 갑자기 무슨 일을 무조건 이틀 내에 하라고 지시할 수는 없습니다. 전문성도 부족할뿐더러 정해진 근무시간이 있기 때문이죠."

라펠리 박사는 앞으로 아이프로의 수는 더 증가할 것이라고 확신한다. 소속감이나 의무보다 개인의 독립성과 자유가 더 큰 가치로 여겨지는 시대, 좋은 일자리의 미덕이 달라졌기 때문이다.

아이프로들의 전문성은 지식과 아이디어에서 비롯된다. 오랜 경험에 의해 축적된 기술력으로 승부하는 전통적인 장인들과는 그 궤가 다르다. 이 때문에 아이프로를 고용하는 데 있어서 기업의 입장에선 리스크가 발생할 수 있다. 평가 기준이 분명한 직군이 아니기 때문에 인재 선택에 위험이 따르는 것이다. 이를 위해 라펠리 박사는 아이프로의 능력을 검증할 수 있는 자격 시스템이 필요하다고 주장한다.

"사실 아이프로들의 진입 장벽을 낮추기 위해, 직업의 까다로운 자격 허가제를 차라리 없애자는 이야기도 나왔는데요. 저는 이런 주장은 매우 위험하다고 생각합니다. 프랑스는 혁명 이후 모든 직업의 자유주의화를 경험했었지요. 의료행위를 하는 사람에 대한 규제가 없어서 돌팔이 의사에게 사람들이 황당하게 죽는 일도 많았고요. 그러므로 아이프로 활동의 발전을 위해서는 오히려 보다 엄격한 자격 규제화가 필요하다고 봅니다. 퀄리티를 검증하는 절차가 있어야 해요. 예를 들어 부부문제 상담사라고 해보죠. 그건 어떤 자격증이 필요한 직종은 아니죠. 아무런 능력이 없는 사람이 그런 일을 하고 있을 수도 있습니다. 이런 경우는 분명 위험합니다. 또 어떤 사람이 아무 능력이 없는 사람에게 자산 운영을 위해 경제적인 문제를 문의했을 때, 잘못하면 큰 손해를 입을 수도 있어요. 자칫하면 전 재산을 다 날릴 수도 있는 문제니까요."

능력 있는 아이프로들이 사회의 신뢰 속에서 성장하기 위해서는 최소한의 자격 규제가 필요하다. 이런 시스템이 마련되면 아이프로들의 직업적인 위상 또한 더 견고해질 수 있을 것이다. 이미 유럽에선 구체적인 논의가 진행될 만큼 아이프로는 직업시장의 핵이 되고 있다.

평생직장이 보장되지 않는 시대이지만 평생직업의 주인공이 될 수 있는 가능성은 오히려 더 커졌다. 프리랜서 세계에서 고부가가치 브랜드 그 자체가 된 아이프로들, 그들의 브랜드는 화려한 스펙이나 든든한 인맥에서 나오는 것이 아니다. 오로지 '나'에 대한 투자를 멈추지 않는 것, 그들의 그 값진 투자가 프리랜서 시장의 판을 키우고 지식기반사회를 리드하고 있다.

Joy of Learning

배움은 계속돼야 한다, 쭈욱!

M Y J O B

:J

"당신의 가장 큰 자산은 직업이다. 집을 사지 말고 직업교육에 투자하라!"

최근 『타임』지에서 직업교육과 관련한 흥미로운 조사를 진행했다. 미국인들이 2007년 경제 위기 이후, 자신의 수입을 어디에 투자해 얼마큼의 수익을 냈는지 알아본 결과, 부동산이나 주식보다 직업교육에 투자했을 때 훨씬 높은 수익을 보인 것이다. 집권 2기를 맞은 버락 오바마 대통령 역시 새해 첫 국정연설을 통해 직업교육의 필요성을 강조하고 나섰다. 청년실업률이 17%에 달하는 미국에서 학업과 직업의 거리를 좁혀 일자리 문제를 해결하자는 국민적 공감대가 형성되기 시작한 것이다. 특히 미국의 대학은 기발한 아이디어와 창의적인 연구의 산실이다. 페이스북은 하버드의 기숙사에서 만들어졌으며, 구글은 스탠퍼드의 기숙사 방에서 시작됐다. 한 발 더 나아가 구글은 본사를 '캠퍼스'라고 부르며 '대학 기숙사처럼' 사옥을 꾸몄다.

반면 우리의 캠퍼스 현실은 어떤가? 학생들의 평균 스펙이 좋아졌다고는 하지만 실제 업무에 필요한 자질은 크게 부족하다는 불만의 소리가 높다. 대학마다 산학 프로그램이 있기는 하지만 실제 채용으로 이어지는 일 역시 쉽지 않다. 보건복지부 조사에 따르면 우리나라에서 한 개인이 태어나 대학 졸업까지 쓰는 비용은 3억 896만원에 달한다고 한다. 그러나 졸업 이후의 현실은 원금 회수는커녕 적자에 시달리는 경우가 더 많다. 세계 최고의 교육열을 자랑하는 한국, 하지만 그 효과는 세계 최저 수준이다. 무엇이 문제일까? 해답은 역시 직업교육에서 찾아야 할 것이다.

미국 스탠퍼드 대학 커리어개발센터 & 스타트업 101페어

캠퍼스 안에서 취업을 트레이닝하다

안목이 넓어졌어요.
여기서는 공부 그 자체가 직업은 물론 제 목표와 직접적으로 이어지니까요.
내가 정말 사회와 연결되어 있다는 사실을 실감하게 되죠.
김윤호(스탠퍼드 대학 유학생)

스탠퍼드의 졸업생들이 세계를 무대로 벌어들인 연간 수익은 3조 달러에 달하고 일자리 창출 규모 또한 웬만한 선진국에 버금갈 정도라는 점은 앞서 이야기한 바와 같다. 스탠퍼드의 창업 열기는 뜨겁지만, 사회인으로의 첫 출발지로 취업을 선망하는 학생들이 더 많은 것은 사실이다. 세계적인 명문대 학생일지라도 좋은 일자리를 얻어야 한다는 불안감은 우리 학생들과 다르지 않은 것이다. 특히 최근 미국에서는 "최고를 추구하라Pushing for the Best"라는 캐치프레이즈가 유행하면서, 학생들이나 학부모들이 대학교육에 많은 투자를 한 만큼 반드시 고부가가치의 직업을 택해야 한다는 압박감이 커졌다고 한다. '내 일'에 대한 고민은 국적을 초월해 이 시대 모든 청춘들의 가장 큰 숙제인 것이다. 이 큰 숙제를 안고 고군분투하는 재학생들을 위해 스탠퍼드라는 이 세계적인 명문

대는 어떤 지원을 하고 있을까? 커리어개발센터Career Development Center, CDC가 스탠퍼드 재학생의 경력 개발과 취업 지원을 책임지고 있다.

커리어개발센터의 3층 건물은 항상 많은 학생들로 붐빈다. 담당 교직원은 커리어개발센터를 이렇게 설명한다.

"우리 센터에서는 전문 취업 카운슬러들이 학생들의 다양한 문제들을 상담하고 그들의 취업 관련 결정을 돕고 있습니다. 특정 분야의 직업정보를 제공하는 한편, 관련 자료를 갖춘 직업도서관도 따로 마련되어 있죠. 일자리 공시, 인턴십 지원 리스트 제공, 취업박람회 개최, 기업 측에서 나와 학생들을 면접하는 캠퍼스 채용 프로그램 실시는 물론 학생 워크숍과 취업 준비를 위한 주요 과정으로 졸업생들과의 네트워킹 교육도 시행하고 있어요."

전문 취업상담사가 상주해 있고 직업도서관까지 따로 갖춘 커리어개발센터는 하루 평균 100여 명의 학생들이 방문한다. 학생이 직업을 찾는 과정 또한 학업과 다름없는 일종의 탐구나 발견이라 여기기 때문에 보다 실질적인 도움을 주기 위해 노력한다.

"졸업을 앞둔 학생들에겐 자신에게 맞는 회사를 찾는 일이 가장 중요한 문제죠. 그런데 의외로 아주 많은 학생들이 자신이 원하는 일에 대한 확신을 갖지 못하고 있어요. 따라서 경력개발과정은 학생들에겐 일종의 탐구나 발견의 과정인 거죠. 인턴 체험과 같은 과정을 통해 학생들은 자신이 원하거나 원치 않는 일들을 보다 자세히 알아가게 됩니다. 따라서 '너에게 적합한 직업이란 이것이다'라고 저희가 단언할 수는 없지만 학생들이 선택할 수 있는 직업의 기회들을 다양하게 보여주고, 자신의 관심에 부합하는 일을 찾을 수 있도록 적극적으로 지원하기 위해 노력하고 있습니다."

커리어개발센터에서 가장 눈에 띄는 프로그램을 꼽자면 '카디널 Cardinal 채용프로그램'이다. 학생들이 캠퍼스에서 바로 취업할 수 있는 기회를 제공받는 지원시스템인데, 기업의 인사담당자가 직접 캠퍼스를 방문해 면접을 본 후 적극적으로 학생을 채용하는 방식을 말한다. 학생이 기업을 찾아 캠퍼스 밖으로 나가기 전에 학교가 기업을 불러들여서 학생과의 만남을 주선해주는 것이다.

"그런 방식 대신 취업박람회를 통해 채용하는 기업들도 물론 있죠. 심지어 방문채용 방식을 시간 낭비라며 일자리 공시만 하는 기업도 있어요. 하지만 스탠퍼드의 풍부한 인력풀을 믿는 유수의 기업들 상당수는 이곳에 와서 학생들을 직접 인터뷰합니다. 보통 서류심사를 통해 학생들을 선발한 후, 이곳 3층에 있는 인터뷰룸에서 학생들과 한 시간 정도 대화를 나누죠. 이런 과정을 통해 한꺼번에 다수의 학생들을 채용하는 기업도 있고, 2차 인터뷰를 진행하는 기업도 있어요."

스탠퍼드는 사실 세계 최고 수준의 명문대학이다. 졸업장만 가지고 있어도 저절로 취업이 될 듯한데, 학교가 이렇게까지 나서야 할 필요가 있을까? 커리어개발센터 담당자가 대답한다.

"훌륭한 기업은 졸업장만으로 사람을 뽑진 않습니다. 그렇기 때문에 학생들은 자신의 능력을 적극적으로 내세울 수 있어야만 해요. 고용주에게 내가 왜 이 일에 관심을 갖게 됐는지, 내 전공이 왜 이 일에 적합한지 납득시킬 수 있어야 하죠. 따라서 학교의 명성 자체가 중요하다기보다는 그 학교에서 '어떤 훈련'을 받았느냐가 더 중요합니다. 학업과 직업이 이어질 수 있게 하는 훈련 말이죠. 그리고 학생들이 대학에서 배운 내용을 취업 준비에 활용할 수 있도록 도와주는 것이 우리의 책임이고요."

세계 최고의 스펙으로 불릴 만한 스탠퍼드조차 학교 교육이 직업시장에서 이어질 수 있도록 취업 트레이닝에 앞장서고 있다는 점이 인상적이다. 스탠퍼드의 커리어개발센터는 오늘도 학교에서 배운 지식과 학생들의 과외활동이 고용주에게 매력적으로 어필할 수 있도록 다양한 프로그램을 개발하고 있다. 현실적으로 빛나는 졸업장도 취업 문턱 앞에서는 휴지조각이 되는 경우가 다반사다. 그러나 취업훈련도 교육의 연장이라는 스탠퍼드적인 생각을 우리도 실천할 수 있다면, 학업과 직업 사이를 갈라놓은 그 높은 장벽을 조금씩 허물 수 있지 않을까?

: 생각은 넓게, 공부는 깊게, 진로는 다양하게!

스탠퍼드 대학의 커리어개발센터 3층에는 기업의 인사담당자와 재학생의 일대일 취업 인터뷰가 이루어지는 방만 무려 40여 개가 있다. 게시판에는 그날의 인터뷰 스케줄이 빼곡히 적혀 있다. 순서를 기다리는 학생들을 위한 대기실에는 다양한 국적의 학생들이 앉아 있는데 그중에는 한국 유학생들도 눈에 띈다. 스탠퍼드에선 한국 유학생이 인도, 중국에 이어 세번째로 많다고 한다. 이곳 대학원에서 에너지정책을 공부한다는 김윤호씨도 한국에서 경영학을 전공하고 2년 전에 이곳에 입학했다. 윤호씨는 커리어센터 대기실에서 이력서를 검토하고 있다.

"커리어개발센터가 한국 유학생들에게도 도움이 많이 되죠. 특히 이력서를 완성할 때 기업마다 요구하는 양식들이 조금씩 다르거든요. 그런데 여기서는 그런 부분까지 세세하게 짚어줍니다. 그리고 다양한 동문 네트워크와 연결될 수 있도록 도와주는 역할도 하죠. 무엇보다 다양한 기업들이 학교에 직접 방문할 수 있게 주선해주니 정말 좋아요. 지금도 저 방 안에선 인터뷰가 진행중이잖아요."

윤호씨는 스탠퍼드에 와서 학교의 진짜 의미를 다시 깨달았다고 한다. 직업 트레이닝 과정을 통해 캠퍼스 안에서 무엇을 공부해야 하고, 사회에선 무엇을 할 수 있는지에 대해 구체적으로 파악할 수 있는 기회를 주었기 때문이다.

"안목이 넓어졌어요. 여기서는 공부 그 자체가 직업은 물론 제 목표와 직접적으로 이어지니까요. 내가 정말 사회와 연결되어 있다는 사실을 실감하게 되죠. 한국에서 대학을 다닐 땐 학교 강의는 그냥 강의일 뿐이었어요. 공부가 취업 전 일종의 커리어로 쌓이기엔 좀 어려웠던 것 같아요."

스탠퍼드에서 공부하고 있는 7명의 한국 유학생들을 만났다. 이들은 대학, 취업, 그리고 '내 일'에 대해 어떤 고민을 가지고 있을까? 그들의 눈에 비친 한국의 대학은 어떤 모습일까?

"한국에선 사람들이 모두 비슷한 색깔을 가지려고 하는데 이곳에선 자기만이 낼 수 있는 색깔, 남들이 할 수 없는 일을 하는 사람이 되라는 마인드를 심어줘요. 사실 문과는 창업할 수 있는 기회가 많은 것도 아닌데 자연스럽게 나만이 할 수 있는 일을 찾게 되죠."

"사실 이쪽 애들이 머리가 더 좋은 건 아니에요. 스탠퍼드 대학은 공부의 양보다는 방향성에 더 중점을 둬요. 그러다보니 자신이 원하는 분

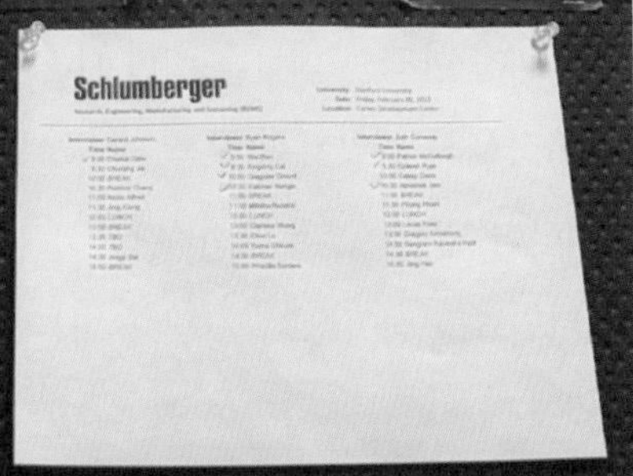
Cardinal Recruiting
Check-in Board
Room 303
Room 304
Room 305
Schlumberger

야를 빨리 결정하고 올인하죠."

"한국 학생들 중 스탠퍼드 수석졸업자는 있지만 좋은 스타트업을 만든 사람은 아직 없어요."

이들의 경험은 대학의 역할이 무엇인지 다시 생각하게 한다. 학교가 단순히 졸업장을 내주는 곳이 아니라 학생들에게 자신이 원하는 것이 무엇인지를 파악할 수 있는 기회를 제공해주는 공간이어야 한다는 것이다. 다양한 관점에서 직업을 볼 수 있는 마인드를 심어주는 것이 캠퍼스의 역할이다.

"우리나라에서는 중소기업 잘 안 가려고 하잖아요. 그런데 여기 학생들은 회사 브랜드나 규모보다는 자기 적성에 맞춰서 스타트업 회사에 많이 취업해요."

"한국은 중소기업에서 쌓은 커리어가 인정을 잘 못 받는 경우가 많아요. 그런데 미국, 특히 실리콘밸리는 성과 그 자체를 보기 때문에 대기업 경력보단 오히려 스타트업 회사에서 일한 경력이 더 좋은 평가를 받을 수 있어요. 작은 회사에 가더라도 충분히 인정받기 때문에 직장을 선택할 때의 두려움이 훨씬 줄어드는 거예요."

그렇다. 대학의 직업교육이란 '좋은 직장에 학생들을 납품하는 것'이 아니라 '학생들에게 세상에 괜찮은 직업들이 많음을 알리는 것'이다. 학생들에게 평생 살아가면서 여러 번 직업을 바꾸게 될 수 있음을 조언하고, 오직 하나의 적합한 직업을 졸업하자마자 잡아야 앞날이 편하다는 식의 불안감에서 자유롭게 해주는 것이다. 스탠퍼드의 직업교육은 비록 하나의 목적지일지라도 다양한 경로들이 존재함을 일깨운다. 그리고 인생을 살면서 그 목적지 또한 얼마든지 달라질 수 있다고 말한다.

스탠퍼드의 직업교육철학은 이곳 학생들에게 폭넓은 직업관을 가질 수 있도록 돕고 있었다.

"저는 스탠퍼드에서 공부한 6년 동안 제가 많이 변했다고 생각해요. 한국에 있을 땐 직업 선택의 기준이 돈, 지위, 명예 같은 거였다면 이제는 재미와 즐거움, 행복이 더 우선순위에 있어요. 타인의 시선도 필요 없고 비정규직이라도 괜찮아요. 그게 진짜 '내 일'이라면요."

우리나라에서 4년 만에 대학을 졸업하는 학생들의 비율은 약 30% 정도라고 한다. 취직 준비에 시간이 더 필요하기 때문이다. 그런데 대졸자의 75.4%가 2년 안에 퇴사한다(2010년 한국고용정보원 조사 자료). 퇴사 이유로는 '조직 및 직무 적응 실패'(43.1%)가 가장 많았다(한국경영자총협회 2012년 신입·경력사원 채용실태 특징조사 자료). 이 아이러니한 통계가 시사하는 점은 분명하다. 대학은 스펙보다 직업을 고를 수 있는 안목부터 가르쳐야 하는 것이다. 스탠퍼드의 학생들을 빛내주는 건 눈부신 졸업장이 아니라 내 일을 선택할 수 있도록 해주는 용기에 있다. 우리가 정말 배워야 하는 것은 바로 그 용기다. 생각은 넓게, 공부는 깊게, 진로는 다양하게! 그러고 나서 용기 있게 도전하라.

: 발품을 팔면 명품 직장이 보인다!

스탠퍼드 캠퍼스에서는 크고 작은 취업박람회가 끊임없이 열린다. 그중에서도 '스타트업 101페어'는 실리콘밸리에 위치한 스타트업 기업들이 자신의 사업 내용을 알리고 구인활동도 벌일 수 있는 벤처취업박람회다. 스탠퍼드 커리어개발센터에서 주최하는 이 잡페어는 1년에 무려 15회나 열리지만, 그때마다 업체들의 참가 경쟁이 늘 치열하다고 한다. 이번 박람회엔 90개 업체가 참가해, 학생들이 박람회장을 둘러보는 것만으로도 미처 몰랐던 직업군에 대해 배울 수 있는 훌륭한 직업체험의 장이 되었다.

스탠퍼드에서 2년째 석사 공부를 하고 있는 리사도 이곳을 찾았다.

"사실 전 어떤 특정한 직장을 찾기 위해 온 건 아니에요. 잘 알려져 있다시피 실리콘밸리는 혁신과 새로운 아이디어, 벤처기업의 세계적인 산실이기 때문에 회사마다 시도하고 있는 다양한 혁신들에 대해 알고 싶어서 찾게 됐죠. 자신이 하는 일에 열정을 갖고 그를 통해 세상을 바꾸려는 이들을 만날 수 있어서 자극을 받게 돼요. 새로운 변화를 통해 세상에 큰 반향을 일으키는 기업들이 여기 모여 있죠. 그들도 똑같은 이유로 스탠퍼드 학생들을 찾고 있다고 생각해요. 이런 행사는 취업은 물론 다양한 사람들과 인맥을 쌓는 데 도움이 되기 때문에 업체들이나 관련 산업 등을 알기엔 최적의 장소죠."

박람회에 참가한 기업 인사담당자들의 이야기 역시 같은 맥락이다.

"보통 입사시험이나 면접을 치를 때는 회사 인사부서 사람들도, 또 취업준비생들도 잔뜩 긴장하고 서로를 평가하느라 얼어 있는 경우가 많죠. 하지만 스타트업 101페어에서는 달라요. 저희도 반드시 쓸 만한 신입사원을 뽑고야 말겠다는 전투적인 의지를 다지고 오기보다는, 명석한 젊은 예비 엔지니어들을 만나는 것 자체만으로 즐거워지거든요. 저 역시 스탠퍼드에서 박사과정을 마쳤어요. 이후 구글에서 일하다 그냥 보통의 대기업 직원으로서가 아닌 뭔가 새로운 나만의 일을 해보고 싶어서 벤처업체에서 일하고 있죠. 후배들에게 벤처의 장점을 한껏 알려주고 싶어요."

우리나라 대학 역시 매년 크고 작은 취업박람회를 개최한다. 하지만 직업관에 대한 스스로의 분명한 자기 인식 없이 산발적이고 무계획으로 박람회장을 찾는다면 더 혼란스러워지기만 할 것이다.

'지피지기 백전백승知彼知己 百戰百勝'이란 말이 있다. 상대를 알고 나를 알면 백 번 싸워도 위태롭지 않다는 이 오래된 고사성어야말로 '내 일'을 찾을 수 있는 답이 될 수 있지 않을까? 자신의 현재 상황을 정확히 파악하고 원하는 기업에 대한 정보를 적극적으로 찾아나서서 둘 사이의 간극을 줄여나가며 일자리를 찾아야 실수를 줄일 수 있다. 부지런히 발품을 팔아야 한다. 어디에 쓰일지 모르는 막연한 스펙을 쌓는 데 쓰는 노력과 시간의 10분의 1만큼이라도 투자해서 취업센터의 문을 두드리고 작은 잡페어라도 참여하며 직업 탐색의 여정을 멈추지 않을 때, 비로소 나를 위한 직장이 보일 것이다.

독일 인턴 엑스포 & 카처사 & 루프트한자테크닉

현장에서 '열공'하는 준비된 청년들

공부라는 게 원래 조금 힘든 거잖아요.
현장에서 몸으로 공부하는 게 더 힘들 거라는 생각은 편견이에요.
얀(루프트한자테크닉 인턴)

세계에서 직업교육이 가장 성공적으로 이루어지고 있는 나라 중 하나가 독일이다. 독일에서 수많은 '히든 챔피언'들이 나올 수 있었던 비결 역시 직업교육이라고 할 수 있다. '직업교육을 빼놓고 독일의 성장을 이야기할 수 없다'는 말이 전 세계적으로 회자될 만큼 독일은 다양한 산업현장에서 제 몫을 다하는 인재들이 풍부하다. 독일에서는 고졸 기술자들이 대졸자보다 더 나은 대우를 받는 경우도 많다. 직업교육이 의무교육으로 지정되어 있어 전 국민이 반드시 직업교육을 받아야 하고, 마이스터 제도를 통해 최고의 기술인을 양성하는 등 사회적으로 기술교육의 기반이 탄탄하다. 덕분에 독일의 전체 실업률은 5.5%, 청년실업률도 7.7%에 불과하다. 유로존 전체 실업률 12%, 청년실업률 24%와 비교해봐도 확연히 낮은 수치다(2013년 유럽통계청 발표 자료). 고등학생 상당수가 대학 대신 직업교육을 택하는 실용적인 교육체제가 고학력 실업자와 일자리 부족 문제를 막아주는 것이다.

반면 우리나라에서는 30만 명이 넘는 청년들이 실업자란 꼬리표를 달고 있는데, 정작 중소기업들은 신입사원을 채용하기가 힘들다고 하소연한다. 젊은이들은 취업의 어려움을 토로하고 중소기업은 인재난에 허덕이고 있는 아이러니한 상황이 펼쳐지는 것은 일자리의 가치와 소득기준을 바라보는 눈높이가 서로 다르기 때문이다. 이러한 현상을 두고 무작정 청년들을 비난할 수는 없다. 중소기업이나 기술직에 대한 인식이 낮아 좋은 배우자 찾기부터 쉽지 않다는 하소연이 나오는 문화를 바꾸지 않고는 이러한 역설을 치유할 수 없다. 독일은 바로 이 눈높이를 맞추기 위해 어릴 때부터 직업교육을 실시하고 학교와 기업을 연결해 직업훈련생을 양성한다. 일만 하는 회사가 아니라 공부할 수 있는 회사, 기업과 학교의 경계를 지운 독일의 남다른 인턴제도가 취업난에 시달리는 전 세계 국가들에 새로운 처방전을 제시하고 있다.

: 대학입시 대신 '내 일'을 찾는 십대들

독일 프랑크푸르트 엑스포장의 드넓은 공간이 10대 청소년들로 왁자지껄하다. 이 행사는 독일 전역에서 매달 열리는 아주비Azubi, 즉 청소년 대상 인턴 채용 엑스포 중 하나로 독일에서 가장 큰 규모를 자랑한다. 기업에는 자신들의 사업과 훈련과정을 알릴 기회가 되고, 청소년들에겐 회사의 비전과 교육 기회, 업무환경 등에 대한 정보를 얻을 수 있는 곳이다. 이번 행사엔 80개 기업이 참가해 청소년들의 관심을 끌기 위해 치열한 경쟁을 벌이고 있다.

"저희 회사는 3년간의 인턴교육을 거친 후 호텔업계에서 일할 수 있는데, 이런 기회가 청소년들 사이에서 널리 알려져 있지 않은 상태입니다. 독일에선 호텔업의 사회적 평판이 그리 좋은 편이 아니거든요. 보수도 적고 주말이나 크리스마스에도 일해야 한다는 인식을 갖고 있지만 실제로는 그렇지 않습니다. 청소년들에게 호텔업도 멋진 직업이라는 것을 알려주고 싶어요."

이 엑스포에 참가하는 학생들의 나이는 적게는 열네 살에서부터 많게는 열여덟 살 정도이다. 아직 직업과 사회생활에 관한 경험이 부족한 청소년들이 부모님이나 직업학교 선생님과 함께 박람회를 찾는 경우가 많다. 이들 청소년들에게 취업은 배움을 중단하는 것이 아니다. 직장 내 평생학습체제가 자리잡혀 있어서 얼마든지 배움을 이어갈 수 있다.

직업학교 교사이자 고등학생 딸을 키우고 있는 얀체 역시 딸에게 더 많은 직업의 가능성을 보여주고 싶어서 엑스포를 찾았다고 한다.

"청소년기에 다양한 직업정보를 얻는 것이 굉장히 중요하다고 생각해요. 대부분의 청소년들은 미래에 택할 수 있는 직업들이 아주 광범위하다는 사실을 잘 모르고 있거든요. 자신의 능력을 발휘하고, 즐길 수 있는 일을 찾기 위해 정보를 모으고, 구체적으로 어떤 훈련과정이 있는지를 살펴보는 일은 학생들에게 큰 도움이 될 거예요."

아버지를 따라나온 열일곱 살의 샨드레는 이번 행사를 통해 진로에 대한 다른 생각을 할 수 있었다고 말한다.

"원래는 대학에 가려고 했지만 여기 인턴 엑스포에서 사내 직업훈련에 대해 자세히 알게 됐어요. 대학에 가는 대신 직업훈련을 받을까 생각중이에요. 또 직업훈련을 받으면서 대학에 다닐 수 있는 길도 있으니까요."

대학 진학과 맞바꿀 정도로 독일인들의 직업교육에 대한 고려는 진지하다. 일하려는 의지가 강하고 미래를 대비하는 일에 철저하다고 알려진 독일인들이 이토록 적극적으로 수용하는 직업훈련의 비결은 무엇일까? 우리에겐 착취와 박봉의 상징이 되어버린 인턴제도, 그러나 독일에선 젊은이들의 직업훈련을 책임지는 신뢰받는 직업교육의 대명사로 여겨지는 인턴제도가 그 출발점이다.

: 청년과 기업이 함께 성장하는 발판, 인턴제도

전형적인 독일의 '히든 챔피언'인 진공청소기 생산업체 카처사. 카처사는 미국 러시모어 산의 큰바위얼굴과 우리나라의 서울타워를 스팀청소한 것으로 유명하다. 세계시장에서 품질 좋은 제품으로 신뢰를 쌓아가며 높은 판매율을 기록중이다. 카처사는 기술이 경쟁력의 핵심이기 때문에 내부적으로 인재양성에 더욱 집중하고 있다고 한다. 1977년부터 산학연계 교육을 시작했고 대학 교육과 실무를 병행하는 이원직업교육은 1960년대부터 실시됐다. 이곳에서만 35년을 근무했다는 사르만 역시 그러한 교육시스템의 수혜자였다.

"저희 회사에는 10대 때부터 직업훈련을 받고 30~40년 이상 장기근속하고 있는 직원들이 많아요. 숙련공, 팀장, 엔지니어 등 전 분야가 마찬가지예요. 또 저처럼 오래 일한 사람들이 새로 들어온 인턴들의 교육을 책임지기도 하고요."

일반적인 경우 직업훈련은 많은 시간과 비용이 들어 성과를 거두어들이기까지 오랫동안 기다려야 한다. 더욱이 이런 대규모 교육을 지속적으로 시행하는 일은 그 어떤 기업에도 만만한 일이 아니다. 오히려 '아웃소싱'이 단시간에 비용을 줄이면서 인력수급 문제를 쉽게 해결하는 방법이다. 카처사가 아웃소싱 전략을 고려하지 않고 사내 직업교육을 고수하는 이유는 무엇일까? 이곳의 전문 엔지니어인 페릭스가 단호하게 답했다.

"아웃소싱을 해서 비용을 얼마나 더 줄일 수 있을지는 확언할 수 없습니다. 반면에 젊은이들이 카처사에서 충분히 훈련을 받아 나중에 회사에서 일하면 반드시 훈련비용을 되돌려받을 수 있죠."

즉, 비용이라는 측면에서조차도 아웃소싱은 불확실한 방법이며 인력의 질이라는 측면을 따지자면 직업훈련은 확실한 결과를 보장받을 수 있다는 것이다. 이곳의 관리자들이 인턴제도에 이토록 확신을 가질 수 있는 까닭은 오랜 기간 직업훈련을 실시해오며 거두어들인 성과가 분명하기 때문이다. 카처사의 대표인 하무트 예너는 장기적인 안목을 가지고 지속적으로 계획을 완수해나가는 일이 가장 중요하다고 강조한다. 그는 직업훈련이 유능한 인재를 창출하고 이는 곧 직원들의 능력에 대한 신뢰라는 선순환으로 이어져 직원에게는 장기근속을, 회사에는 질 좋은 노동력을 보장해준다고 말한다. 젊은이들이 외부에서 익힌 기술로 구직을 하는 대신 이처럼 회사의 훈련과정을 거쳐 당사에 취직하는 시스템이 회사 입장에서는 노동의 질을 보장받을 수 있는 가장 확실한

N.Hahn
EUPEN

방법인 것이다.

직업훈련에 기반한 인턴제도는 고용자와 피고용자가 저마다 가지고 있는 불확실성을 좀더 안정되고 확실한 쪽으로 이행시켜준다는 의미가 크다. 대학교육이 담보해주지 못하는 확실한 일자리와 충분한 대우를 보장받는다는 점 역시 젊은이들에게 큰 매력으로 다가온다. 이곳에서 정직원으로 근무한 지 1년 정도 되었다는 청년, 마리오 보에로는 인턴 기간에 대해 이렇게 이야기한다.

"저는 여기서 6개월간의 인턴 훈련을 받았지만 더 장기간 훈련받는 경우도 있습니다. 제 경험상 오래 배운 사람들은 변화에 잘 적응하는 것 같아요. 그들은 모든 부서에서 일하고 있고 회사를 매우 폭넓게 이해하고 있습니다. 성격이 매우 다른 작업도 잘해낼 수가 있죠. 회사의 훈련 프로그램이 매우 다양하기 때문이에요. 저는 엔지니어이지만 회사에서 커뮤니케이션기술 등을 공부하기도 합니다. 직장생활을 통해 생활이 안정되고 금전적으로 여유가 생기는 것도 좋은 점이지만 무엇보다 일하면서 끊임없이 배울 수 있다는 게 가장 좋죠."

높은 임금과 안정적인 노동조건만큼이나 중요한 것이 바로 개인의 장기적인 발전 가능성일 것이다. 카처사의 젊은이들은 비록 캠퍼스의 낭만은 경험하지 못하지만 현장에서 좀더 일찍, 빠르게 자신의 비전을 키울 수 있었다. 그리고 그 과정 속에서 젊은이들은 기업과 함께 당당히 성장한다. 미국의 스탠퍼드처럼 세계적인 대학이 많지 않은데도 독일 경제가 탄탄한 이유가 바로 여기에 있다. 젊은이들의 노동력을 너무 싸게 이용하고 너무 쉽게 내던져버리는 우리의 인턴제도에 대수술이 필요하다.

: 성적순이 아닌 땀 흘린 만큼 행복을 버는 일자리

독일을 대표하는 항공사 루프트한자의 견습기관이자 작업 현장인 루프트한자테크닉. 이곳에선 약 800여 명의 젊은이들이 인턴과정을 밟으며 전문기술자의 꿈을 키우고 있다. 루프트한자의 훈련교육기간은 공식적으로 42개월이며 교육은 직업훈련학교와의 파트너십을 통해 이뤄진다. 훈련생들은 1년에 약 12주간은 직업학교에 나가 이론수업을 듣고, 이후 작업 현장에서 기초교육을 진행한 후, 후반부엔 루프트한자테크닉의 실제 작업장에서 전문 정비사들과 함께 기술을 배운다. 대개 16세에서 20세 미만의 청소년들이기 때문에 실무에 투입할 수 있을 때까지 충분한 시간을 두고 체계적인 교육을 진행하는 것이다. 이곳의 관리자인 마킷 파만은 청소년을 기술자로 키우는 이곳의 인턴제도가 기업에 더 큰 이익을 주고 있다고 말한다.

"학생들에게 매달 급료가 지급되긴 합니다. 회사 입장에선 투자죠. 훈련과정을 절반쯤 마치면 이미 작업장에서 일할 능력이 되기 때문에 회사에는 어느 정도 도움이 됩니다. 그러다 훈련과정을 완전히 이수하면 숙련기술자로서 곧바로 작업장에 투입되죠. 그들은 회사조직이나 시스템, 관련 절차, 품질시스템 등에 대해 잘 알고 있기 때문에 일을 시작하는 순간, 전문 정비사로서의 모든 자질이 완벽히 갖춰진 상태로 출발하는 겁니다."

포부만큼은 루프트한자의 어떤 비행기보다도 커다란 이곳의 인턴들은 입을 모아 말한다.

"이곳의 인턴과정을 선택한 이유는 다른 곳에서는 절대 할 수 없는 경험들을 제공해주기 때문이에요. 비행기 안에 직접 들어가 일할 기회를 얻는다는 건 흔치 않은 일이죠. 교재나 그림 등을 통해 배우는 것과는 차원이 다른 경험을 쌓을 수 있습니다."

대부분의 학생들이 인정하듯, 루프트한자 직업훈련의 가장 큰 매력은 실무와 밀착된 교육환경이다. 하지만 어린 나이에 거친 기계와 장비 속에서 청춘을 보내는 것이 고달프진 않을까?

"물론 대학에 간 친구가 여가시간은 더 많을 거예요. 하지만 그 친구는 취업을 위해 별도로 대비할 일들이 더 많겠죠. 친구는 대학에서 수업을 듣고 하루에 두세 시간 취업에 필요한 공부를 하는 반면, 저는 꼬박 여덟 시간을 실제적인 취업공부에 열중합니다. 결과적으로는 우리가 더 많은 공부를 하는 셈이죠. 공부라는 게 원래 조금 힘든 거잖아요. 현장에서 몸으로 공부하는 게 더 힘들 거라는 생각은 편견이에요."

스물두 살의 얀에게 인턴생활은 대학 진학 실패로 인한 차선책이 아니다. 원하는 직업과 꿈을 향해 하나하나 밟아나가는 계단이다. 타이트한 교육과정이 끝나면 시험을 치러야 하고 또 테스트를 통과해야 기술자로 취직이 가능하다. 그렇기 때문에 일에 대한 동기나 적성이 무엇보다 중요하다. 비행기 정비사가 꿈이라는 크리스토퍼에겐 그래서 이곳이 꿈의 직장이다.

"항공기를 직접 다루는 직업이라 마음에 들어요. 매일 새로운 문제와 직면하기 때문에 반복되는 업무로 인한 지루함도 없습니다. 그런 점이 제겐 아주 중요해요. 수년간 일해도 결코 이 일이 지루하지는 않을 것 같아서 만족합니다."

청소년기의 진로 탐색에서 가장 중요한 것은 학생들이 능력을 발휘하면서 동시에 즐길 수 있는 일이 무엇인가를 찾아주는 일이다. 젊은이

Lufthansa Technik

들에게 적성에 맞는 일을 찾아주고 충분한 대우와 취업이 보장되는 직업훈련의 기회를 주는 것이 독일에서만 가능한 일일까? 사실 우리나라도 독일의 교육모델을 적극적으로 받아들이기 위해 마이스터 고등학교들을 설립하고 있지만 단지 비슷한 학교를 설립하는 것만으로 독일처럼 될 수 있다고 믿는다면 오산이다. 학업과 노동시장을 연결하는 독일의 직업교육을 벤치마킹하기 위해선 사전에 풀어야 할 과제가 많다고 이곳의 관리자 마킷 파만은 충고한다.

"루프트한자가 직업훈련 프로그램을 처음 시작한 때는 1956년으로 이미 50년이 넘는 긴 역사를 지니고 있습니다. 사실 이러한 전통에 비할 만한 다른 사례는 거의 없다고 볼 수 있을 겁니다. 직업훈련 프로그램을 도입하기 위해서는 사전에 풀어야 할 문제들이 아주 많아요. 비용과 같은 실질적인 문제에서부터 인식 전환 등 다양한 차원의 문제들이 분명히 존재하죠. 또 투자는 물론 전문성을 갖춘 유능한 강사를 양성하는 일까지 전체적인 조직의 토대를 완성해야 가능한 일입니다. 그래야만 기대했던 성과를 얻을 수 있습니다."

직업훈련에 기반을 둔 인턴과정을 통해 독일의 젊은이들은 성적순이 아닌 땀 흘린 대가만큼 행복을 키워가고 있다. 돈벌이에 지친 직장인의 모습이 아닌 꿈을 버는 직장인들의 모습이 많아질 때 사회와 기업, 나라 전체가 아픔 없이 성장할 수 있을 것이다. '인턴'이란 한 단어를 두고 어떤 나라는 '희망'이라 부르고 어떤 나라는 '착취'라고 부른다. 일자리 문제를 해결하기 위해 이제 우리가 어느 곳을 지향해야 할지는 분명하다. 독일 산업 현장에서 내 일에 '열공'하는 청년들의 오늘이 바로 우리가 도달해야 할 일자리의 내일이 아닐까?

네덜란드 이카보 & 에쿠알

워크페어로 교육의 '리얼리티'를 완성하다

한국 학생들은 하루 열다섯 시간 동안 학교와 학원에서
미래에 필요하지 않은 지식과 존재하지도 않을 직업을 위해
시간을 낭비하고 있다.
앨빈 토플러(미래학자)

미국의 대학교육은 캠퍼스 안에서 학업과 취업을 연계하고, 독일의 인턴제도는 기업의 산업현장에서 직업교육을 지원한다. 그렇다면 대학과 기업, 그 어디에도 속하지 않은 젊은이들이 교육을 받을 수 있는 곳은 어디에 있을까? 비정규직의 천국이자 직업교육의 보고라 불리는 곳, 네덜란드에 그 답이 있다. 네덜란드가 직업교육에 중점을 두는 이유는 뼈아픈 기억이 있기 때문이다. 네덜란드는 80년대 초, '병든 네덜란드'라고 불릴 만큼 극심한 경기 침체를 겪으며 일자리 대란을 겪었다. 당시 이곳의 기업들은 기술을 가진 인력이 부족해 큰 어려움을 호소했다. 네덜란드가 직업교육과 훈련에 앞장서기 시작한 것도 이때부터다.

네덜란드에선 실업자라도 근로 무능력자가 아닌 이상, 반드시 직업훈련을 받아야만 생계비 보조를 받을 수 있다. '누구나 일할 권리가 있다.

일을 못할 상황이 아닌데도 일을 하지 않으면 복지혜택을 주지 않는다. 대신 사회가 책임지고 노동 능력을 키워준다'를 모토로 하는 고용 연계형 복지, 이름 하여 워크페어workfare가 네덜란드 직업교육 정책의 핵심이다. 네덜란드에서는 대학과 기업이라는 특정한 소속집단이 아닌 사회의 공공기관이 앞장서서 젊은이들의 직업훈련을 돕고 있었다.

: '먼저 일할 수 있는 자격을 갖추라!' 사회생활직업지식센터 '이카보'

네덜란드에서는 직업교육을 통해 취업에 성공한 비율이 매우 높다. 지역 곳곳에 자리잡은 직업교육센터들이 실업상태에 놓인 젊은이들의 구직활동을 다방면으로 지원하기 때문이다. 사회생활직업지식센터 이카보ECABO는 그중 가장 큰 규모의 직업센터이다. 거의 종합대학 수준의 시설을 갖추고 있어 수강생들의 발길이 끊이질 않는다. 이곳을 찾는 학생들의 연령대도 다양하다. 처음으로 구직활동에 나선 젊은이들부터 이직을 하기 위해 찾아온 사람과 실업에서 벗어나기 위해 재교육을 결심한 이들까지, 그 사연도 각양각색이다. 네덜란드 전역에 총 17개의 센터를 둔 이카보의 교육 목표는 변화하는 노동시장과 조화를 이루는 것이다. 즉 사회생활과 직업교육을 서로 연결해주는 것이 이곳의 가장 큰 지향점이다.

"우리는 직업교육이 사회생활에 큰 영향을 미친다고 생각해요. 그렇지 않으면 노동시장에 필요한 기술을 습득하지 못한 구직자가 나오는 거죠. 우리는 구직자가 사회에서 필요한 능력을 익혀서 최종적으로 그 사람을 필요로 하는 곳에 안착할 수 있도록 돕는 일을 합니다."

직업지식센터는 두 가지 중요한 임무를 수행한다. 첫번째는 사회생활을 할 수 있는 알맞은 자격을 갖추도록 하는 것이다. 직장동료로서 꼭 해야 하는 일들과 할 수 있는 것들 등 인간관계의 매너와 공동체 생활의 스킬과 같은 작은 부분까지 구체적으로 훈련을 시킨다. 두번째는 인턴십이다. 자격을 갖춘 학생을 배출하는 것뿐만 아니라 그 학생이 자기를 필요로 하는 곳에 갈 수 있도록 기업에 다리를 놓는다. 실제로 지난해 네덜란드의 직업교육학교인 MBO(네덜란드식 직업전문대) 과정을 수료한 50만 명의 학생 중에서 이곳 이카보의 지원을 받은 학생이 무려 8만여 명에 달한다. 그중 졸업한 학생의 30% 이상이 졸업 후 바로 취업에 성공했다. 이카보가 적극적인 직업교육과 취업 지원으로 네덜란드 젊은이들의 일자리 해결사로 활약하고 있는 것이다. 이카보는 국내 취업은 물론 해외 취업까지 지원 범위를 확대해 더 많은 청년들의 꿈을 설계하는 데 도움을 주고 있다.

"저는 국제 인턴십 상담사예요. 주로 국외에 있는 기업들에 대한 현황조사를 합니다. 우리 학생들이 일할 곳이기 때문에 인턴십을 시작하기 전, 그 기업이 실제 어떤 환경인지 면밀히 조사하는 거죠. 이카보는 인턴십을 제공하는 곳일 뿐 아니라 네덜란드에 인턴십 과정을 제공하는 회사들의 품질 또한 책임지는 곳이니까요."

이곳에서 25년째 근무한다는 사비너 스키퍼는 직업교육이 사회 진출에 긴밀한 영향을 줄 수 있어야 한다고 믿는다.

"학교에서는 이론을 배우고 사회에서는 그것이 실질적으로 어떻게 쓰일지를 배워야 하죠."

학교는 이론수업을 담당하고 이카보는 학교 교육이 캠퍼스 안에서만 고여 썩지 않도록 실전에 활용될 수 있는 기술을 훈련시킨다.

MBO 과정에서 컴퓨터 기술을 공부한다는 열일곱 살의 렘코는 센터 내 강의실에서 직업훈련을 받고 있다. 렘코가 해결해야 할 오늘의 미션은 고장난 컴퓨터를 수리하는 것이다. 그런데 단순히 PC를 조립하고 분해하는 일에 그치면 안 된다. 렘코는 단순히 기계를 고치는 것을 넘어 동료들의 컴퓨터가 고장났을 때 도와주는 방법까지 함께 교육받고 있다. 이것이 바로 이카보의 핵심활동인 사회적응형 직업훈련인 것이다. 다른 강의실에선 상담사와 학생이 함께 이력서를 쓰고 있다. 취직할 기업을 결정하는 것은 이카보의 상담사들이 가장 신경을 쓰는 것 중 하나이다.

"면담을 통해 현재 원하는 그 직업이 요구하는 조건들을 학생이 충족시키고 있는지, 특정 분야에 대한 지식이 있는지, 직업에 대한 관심이 있는지를 충분히 알아보고 일정 수준 이상이라고 판단되면 채용 절차를 함께 밟는 거죠."

이카보는 '얼마나 잘하느냐'가 아니라 '얼마나 잘 맞느냐'를 함께 고민해주는 곳이다. 네덜란드의 젊은이들은 더이상 화려한 졸업장을 가지고 노동시장에 나오지 않는다. 대신 어떤 직업을 가졌을 때 자신이 어떤 삶을 살게 된 것인가에 대한 청사진을 갖고 나온다. 그 미래를 같은 눈높이에서 바라보며 보폭을 맞춰주는 따뜻한 직업교육기관이 있기에, 네덜란드 젊은이들은 진짜 '내 일'을 찾아 당당하게 첫걸음을 내딛을 수 있는 것이다.

: '직업도 개발이 필요하다!' 직업기술교육개발센터 '에쿠알'

네덜란드의 직업훈련이 현실과 밀착될 수 있었던 또하나의 비결이 있다. 바로 에쿠알AEQUOR이라 불리는 직업기술교육개발센터이다. 이름 그대로 직업기술교육프로그램을 개발하는 곳이다. 노동시장에서 업계가 필요로 하는 기술 수준과 노동력 규모를 조사한 후, 이를 바탕으로 좀더 현실적인 교육프로그램을 기술학교에 제공한다. 학생들에게 잘 알려지지 않은 전문기술을 발굴해 교육과정으로 발전시키기도 하고, 교육시스템 자체를 좀더 현실적으로 개선해주기도 한다. 이곳에서 시행하는 기술교육의 핵심은 학생들이 적성에 맞는 직업을 찾을 수 있게 돕는 것이다. 일반대학과 같은 고등교육기관이 아니기 때문에 고졸 및 대졸자들 중에서 몸으로 일하는 블루칼라 직종의 기술을 배우고자 하는 경우, 이곳에서 혜택을 누릴 수 있다.

에쿠알은 학교에서 가르칠 직업교육프로그램도 개발한다. 최근엔 가축관리나 온실업, 낙농업과 같은 그린직종이나 농업 관련 기술교육이 주를 이루고 있다. 이러한 기술교육의 개발을 통해 종국엔 학생들이 관련 기술을 익힐 수 있는 업체들을 찾아 적성에 맞는 일자리를 갖도록 돕는 것이 에쿠알의 운영 목표이다.

"실제로 학생들은 농업 분야에서도 IT나 자동화기술이 꽤 많이 필요하다는 사실을 잘 모르고 있어요. 토마토나 파프리카 등의 채소를 생산하는 온실의 경우 자동화 시스템이 널리 활용되고 있죠. 그런데도 온실일은 그저 흙을 만지는 일이라는 잘못된 인식을 갖고 있어요. 하지만 의외로 직접 흙을 만지는 경우는 없거든요. 모두 대규모 자동화 공정으로 이뤄지니까요. 그처럼 많은 노력들이 잇따르고 있고 좀더 새로운 생산방식들이 개발되고 있다는 걸 학생들에게 교육시켜야죠."

에쿠알은 힘겨운 육체노동의 대명사로 알려진 농축산 분야도 매력적인 직종이 될 수 있다는 걸 알리기 위해 직업교육프로그램 개발에 한창이다. 조사에 따르면 네덜란드 인구 중 약 50만 정도가 이 같은 중급 기술직을 원한다고 한다. 기술 및 행정직, 혹은 그린직종 기술자가 되길 원하는 것이다. 하지만 관련 노동시장의 수요에 비하면 턱없이 부족한 수준이다. 그래서 100% 취업이 보장되는 농축산 관련 직업을 개발해 학생들의 취업을 유도하는 것이 요즘 에쿠알이 풀어야 할 가장 큰 숙제라고 한다.

에쿠알은 학생들이 수요가 부족하거나 아예 없는 분야의 직업교육이 아니라 이미 수요가 존재하는 확실한 분야의 직업교육을 받는 것이 일자리 문제를 풀 수 있는 현실적인 답이라고 여긴다. 노동시장이 필요로 하는 인력을 키우는 것이 직업교육의 핵심이라는 것이다. 하지만 기업의 눈높이와 학생의 눈높이가 늘 같을 순 없다. 그래서 에쿠알은 그 눈높이를 맞추기 위해 직업을 발굴하고 기술을 개발하며 교육을 전파한다. 네덜란드의 기업과 노조들이 이곳에 전폭적인 지원을 멈추지 않는 이유이기도 하다. 하지만 청년들에게 새로운 직업기술을 이해시키기란 훈련과 교육만으론 어렵다. 시대가 변하면서 '내 일'에 대한 가치관도 많이 변했기 때문이다.

"과거의 전후 세대들은 국가 재건을 위해 열심히 일해야만 했죠. 그러나 이제 기본적으로 국가의 경제적인 토대는 탄탄하고 기본적인 삶의 질도 충족됐습니다. 따라서 이후의 젊은 세대는 뭔가 다른 것을 원해요. 좀더 많이 쉬고 여행도 할 수 있는 자유를 원하죠. 그런 부분이 바로 우리의 해결과제입니다. 보다 장기적인 안목에서 청년들에게 동기를 부여해야만 한다는 겁니다."

최근 세계적인 컨설팅업체인 매킨지가 청년실업 보고서를 발표했다. 기업이 채용을 꺼리는 가장 큰 이유가 바로 구직자들의 '기술 부족' 때문이라는 것이다. 이것은 그 기술을 갖추지 못한 구직자 개인만의 책임은 아니다. 교육은 공공재다. 우리 젊은이들의 실력 부족을 탓하기에 앞서 부실한 직업교육의 문제부터 바로잡아야 한다.

극단적인 고비용 저효율 교육구조를 가진 우리나라는 그 교육의 철학과 방법을 근원부터 다시 생각해야 할 시점에 이르고 있다. "한국 학생들은 하루 열다섯 시간 동안 학교와 학원에서 미래에 필요하지 않은 지식과 존재하지도 않을 직업을 위해 시간을 낭비하고 있다"고 말한 미래학자 앨빈 토플러의 지적을 뼈아프게 받아들여야 할 때이다.

변화는 시작되고 있다. 곳곳에 직업전문교육기관이 들어서고 대학들도 직업 현장 중심의 기술교육을 강화하기 위해 심혈을 기울이고 있다. 충남 천안에 위치한 한국기술교육대학교KOREATECH가 대표적인 예이다. 한국기술교육대학교에는 무려 14개의 창업동아리가 있다. 그곳에서 100여 명의 회원들이 스탠퍼드 대학의 창업동아리 베이시스와 견줘도 뒤지지 않을 만큼 뜨거운 열의를 갖고 활동하고 있다. 이들의 도전이 산업현장에 이어질 수 있도록 다리를 놓아주는 학교의 지원도 전폭적이다. 시각장애인을 위한 스마트폰 케이스를 개발해 양산품量産品 제작에 들어간다는 '라온'은 창업동아리로 시작해 어엿한 벤처기업으로 성장하고 있다. 아이디어로 교육사업에 뛰어든 '앙클' 역시 한국기술교육대학교의 작은 창업동아리 중 하나일 뿐이었으나 지금은 주식회사로 당당히 이름을 올리고 있다. 앙클의 대표이자 컴퓨터공학과 4학년에 재학중인 수용씨는 학교의 특별한 교육시스템 덕분에 스스로 직업을 개척할 수 있었다고 말한다.

"창업교육센터에서 지원을 많이 해줘요. 그곳을 통해 좋은 친구들, 인재들과 인연을 맺을 수 있었죠. 이곳에 다니다보면 뭐랄까, 학교가 학생들을 보물처럼 대해준단 생각이 많이 들어요. 다른 곳에서 시작하면 많이 힘들었을 텐데, 여기는 지원을 많이 해주다보니까 개발이나 이런 것들이 굉장히 빨리, 또 쉽게 진행이 되는 것 같아요. 하고 싶다고 하면 창업 지원 비용이나 공간 같은 기본적인 것들을 다 지원해주거든요. 물론 성과에 따라 차이는 있어요. 무조건 주는 것이 아니라 어느 정도 창업에 관련된 성과라든가 결과물이 검증되면 더 많은 지원이 따라옵니다."

한국기술교육대학교는 실무 중심의 직업교육뿐 아니라 진로 탐색을 위한 인성교육에도 힘을 쏟고 있다. 대학에 입학하고도 자신이 뭘 잘할 수 있는지조차 찾지 못하는 학생들이 태반인 교육현실을 타계하기 위해서다. 이곳에서 '진로 탐색과 설계'라는 수업을 담당하고 있는 강혜영 교수는 우리의 대학들이 단지 취업률에 매달리기보다 학생들이 졸업 이후에 행복한 삶을 살 수 있도록 도와주는 교육을 펼쳐야 한다고 믿는다.

"학생들이 대학에 와서도 굉장히 바빠요. 과제며 시험이며 여러 활동들로 자신의 삶에 대해서 졸업 후에 어떤 삶을 살 것인가 고민하는 시간이 적죠. 깊이 생각하지 않은 상태에서 취업이라는 레이스에 들어서는 건 학생에게 불행한 일일 수 있어요. 그래서 우리 대학에선 다수의 학생들을 일단 양적으로 '많이' 취업시켰다는 것에 만족하지 않고 4년 동안 내가 어떤 삶을 살아야 하는가, 깊이 고민할 수 있는 시간을 만들어주고 있죠. 전체 강좌 중에 내가 누군가, 어떤 사람인가, 내가 정말 좋아하는 건 무엇이고, 내가 나의 진로를 어떻게 선택해왔는가, 이런 문제들을 탐색하는 데 중간고사 이전, 절반 이상의 시간을 보내게 됩니다."

그래서일까, 한국기술교육대학교는 수요자 중심의 교육모델 개발에 앞장서며 우리나라에선 유독 저평가되었던 기술교육을 실무 중심으로 연결시켜 현장성을 높이고, 학생들에게 교수자 중심의 틀에 박힌 교육이 아니라 학생들이 실제 자신의 일을 잡을 수 있는 저력을 키워주고자 노력하고 있다. 덕분에 이곳 재학생들의 교육 만족도는 매년 최상위권을 지키고 있다. 대학이란 기본적으로 학문의 전당이요, 대학 졸업생들에게 최고의 영예는 고액 연봉을 받는 사무직에 취업하는 것이라는 한국 사회의 공고한 편견 속에서 아직 한국기술교육대는 고등학생들과 교사와 부모가 일제히 꼽는 최고의 대안은 아닐지도 모른다. 하지만 그들은 분명 재학생들이 거침없이 엄지손가락을 들어올릴 만한 대학이 되어가고 있다. 한국기술교육대는 지금 나름의 실리콘밸리형 기술교육을 실험하고 있는 것으로 보인다. 단순히 기존의 기술을 습득하는 것이 목적이 아니라, 창업하고 직업을 갖고 평생 아이디어를 내며 살아가는 기술교육의 장을 펼쳐내려 하는 것이다.

청년실업을 해결하는 가장 중요한 방안 중의 하나는 '개인 적성을 고려한 전문적인 직업교육'이다. 결국엔 다시 교육이다. 현실과 동떨어진 학교 교육 때문에 상처투성이가 되어버린 청년들에게 지금 가장 필요한 것은 모두의 관심이 담긴 현실적인 직업교육이다. 사람은 계속 배워야 한다. 요즘처럼 급변하는 사회에서는 더욱 그렇다. 그곳이 학교든 기업이든 동네 안이든 언제든지 배울 수 있어야 한다. 그래서일까? 일하지 않으면 어떠한 복지 혜택도 주지 않는 나라, 그러나 일하고 싶은 이들에겐 사회가 나서서 이끌어주는 직업교육의 천국, 네덜란드의 가르침은 울림이 더욱 크다.

Over
the Global Border

일자리 혁명,
글로벌 잡마켓을 잡아라

M Y J O B

:0

국경을 넘나드는 인재들의 대이동이 시작됐다. 해외 취업의 문턱이 낮아지면서 일자리를 찾아 나라 밖으로 눈을 돌리는 젊은이들의 수가 증가하고 있다. 일부 선진국에만 국한되었던 글로벌 인력 소싱이 신흥 경제강국을 중심으로 확산되고 있는 것이다. 우리나라 역시 한국산업인력공단을 통해 해외로 취업한 사람의 수만 2009년 1517명에서 2012년 4007명으로 두 배 이상 증가하는 등, 좁은 국내 시장을 벗어나려는 움직임이 커지고 있다. 이러한 흐름은 IT기술로 무장한 노마드 워커와 다문화에 익숙한 새로운 세대가 주도하고 있다. 이들은 자신이 원하는 일이라면 국적과 일자리의 경계를 지우고 자유롭게 국경을 넘나든다.

하지만 이러한 현상을 두고 마냥 박수만 보낼 수는 없는 상황이다. 장기화된 불황 속에서 대부분의 젊은이들은 자유보다 기회를 찾아 해외로 떠나고 있기 때문이다. 극심한 취업난과 불안정한 사회 속에서 맞닥뜨리는 한계를 넘기 위해 다른 무대를 꿈꾸는 것이다. 반면 긍정적인 측면도 있다. 정체된 국내 일자리 시장에 물꼬를 틀 뿐만 아니라, 우수한 우리 젊은이들이 나라를 빛내면서 선진경영기법과 기술을 배워와 전파할 수도 있다. 과연 국경을 넘어 일자리를 찾는 것이 새로운 대안이 될 수 있을까? 글로벌 잡마켓의 확대를 마냥 우려하는 것도, 마냥 칭송하는 것도 바람직하지 않다. 우리의 청년들에게 어떤 약이 될 수 있는지 냉철하게 살펴봐야 할 필요가 있다.

일본 도쿄 스시아카데미 & 유니클로

국경을 넘어 한계를 넘어라!

저는 사회 전체가 또하나의 회사 조직이라고 생각합니다.
가장 크게 성장하는 회사일수록 가장 우수한 인재를
리스크가 가장 큰 부서에 배치해야 더 성장할 수 있습니다.
인재들이 위험을 무릅쓰고 나라 밖으로 나가지 않고
안에만 머물러 있는 한 사회 전체의 발전도 없다고 생각합니다.
도시오 시게유치(잡컨설턴트)

일본은 아시아에서 가장 먼저 그리고 적극적으로 문호를 개방해 문물을 발전시킨 개방적인 나라지만, 최근 급속도로 폐쇄적으로 변하고 있다는 우려를 안팎에서 받고 있다. 이 멀고도 가까운 이웃나라 청년들의 해외 진출 양상은 우리나라 청년들의 글로벌 잡마켓 진출에 어떤 힌트가 될 수 있을까?

일본의 잡컨설턴트 도시오 시게유치는 일본 불황의 원인을 글로벌화의 실패에서 찾았다. 일본이 세계적인 브랜드를 갖고 있음에도 불구하고 일본 젊은이들이 더이상 해외로 눈을 돌리지 않았다는 것이다. 도시오는 세계 어디를 가도 맹활약을 펼치던 일본의 청년들이 점점 현실에 안주하고 변화를 시도하지 않아 사회 전체가 내향적이 되어가고 있다며 깊은 우려를 표했다.

"해외 유학생들이 거의 없습니다. 미국에서 공부하는 일본 학생들의 수가 사우디아라비아와 비슷할 정도예요. 정말 심각한 문제죠."

실제로 미국 유학생들의 통계를 보면, 중국이 1위로 가장 많은 수를 차지하고 인도와 한국이 그 뒤를 잇는다. 일본 유학생은 계속 급감해서 중국의 10분의 1에 불과한 수준이다. 세계화를 리드하던 일본에서 왜 이런 변화가 나타난 것일까? 청년실업의 그늘이 젊은이들의 도전정신마저 무겁게 짓누르는 것일까? 도시오의 생각은 달랐다.

"실업률 자체만 본다면 일본은 5%를 밑돌고 있으니 선진국 중에서도 낮은 편에 속하죠. 다만 그것만 보고 일본에는 고용 문제가 없다고 생각해서는 안 됩니다. 간단히 말하면 경기가 좋은 시절에 대학을 졸업하고 좋은 회사에 들어간 사람들은 그곳에 쭉 들러붙어 있는 상황이고, 경기가 나빠지고 사회로 나온 사람들은 보다 대우가 나쁜 계약사원이나 파트타이머로 전락하는 식으로 극심한 양극화 체제가 고착되었다는 거죠. 기득권을 잡은 사람들은 '우리가 나쁜 게 아니다, 요즘 젊은 것들이 노력이 부족한 탓'이라고 말하고, 청년들은 청년들대로 얼마 남지 않은 대기업의 의자를 차지하려는 생각으로 머릿속이 꽉 차 있습니다. 이런 부조화가 사회에 만연합니다. 그 결과 실업률은 낮을지 모르지만 새로운 변화를 창출하는 활력이 사회 전반에 걸쳐 점차 모습을 감추고 있다고 생각합니다."

이렇게 장기화된 경제위기와 불확실한 내일에 대한 불안이 일본의 젊은이들을 주저앉히고 있다. 활기가 사그라져가는 사회에서 변화는 기회가 아니라 포기의 대상이 된다. 그러나 자발적 프리타들이 노마드 워커로 진화했듯, 주저앉았던 젊은이들이 다시 일어설 준비를 하고 있다.

무겁게 내려앉은 현실에 압사당하기보다 그 현실을 압도하려는 젊은이들이 기성세대의 적극적인 지원 속에서 점차 늘고 있는 것이다.

: 무거운 현실, 압사당할 것인가 압도할 것인가

최근 일본 젊은이들 사이에서는 세계시장에서도 통할 만한 검증된 전문 기술을 배우기 위한 열기가 뜨거워지고 있다. 도쿄 스시아카데미도 그중 하나이다. 도쿄 스시아카데미는 외국인들이 일본의 전통 스시를 체계적으로 배울 수 있는 학원이다. 그런데 요즘에는 상황이 바뀌어 해외에서 스시 셰프로 일하려는 일본 젊은이들의 지원이 많아졌다고 한다. 가장 일본적이면서 가장 세계적인 음식을 무기로 글로벌 잡마켓에서 안정적인 일자리를 확보하려는 것이다. 특히 스시는 이제 글로벌 푸드라 불릴 만큼 세계인의 입맛을 사로잡고 있지만 일본 내에선 앞날이 불투명한 레드마켓이라고 한다. 스시아카데미의 관계자 호리구치 도모는 일본의 스시가 자국 안에선 이미 평준화되어 젊은이들에겐 기회가 되지 못한다고 말한다.

"일본 국내 외식산업의 경쟁은 매우 치열한 상황입니다. 그에 비해 홍콩이나 싱가포르와 같이 빠른 성장을 보이고 있는 아시아 국가에서 자신의 능력을 시험해보고 싶어하는 학생들이 증가하고 있어요. 향후 더 확대될 것으로 보이는 큰 시장에서 일하고 싶다는 생각이 강하게 작용한 것이죠."

실제 이곳 스시아카데미에 재학중인 학생들 중 80%가 해외 취업을

희망하고 있고, 외국에 나가 자신의 스시레스토랑을 열 계획을 가진 젊은이들도 상당수였다. 스물아홉 살의 청년 사이토도 그중 한 명이다. 그는 6개월 전만 해도 대기업에 다니던 회사원이었지만 적성에 맞지 않아 과감하게 회사를 나왔다.

"원래는 보석 관련 분야에서 영업맨으로 일했습니다. 한국 에너자이저사의 영업사원으로 근무한 적도 있어요. 처음에는 요식업계 특히 스시업계는 일이 엄청 힘들다고 들어서 걱정이 많았는데요. 실제로 여러 가게에서 일해보고 학교에서 공부도 해보니 기대 이상으로 즐겁게 할 수 있는 일이었어요. 다만 선생님이 굉장히 엄격하셔서 일의 민첩성과 정확성이 요구되는 부분에서는 아직도 늘 쩔쩔맵니다. 올해 3월에 졸업할 예정이고, 곧바로 4월에 호주 시드니로 건너가 스시레스토랑을 열고 싶어요."

사이토처럼 이곳에 다니는 젊은이들 중 절반 이상이 이미 사회에서 샐러리맨으로 일한 경험을 가지고 있었다. 그들은 끝이 보이지 않는 경기 침체에 따른 불확실한 미래에 불안해하고, 대학 졸업장이 아무것도 해결해주지 못하는 불안정한 일자리 상황에 큰 불만을 가지고 있는 세대이다. 호리구치 도모는 현시대의 불안이 젊은이들을 다시 기술직으로 불러들이고 있다고 말한다.

"모두가 이구동성으로 하는 말은 기술만 갖고 있으면 세상살이가 견딜 만하다는 겁니다. 젊은이들 역시, 그렇다면 어떤 기술을 습득할 것인가를 숙고한 다음 저희 학교에 발걸음을 옮기고 있죠. 해외 취업을 목표로 한다는 점도 저희 학교를 다니는 큰 동기 중 하나이기는 합니다만, 궁극적으로는 생존을 위해 자신의 손으로 할 수 있는, 한번 습득하고 나면 온전히 자신의 것이 되는, 세상 어디에서나 먹힐 만한 기술을 습득하고 싶은 거죠."

도쿄 스시아카데미는 이러한 젊은이들의 선택이 직장으로부터의 도피가 아닌 삶의 기회가 될 수 있도록 힘을 실어주는 곳이다. 이제는 해외 취업에 도전하는 학생들이 많아지면서 큰 주목을 받고 있지만, 이곳 또한 설립 초기에는 상황이 많이 달랐다고 한다.

당시에는 일본 내에서도 젊은 스시 장인들이 부족했기 때문에 빠르고 체계적인 현지 교육기관에 대한 필요성이 높았다. 스시 전문가가 되기 위해선 도제 시스템을 거쳐야 했는데, 선배나 스승의 어깨너머로 기술을 배우는 방식으로 긴 시간이 필요한 탓에 젊은이들의 일자리 수요를 빠르게 수용하지 못했다. 스시아카데미는 젊은이들을 위해 도제식이 아닌 체계적이고 집중적인 과정을 도입해 문턱을 차츰 낮춰갔던 것이다.

"물론 이곳을 졸업하면 곧바로 스시 장인으로 인정받느냐 하면 그렇진 않습니다. 역시 어떤 분야든 장인이 되기 위해서는 시간과 경험이 필요하죠. 다만 장인이 되기까지의 길이 꼭 하나만 있는 게 아니라 여럿이어도 상관없다고 생각했습니다. 물론 지향점은 제대로 된 기술과 정통의 맛을 손님에게 전달한다는 점에서 같죠. 산을 오르기 위한 길이 하나이기보단 여러 갈래로 뻗어 있는 게 더 좋지 않을까요?"

스시아카데미는 하나의 길보단 여러 개의 길을 내어주는 것이 기성세대의 책임이라고 생각한다. 그래서 이곳은 스시 수업뿐 아니라, 영어, 컴퓨터, 현지 문화 등 해외로 나갈 젊은이들에게 필요한 다양한 교육 프로그램을 펼치고 있다. 비록 기술만 갖고는 해외 진출이 쉽지 않은 현실을 타개하기 위한 자구책일지라 해도, 그들이 선택한 그 길은 조금 더 높은 산의 정상을 향해 오르는 남과 다른 길 중의 하나이다. 더 큰 산을 선택했으므로 어쩌면 더 긴 시간과 많은 노력이 필요할지도 모른다. 그러나 높이 오를수록 더 많이 보게 될 것이다.

일본의 청년들이 넘나드는 것은 단순히 국경만이 아니다. 사회의 한계와 마음의 굴레를 모두 넘어서고 있는 것이다. 황금빛 꿈에 도취된 모험가의 여정보다 내 하루를 지탱할 정직한 일자리를 찾아나서는 그 진지한 움직임이 섬나라 일본을 다시 움직이고 있다.

: 세계 어디서나 일본 본사 직원과 동일 임금! 유니클로의 혁신

반면 세계로 뛰어드는 청년들을 불러들이기 위한 글로벌 기업의 문호도 차츰 열리고 있다. 세계 각지에 기지를 둔 글로벌 기업들이 국적을 불문하고 능력 있는 인재를 잡기 위해 문턱을 낮추고 있다. 2008년 이후 극심한 불황 속에서도 세계를 무대로 최고의 성장을 보여준 일본의 기업 유니클로는 가장 적극적으로 글로벌 인력 소싱에 나서는 기업 중 하나다. 유니클로의 성장은 굳이 도쿄의 거리를 걷지 않아도 서울에서도 충분히 확인할 수 있다. 서울시내 주요 지역에 새 건물이 들어설 때마다 유니클로가 속속 입점한다. 단일 기업으로서는 기록적인 수치이다. 유니클로는 자국시장보다 해외시장에 더 주력하고 있어 글로벌 인재를 향한 러브콜 또한 적극적이다.

얼마 전 유니클로가 발표한 '세계 동일 임금' 방침은 국제 인력을 단발성의 유동 인력이 아니라, 기업의 주축이 될 글로벌 인재로 키우겠다는 선언과 다름없었다. '세계 동일 임금' 방침의 핵심은 전 세계 유니클로 사원의 보수체계를 통일한다는 전략이다. 일본에 비해 전반적으로 임금 수준이 낮고, 경제시장이 낙후된 국가에서 채용된 사람들에게도 일본인과 같은 기준으로 실적을 평가하고 임금을 지급하겠다는 것이다. 신규매장의 90%가 해외에서 오픈되고 신입사원의 50%가 외국인인 다국적 기업인 만큼, 높은 수준의 임금을 통해 글로벌 각지에서 우수한 인재를 확보하겠다는 게 유니클로의 목표이다. 일본보다 임금이나 물가 높은 나라가 몇 안 된다는 점을 감안한다면 가히 급여 혁명이라 불러도 될 만큼 파격적인 제안이다.

실제로 유니클로의 회장 야나이 다다시는 평소 직원들의 국제감각을 매우 중요시 여기고, 현장 인력의 글로벌화를 위해 앞장서는 것으로 명성이 높다. 국경 없는 글로벌 기업에 국경을 넘어 온 인재들의 도전은 그래서 더 반가울 것이다. 글로벌 기업의 문호가 넓어지고, 국경의 벽도 낮아진 시대, 일본의 잡컨설턴트 도시오 시게유치는 우수한 인재일수록 더 적극적으로 해외에 나가야 정체된 사회가 움직일 것이라 믿는다.

"지금 일본은 무언가 새로운 일에 도전해 점수를 획득하기보다 실점만 하지 않으면 된다는 관행이 여전히 학생들 사이에 남아 있습니다. 굳이 바다를 건너서까지 리스크를 껴안고 싶진 않다는 거죠. 저는 사회 전체가 또하나의 회사 조직이라고 생각합니다. 가장 크게 성장하는 회사일수록 가장 우수한 인재를 리스크가 가장 큰 부서에 배치해야 더 성장할 수 있습니다. 위험을 감수할 수 없거나 능력 면에서 그에 합당한 의욕이 없는 사람에겐 전형적인 업무나 틀에 박힌 업무가 더 맞겠죠. 사회도 그렇게 인력을 배치해야 한다고 생각합니다. 리스크가 큰 곳일수록 우수한 인재에겐 기회의 보고가 될 수 있으니까요. 인재들이 위험을 무릅쓰고 나라 밖으로 나가지 않고 안에만 머물러 있는 한 사회 전체의 발전도 없다고 생각합니다."

더 나은 나를 만들기 위해서는 내가 서 있는 무대를 바꾸는 것 또한 답이 될 수 있다. 삶의 터전을 옮기고 일자리의 무대를 바꾸는 일은 리스크가 큰 선택이지만, 어차피 리스크가 없으면 기회도 없다. 전시장 안에 갇힌 채용박람회를 넘어 글로벌 잡마켓을 향해 눈을 돌릴 때가 왔다.

이탈리아 밀라노 패션 산업

글로벌 무대, 열정은 갖되 환상은 버려라!

유학생들이나 졸업한 사람들 모두
이탈리아에서 일자리 구하기가 너무 힘들다고 하는데,
우선 저는 최선을 다하고 걱정과 두려움은 안 가지려 해요.
나중에 생각해보면 굉장히 큰 에너지 낭비더라고요.
어차피 저는 포기하지 않을 테니까, 미리부터 걱정은 안 하려고 합니다.
임희종(패션 디자인 유학생)

일본과 달리 우리나라는 해외 유학길에 오르는 학생들이 꾸준히 증가하고 있는 추세다. 하지만 이들의 공부가 현지에서 취업으로 연결되는 경우는 많지 않다. 외국에서 공부한 대부분의 유학생들이 다시 국내로 돌아와 아비규환의 취업전쟁에 뛰어든다. 특히 이공계 유학생의 경우 무려 73%가 국내에 복귀해 평생직장을 찾을 계획이라고 한다(2012년 교육과학기술부 발표 자료). 물론 해외에서 실력을 쌓은 재능 있는 젊은이들이 다시 국내로 돌아와 제 몫을 한다는 건 반길 만한 일이다. 그러나 그 수가 70% 이상을 차지한다는 건, 너무 많은 청년이 해외에서의 도전과 경험을 중도에 포기하는 건 아닐까 염려스럽기도 하다.

애써 쌓아올린 해외에서의 경험을 가뜩이나 일자리 부족에 시달리는 국내 취업시장에서 사장시킬 것이 아니라, 글로벌 잡마켓을 향해 도약

해볼 필요가 있다. 그렇다면 경쟁력으로 중무장한 인재들의 집합소, 글로벌 시장에서 청년들이 갖추어야 할 자질은 무엇일까?

: 도전은 유학생의 힘!

이탈리아에는 세계 각지에서 모인 수많은 디자이너와 고급 브랜드의 본사가 밀집해 있다. 그중에서도 밀라노는 전 세계 패션의 중심지답게 멋을 아는 도시이다. 세계에서 가장 아름다운 쇼핑 거리와 세계적인 명품 의류와 패션제품들을 빠짐없이 만나볼 수 있다. 디자인이나 패션을 전공하는 학생들에게는 도시 전체가 감성과 창의성을 불러일으키기에 충분한 하나의 교재다.

세계 어느 거리를 가도 멋쟁이 아가씨들은 늘 존재한다. 하지만 전 세계에서 밀라노만큼 옷 잘 입는 남자들의 거리는 없다. 특별한 이유라도 있는 걸까?

이탈리아의 3대 명문학교로 꼽히는 디자인 패턴 전문학교, '세콜리 Instituto Secoli'에서 남성복을 전공하는 유학생 임희종씨는 나름 그 이유를 이렇게 설명한다.

"서양의 남성 옷 패턴이 이탈리아에서 시작됐기 때문이 아닐까요? 특히 남성복 시장은 이탈리아 브랜드가 제일 매력적이죠. 그래서 저도 여기서 배우고 싶었어요."

고등학교 시절 우연히 잡지에서 본 구찌의 디자이너 톰 포드의 옷이 평범한 학생이었던 희종씨에게 디자이너의 꿈을 심어주었다. 그는 대학

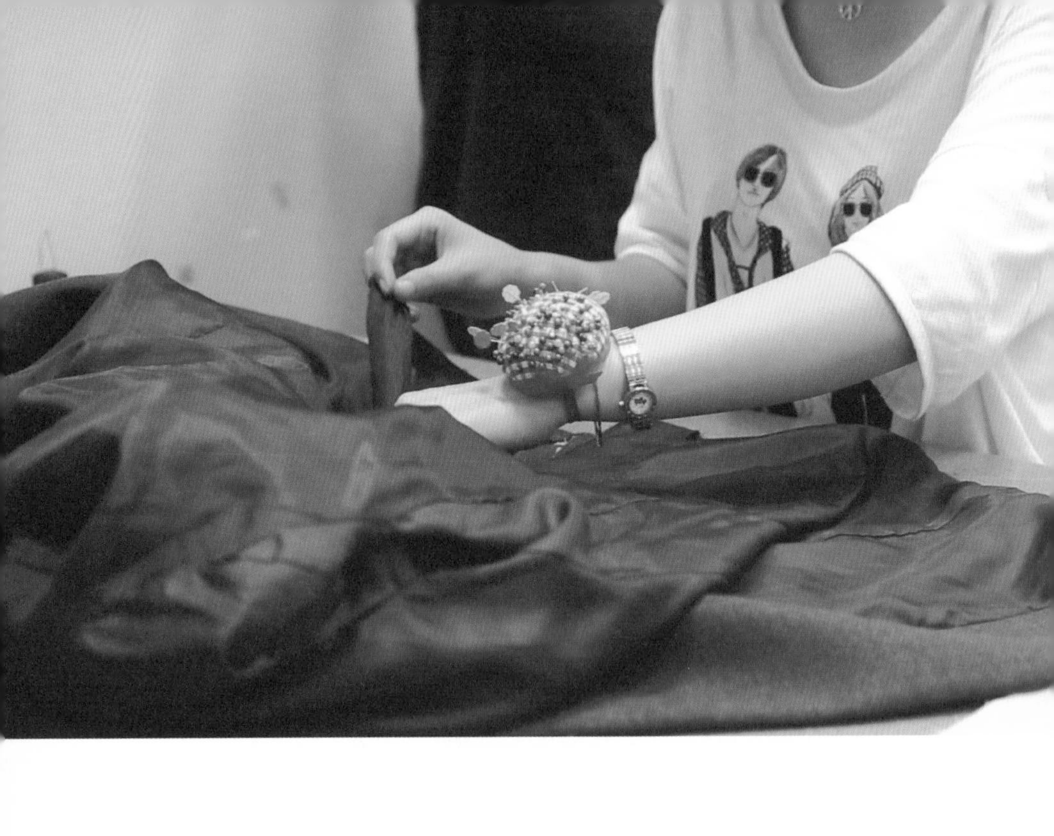

대신 직장을 선택해 현장에서 디자인을 배웠다. 그러다 공부를 더 하고 싶단 열망과 이탈리아에서 계속 일하고 싶다는 목표가 더해져 밀라노에서 뒤늦게 유학생의 길을 걷고 있다. 파리나 뉴욕도 세계적인 패션 중심 도시인데 왜 꼭 밀라노여야 했을까?

"저희 부모님 모두 서울대를 졸업하셨어요. 그런데 두 분 다 대학은 중요하지 않다면서 제 꿈을 밀어주셨죠. 고등학교를 졸업하자마자 유럽 여행을 시작했어요. 그때 처음 밀라노에 왔는데 정말 천국 같은 거예요. 당시에 '구찌 드레스 컬렉션'이라고 우리나라엔 수입도 안 되는 의상이 있었어요. 등이 움푹 파인 정말 아름다운 드레스인데, 한국에선 연예인들도 부담스러워할 그런 옷을 여기선 할머니들이 입고 다니시는 거예요. 그때 결심했어요. 꼭 다시 밀라노로 돌아오겠다고요."

희종씨는 앞으로도 한국으론 돌아가지 않겠다고 한다. 힘들더라도 국내보다 국제 무대에서 꿈을 키워야 더 크게 성장할 수 있다고 믿기 때문이다.

"다들 그래요. 유학생들이나 졸업한 사람들 모두 이탈리아에서 일자리 구하기가 너무 힘들다고 하는데, 우선 저는 최선을 다하고 걱정과 두려움은 안 가지려 해요. 나중에 생각해보면 굉장히 큰 에너지 낭비더라고요. 어차피 저는 포기하지 않을 테니까, 미리부터 걱정은 안 하려고 합니다. 이탈리아에서도 번역된 김난도 교수님의 『아프니까 청춘이다』를 읽다가 생각한 건데요, 저는 제 전성기가 50세에서 70세 정도가 되지 않을까 생각합니다. 그래서 전혀 조급하지 않아요."

전문적인 지식을 쌓는 것 이상으로 해외경험이 중요한 이유는 현지에서 직접 보고 느껴야만 알 수 있는 것들이 있기 때문이다. 디자인 산업과 같은 창의적인 분야에선 더더욱 그러한 자극이 지식 이상의 커리어가 되기도 한다. 디자이너를 꿈꾸는 세계 각지의 학생들이 속속 밀라노로 모여드는 이유도 그 때문일 것이다. 하지만 대부분의 디자이너 지망생들이 그토록 소중히 쌓은 커리어를 현지에서 발휘하지 못하고 귀국길에 오른다. 먼 이국땅에서 실력만 믿고 취업에 도전하기엔 넘어야 할 현실의 벽이 너무 높기 때문일 것이다. 희종씨 역시 그 벽을 넘는 것이 결코 쉽지 않으리라는 것을 알고 있다. 그럼에도 열정이 있고 도전을 멈추지 않는다면 오르지 못할 산도, 넘지 못할 벽도 없을 것이다. 밀라노 명품 거리의 쇼윈도에 희종씨의 작품이 빛날 그날이 멀지 않은 듯하다.

: 미래를 디자인하는 글로벌 디자이너들

최근 우리나라 기업들도 디자인 산업의 경쟁력을 높이기 위해 이탈리아 시장 공략에 적극적으로 나서고 있다. 이제 이곳 밀라노 거리에서도 한국 기업이 투자한 이탈리아 브랜드들을 어렵지 않게 발견할 수 있다. 또한 한국 디자이너가 직접 브랜드를 개발하고 매장을 운영하는 곳도 찾을 수 있었다. 밀라노 패션맘들의 마음을 사로잡으며 큰 인기를 끌고 있다는 매장, 바로 한국 디자이너 이미나씨가 운영하는 아동복숍이 대표적이다.

미나씨는 한국에서 대학을 졸업하고 곧장 이탈리아 유학길에 올랐다. 공부를 마치고 귀국을 준비하고 있을 때 한국에 IMF 위기가 터졌다. 그녀의 삶이 바뀐 것도 그때였다. 한국에 돌아가도 안정된 일을 찾을 수 없을 것이라는 직감이 들었다. 미나씨는 어차피 고생길이라면 더 큰 무대 위에서 고생하자는 각오로 밀라노에 남았다. 인턴사원으로 출발해 계단을 밟듯 차근차근 올라갔고 마침내 기회가 찾아왔다.

"이곳에서 디자이너로서 주목받기 시작할 때 문득 의문이 들었어요. 우리나라에서 그 많은 유학생들이 이탈리아까지 와서 돈을 쓰고 공부하고 돌아가는데, 이젠 밀라노에서도 한국 디자이너가 만든 한국 브랜드 하나쯤은 나와야 되는 게 아닌가, 하는 생각이 들었죠. 그래서 한국의 기업과 밀라노에서 과감하게 제 브랜드 '데를쿠니'를 런칭했어요. '데를쿠니'는 17개국의 60여 개 최고급 백화점과 편집숍에 입점했어요. 지금까지 한국인은 물론 일본인 디자이너의 브랜드까지 포함해도 전무후무한 일이었죠. 동양 디자이너 브랜드 최초로 밀라노 컬렉션에서 회자되기도 했고요."

밀라노의 떠오르는 스타가 되어 성공가도를 달리던 그녀가 다시 아동복이라는 새로운 분야에 뛰어든 건 자신의 아기 때문이었다. 마흔이 넘어 첫아이를 낳고 엄마가 되면서 그동안 보이지 않던 세계가 보이기 시작한 것이다.

"밀라노엔 당연히 아동복숍도 굉장히 많을 것 같지만 실제로 그렇지 않았어요. 너무 식상한 브랜드뿐이었죠. 그래서 제가 직접 만들기로 결심했어요. 저는 디자인할 때 트렌드를 절대 안 봅니다. 트렌드를 따를 필요가 없다고 생각하고 따라선 안 된다고 생각해요. 아동복에도 그런 저만의 디자인 철학을 담았죠. 보세요, 정말 예쁘지 않나요?"

누구라도 아이가 있다면 한 번은 입혀보고 싶은 예쁜 옷이다.

"가을 겨울 컬렉션이에요. 여길 잠그면 얼굴이 폭 싸였다가, 다시 열면 요정처럼 얼굴이 나와요. 재밌죠? 아기 옷을 다루다보면 전에는 못 느끼던 감정이 많이 생겨요. 옷 만지는 게 재밌어서 얼굴에서 웃음이 가시질 않을 정도예요. 정말 사랑스럽잖아요. 이런 감정이 패션디자이너로서 앞으로 제 미래에도 좋은 영향을 줄 거라고 믿어요. 이것도 봐요, 아기 스타킹이에요. 무채색 원피스 드레스를 입은 꼬마 아가씨들이 이런 스타킹을 신는다고 생각해보세요, 얼마나 예쁠지!"

미나씨는 한국에 돌아가지 않고 밀라노에 남아 일을 찾겠다는 희종씨를 위해 조언을 아끼지 않는다.

"우리나라 젊은이들이 많이 바뀌었다고는 해도 요즘 학생들을 만나보면 변하지 않는 게 있어요. 주입식 교육에 익숙해져서일까? 항상 뭔가 시도하기를 겁내요. 사실 그 두려움만 없애면 훨씬 더 큰 능력을 발휘할 수 있을 텐데 말이에요. 혹 실수를 하더라도 방법을 찾아서 해결하면 되는데 너무 쉽게 패닉상태에 빠져버려요. 이건 할 수 있다, 할 수 없다, 라는 자기만의 틀을 만들어버리는 것 같아요. 그 틀을 깨고 적극적으로 부딪치면서 일한다면 충분히 가능성이 있어요. 꼭 한국에서 일해야 안정적일 거란 생각은 이제 할 필요가 없을 것 같아요."

세계적인 디자이너들이 경합을 벌이는 이 큰 무대 위에서 미나씨는 세상에 없던 트렌드를 디자인하며 자신만의 내일도 함께 디자인한다. 그리고 그녀가 완성한 그 삶의 디자인은 이 무대 위에서 내일을 그리기 시작한 젊은이들에게 희망의 증거가 되고 있다.

"절대 디자이너란 직업에 환상을 갖지 않았으면 좋겠어요. 열정은 갖되 환상은 버리세요. 저는 패션이 열정이라 생각하고 호기심이라 생각합니다. 대단한 예술도 이상도 아니에요. 패션은 우리가 매일 입는 옷,

나의 일상이잖아요."

그녀의 이야기를 진지하게 곱씹던 희종씨는 앞으로의 포부를 이렇게 밝힌다.

"패션은 일상이란 말에 진심으로 공감해요. 의식주 속에 포함될 만큼 중요한 일상이죠. 거창한 미래보단 일상을 즐기는 것이 더 중요한 것 같아요. 그리고 제 옷으로 다른 사람의 일상도 즐겁게 만들어주고 싶습니다."

우리 앞에 펼쳐진 세계지도는 그저 작은 종이 한 장일 뿐인지도 모른다. 그러나 어떻게 바라보느냐에 따라 그 작은 종이 한 장은 무한한 가능성을 가진 일자리의 로드맵이 될 수 있다. 어떻게 살아남을 수 있을지를 걱정하기보다, 어디로 향할 것인가란 기대를 품고 도전을 이어가라.

"포기는 두려움을 없애주지만, 희망도 함께 지운다."

Business
for Happiness

돈을 위해 일하지 말라,
행복을 위해 일하라

M Y J O B

:B

"최고의 부자가 되어서 무덤에 묻히는 것은 제겐 별로 중요하지 않습니다. 잠자리에 들기 전 '오늘 내가 놀라운 일을 해냈구나!'라는 말을 할 수 있는 것, 제겐 그것이 중요합니다. 돈을 위해 일하지 마세요. 잠자리에 들기 전 오늘 하루도 세상을 바꾸는 멋진 일을 했다고 자부할 수 있게 하는 바로 그 일을 하세요!"

세계 최고의 기업, 애플의 신화를 창조한 스티브 잡스의 말이다. 그에게 일이란 단순히 돈벌이가 아니라 만족과 자부심을 만드는 작업이었다. 오로지 돈을 위해 일한다는 것은 나를 성장하게 만들기보다 나를 소모하는 행위와 같다. '천석꾼은 천 가지 걱정, 만석꾼은 만 가지 걱정'이란 우리의 옛말이 있듯이, 돈과 행복은 반드시 비례하진 않는다. 일을 열심히 하는 사람이 일을 좋아하는 사람을 절대 넘어설 수 없다는 말이 있듯, 자신이 좋아하고 즐길 수 있는 일을 할 때, 나만의 경쟁력도 키울 수 있다. 그리고 나만의 경쟁력을 갖출 수 있을 때, 비로소 '큰돈'도 들어올 수 있을 것이다. 우리는 무엇을 위해 일할 것인가?

제주도 카페 '세바' & 1인 문화기획회사 '뽕가게'

문화이민자들이 쏘아올린 작은 행복

보통 한국 사회에선 일과 삶이 충돌할 때
일을 먼저 선택하고 삶을 희생하는 경향이 있는데
저는 제 삶을 선택한 것뿐이에요.
김세운(카페 세바 대표)

생존 자체가 중요했던 과거 세대와 달리, 요즘 세대는 물질적 보상만으로 만족하지 않는다. 정신적 만족도 중요하다는 것을 잘 알고 있다. 하지만 비좁은 취업의 문과 불안정한 일자리에 대한 공포와 소비주의의 물결 속에서 물질적 가치의 위세는 여전히 견고하다. 일자리의 가치관이 흔들리는 시대, 그러나 그 속에서도 방황하지 않고 제 길을 스스로 찾아나가는 젊은이들이 있다. 그리고 그 젊은이들이 분출하는 긍정의 힘이 어느 외딴 문화 소외지역을 문화예술의 중심지로 바꿔놓고 있다. 세상은 그들을 문화이민자라고 부른다. 그들은 제주도 지역경제에 새로운 활력을 불어넣으며 일자리의 또다른 가치를 키우고 있다.

사실 '돈을 위해 일하지 말라'는 말이 이 혹독한 시절을 살아가는 청춘들에게 너무 이상적이며 오히려 절망적인 말이 될지도 모른다. 그러나 제주도의 문화이민자들, 바다 건너 그들이 쏘아올리고 있는 작은 행복은 분명 흔들리는 청년들의 등불이 되기에 충분하다. 그들의 일과 삶을 보며 우리는 '돈'보다 '행복'이라는 말이 결코 유명인의 전기나 자서전에서나 나올 법한 말이 아님을 실감할 수 있다. 행복한 밥벌이는 생각보다 가까이에 있었다.

: 일상을 예술로 연주하는 피아니스트

제주도에서도 외곽에 위치한 선흘리. 사는 이도, 찾는 이도 많지 않은 이 고즈넉한 마을에 수시로 낯선 선율의 향연이 펼쳐진다. 노인들이 대부분인 시골마을을 무대로 클래식은 물론 재즈까지, 다채로운 음악의 멜로디가 흐른다. 제주도를 상징하는 돌로 쌓아올린 2층 돌집, '카페 세바'. 이곳은 주인장인 피아니스트에게는 자신만의 연습실, 그 작업실을 찾는 손님에겐 커피 한잔의 여유를 즐기는 카페, 그리고 이 카페를 무대로 삼는 연주가와 관람객에겐 예술의전당도 부럽지 않은 공연장이다. '카페 세바'는 그야말로 모두를 위한 행복기지이자 선흘마을의 복합문화공간이다.

문을 연 지 2년이 채 안 되는 세바는 제주도 이주 10년차의 베테랑 정착민 김세운씨가 주거와 연습을 목적으로 지은 집이다. 돌창고로 쓰이던 곳을 재건해 2층짜리 돌집을 짓고, 최소한의 생계를 위해 카페 간판을 달았다. 하지만 지금은 카페라기보다는 화려한 스포트라이트도, 값비싼 음향장비도 없지만 정성만큼은 가득한 공연장으로 더 사랑받는 어엿한 문화공간이다. 아시아 최초로 음악학 박사를 취득한 일본인 재즈 기타리스트 하타 슈지가 초대되어 연주를 한 적도 있다. 이곳을 찾는 관객은 관광객이나 음악애호가들이 아니라, 대부분은 마을주민이다. 이 마을 전체가 재즈 동호회일 리는 없다. 그렇다면 세바는 어떻게 음악으로 마을 사람들과 소통할 수 있었던 것일까?

"숲속에 들어가서 혼자 연주하려고 이곳에 온 게 아니거든요. 이 마을에 함께 살고 싶어서 세바를 만든 거예요. 보시다시피 여기가 완전히 마을 한가운데 있잖아요. 그러다보니 마을 분들에게 내가 뭘 하는 사람인지 알리고 내가 좋아하는 걸 어르신들과도 나눠야겠다, 생각했죠. 그래서 공연을 준비할 때마다 적극적으로 마을 분들을 초청했어요. 사실 그분들에게도 정말 그 공연이 재밌었는지, 음악이 맘에 들었는지 확신할 순 없지만 그래도 늘 오시면 박수 쳐주시고 응원도 해주세요. 실은 제가 아침마다 연습을 해서 마을이 많이 시끄러워졌거든요. 그런데도 마을 어르신들이 제 일을 인정해주시고 이해해주시더라고요. 제가 좋아하는 음악을 다른 사람에게 어떻게 소개할까 많이 고민하고 노력했는데, 그 마음이 전달된 것 같아요."

마을 사람들과 소통하기 위해 애쓰는 세운씨의 진심과 외지인을 따뜻하게 품어준 지역민의 배려가 어우러져 외진 마을의 일상이 예술로 변하고 있다. 제주도에 들어오기 전에 세운씨는 외국 유학까지 마치고 서울에서 피아니스트로 활동하며 바쁘게 살아왔다고 한다. 음악가로서 더 큰 무대와 더 많은 청중이 있는 대도시의 삶을 버리고 이토록 소박한 삶을 선택한 이유를 그는 담담히 밝힌다.

"유학생활 마치고 들어오면서 꼭 서울이 아니어도 내 무대는 만들 수

20-7
Cafe
open 12
close 18

있다고 생각했어요. 보통 한국 사회에선 일과 삶이 충돌할 때 일을 먼저 선택하고 삶을 희생하는 경향이 있는데 저는 제 삶을 선택한 것뿐이에요."

내 삶과 조화를 이루지 못하고 늘 나를 힘들게 하며 내 마음과 충돌하는 일은 진짜 '내 일'이 아닐지도 모른다. 그런 일은 늘 개인의 행복과 일로 인한 스트레스를 저울질하게 만든다. 그리고 종국엔 나를 위한 일이 아니라 돈을 위한 일이 되어 더 소중한 다른 것들을 볼 수 없게 가려버린다. 세운씨는 부와 명성이란 욕망을 좇는 대신 소박한 일상 속에서 자신만의 행복을 키우기로 했고, 매일 더 나은 내일을 꿈꾸며 잠들 수 있기를 소망했다.

"그전에는 음악을 연주하는 게 '일'이라고 생각했어요. 예술가보다 생활인에 더 가까웠던 거죠. 그런데 이곳에 들어와서 살다보니 음악에 대해 다시 고민하게 되더라고요. 나를 위한 음악이 아니라 사람들과 나눌 수 있는 음악, 그게 바로 예술이 아닐까 생각하게 됐어요. 서른이 훌쩍 넘었는데, 이제야 비로소 연주자에서 예술가가 되는 길을 꿈꾸고 있어요. 제가 좋아하는 음악을 이곳 사람들과 함께 나누면서 새로운 문화를 만드는 것이 진짜 제 일이 된 거죠. 이곳에 있으면 피아노를 연주하든, 여행을 하든, 커피잔을 나르든, 놀든, 다 하나예요. 뭐가 더 좋고 나쁜지를 계산할 필요가 없어요. 그렇게 앞으로도 일상과 예술이 하나가 되는 삶을 살고 싶어요."

화려한 무대를 뒤로하고, 자신만의 작은 무대 위에 선 세운씨를 지켜보며 행복에 대해 다시 생각한다. 한반도의 5분의 1 면적에 전체 인구가 75만 명뿐인 나라, 히말라야 산맥의 외딴 국가, 부탄은 1인당 국내총생산GDP이 2000달러 정도에 불과하지만, 국민의 97%가 '나는 행복하다'고 느낀다. 경제력은 볼품없지만 전 세계 국가별 행복지수 1위(2010년 유럽 신경제재단NEF 조사 자료)에 오르며, 세계인에게 돈과 행복의 함수관계를 돌아보게 만들었다.

경제 발전에 따른 물질적 풍요는 행복의 조건은 될 수 있어도 행복의 기준은 되지 못한다. 돈은 행복한 내 일을 보장해주지 않는다. 그러나 행복한 내 일은 돈보다 더 큰 가치를 보장해준다. 세운씨의 카페, 아니 선흘마을의 작은 문화공간 속에서 우리는 그 소중한 가치를 오감으로 느낄 수 있다, 예술이 된 일상의 멜로디와 함께.

: '뾩가게' 행복한 내일을 만드는 문화기획자

카페 세바에서는 음악 공연 말고도 다양한 프로그램들이 진행된다. 지역 살롱으로서 제 역할을 톡톡히 하고 있는 똑똑한 공간이다. 세운씨가 세바에서 예술의 볼륨을 키웠다면, 이곳의 매니저 김선미씨는 마을 사람들에게 상상력의 힘을 키워주고 있다. 선미씨의 직업은 문화기획자이다. 지역민들이 문화의 네트워크를 형성하고 삶을 즐길 수 있도록 마을 내 작은 행사들을 기획하고 진행한다. 이 엉뚱발랄한 직업의 주인공 선미씨는 6년 전 제주로 이주했다. 서울에서 직장생활을 하다가 그저 재밌게 살고 싶다는 의지 하나만으로 제주에 왔다고 한다. 그리고 세바를 만났고, 이제는 세바 바로 뒷집에 살고 있는 선흘마을의 주민이다.

직업이 둘인 만큼 그녀의 하루는 더 길지만, 더 팍팍하진 않아 보인다. 아침에 일어나 텃밭을 가꾸고 잔디를 정리하다가 오후 12시부터 6시까지만 세바에서 매니저로 일한다. 그 외의 시간엔 마을 사람들과 함께 어울려 자전거도 타고 산책도 하고 고사리도 뜯는다. 도대체 문화기획자로 일하는 시간은 언제일까?

"마을 사람들과 어울리는 게 제 일이에요. 가깝게 지내야 사람들에게 정말 필요한 문화를 창조할 수 있죠. 제가 만드는 문화라는 게 뭔가 거창한 일이 아니에요. 그냥 마을 사람들이 재밌게 행복한 하루를 보낼 수 있도록 소소하지만 감동도 있고 즐거운 일들을 꾸미는 거죠."

선미씨는 고된 농사일에 지친 마을 사람들에게 단 하루의 행복이라도 만들어주고 싶다. 작년 마을축제에선 마을 풍경을 담은 사진전을 개최해 큰 호응을 얻었다.

"사진을 통해 마을 꼬마들은 물론 어르신들까지 모두 함께 어울려 마을의 이야기를 나눌 수 있었어요. 정말 행복한 시간이었죠. 그렇게 사람들이 사소한 일상 속에서도 행복을 느낄 수 있는 기회를 만들어주는 게 제 일이에요."

전시회가 끝난 후엔 사진을 엽서로 만들어 방문객들에게 나눠주는 이벤트도 열었다. 지역을 향한 관심을 불러일으키기 위한 그녀의 아이디어였다. 요즘 그녀는 곧 다가올 마을축제 때 더 새로운 문화행사를 선보이기 위해 고민중이다. 이쯤 되면 취미생활을 넘어 분명 직업이다. 그런데 이런 일이 경제적 보상이 될 수 있을까? 취미생활과 직업은 마인드의 차이기도 하지만, 그것만으로 온전히 생활을 지탱할 수 있는가의 여부도 중요하기 때문에 경제적 보상은 중요하다.

"금전적인 부분을 완전히 무시할 순 없죠. 그래서 가능한 한 자급자족하기 위해서 노력하고 있어요. 이렇게 텃밭을 가꾸는 것도 그 때문이고요. 소비를 안 해도 되는 삶을 꾸리는 게 또 제 일이기도 하거든요. 현실적으로 문화기획자로서 버는 돈은 별로 없어요. 대신 만족이라는 마음의 급여를 받죠. 돈을 벌 수 있을 정도로 하려면 일을 더 크게 벌여야 하는데, 그건 또 싫거든요. 소소하게 마을에서 어울릴 수 있는 정도로 일을 만드는 게 더 행복해요."

그럼에도 선미씨는 자신과 같은 일을 하는 젊은이들이 돈 때문에 일을 포기하는 상황은 없어야 된다고 믿는다. 그래서 만든 것이 그녀만의 1인 기획회사 '뽕가게'다.

"저희처럼 뜬구름 잡는 일을 하는 사람들은 생계를 유지하기가 쉽지 않은 게 현실이죠. 그래서 최소한의 생계를 해결할 수 있는 일을 만들어보자는 취지로 기획한 회사예요. 먹고사는 문제만 해결된다면 문화기획자란 직업은 정말 즐거운 일이거든요."

뽕가게의 첫번째 프로젝트는 기금 모금 행사였다. 전교생이 12명뿐인 마을 분교의 아이들을 위해 기금을 마련하는 벼룩시장을 개최한 것이다. 분교 아이들의 교육 환경 개선에도 일조하고 문화기획자로서의 수입도 꾀할 수 있었던 성공적인 경험이 됐다. 앞으로도 뽕가게를 통해 일과 만족의 균형을 이룰 수 있는 다양한 프로젝트를 발굴하는 것이 그녀의 목표이다. 좋아하는 일을 취미가 아닌 직업으로까지 밀고 나가는 그녀의 추진력이 그저 놀라울 뿐이다.

선미씨는 문화기획자로 살면서 천직에 더 가까워졌다고 말한다. 그렇다면 그녀에게 천직이란 어떤 일자리일까?

"솔직히 말해서 예전엔 돈을 더 많이 벌 수 있는 일이 꿈의 직업이라 생각했어요. 그런데 이제는 달라요. 천직이라고 뭐 대단할 필요가 있나요? 내가 부끄럽지 않은 일을 해서 정당한 대가를 받을 수 있는 일, 그게 바로 꿈의 직업이죠."

자기 자신에게 부끄럽지 않은 일은 무엇인가? 돈 때문에 해야 하는 일과 행복하기 위해서 하고 싶은 일, 어느 쪽이 더 나은 내일을 열 수 있을까? 미래의 나에게 부끄럽지 않은 후회 없는 내일을 위해, 모두가 스스로에게 진지하게 물어야 할 질문이다.

세운씨나 선미씨와 같은 제주도의 문화이민자들이 제주도에 옮겨온 건 단지 일자리뿐이 아니다. 그들은 돈을 위해 일하지 않고, 행복을 위해 일함으로써 상상 속에만 머물던 꿈을 현실 속으로 옮겨온 희망정착민들이다. 그리고 그들은 지금 돈이냐 행복이냐, 일하는 사람들이 평생을 고통스럽게 묻는 그 이분법적인 질문에서 진정 해방된 '행복한 일꾼'들이다.

네덜란드 작가 주스트 벨드만

타인의 시선 대신 내 안의 열정을 느껴라!

꿈의 직업을 거머쥔 사람만이 물질적 성공도 거머쥘 수 있습니다.
꿈이 직업인 사람은 누구보다 열정적으로 그 일을 하게 돼요.
단순히 돈을 벌기 위해서가 아니라 자기 삶을 통째로 건 모험이니까요.
주스트 벨드만

최근 화제가 된 책 『꿈꾸는 일을 하라Do Your Dream Job』를 펴낸 네덜란드의 작가 주스트 벨드만은 최근 일과 행복에 대한 새로운 분석을 내놨다. 직위나 연봉이 아닌 자신이 가장 행복을 느끼는 일을 선택할 때 비로소 꿈의 직업을 거머쥘 수 있다는 것이다. 그는 자신을 작가가 아니라 기금 모금 전문가라고 소개한다. 책은 그 과정에서 나온 것일 뿐, 자신이 가장 좋아하는 일은 사회를 위해 꼭 필요한 기금을 모으는 것이라고 한다.

"저는 지난 일 년 동안 꿈의 직업을 가진 175명의 사람들을 만났어요. 거의 매일 그들의 일터에 동행하며 많은 것을 보고 느끼고 이야기를 나눴죠. 그러면서 한 가지 중요한 사실을 깨닫게 됐어요. 그들이 꿈의 직업을 가지게 된 비결은 무엇이 자신을 행복하게 만드는지 알고, 그것을 과감하게 선택했기 때문이라는 걸 말이에요. 그들에게 직위나 수입은 전혀 고려사항이 아니었던 거죠."

주스트는 자신이 직접 만난 '꿈의 직업을 가진 사람들'에 대한 이야기를 들려준다. 20년 넘게 매장 판매직원으로 일하다가 뒤늦게 자신이 좋아하는 일을 발견하고 4년 넘게 아르바이트와 공부를 병행해 결국에는 제본기술자가 된 여성, 자신이 보살피던 이들이 세상을 떠날 때마다 책임감이 느껴져서 죽음 이후 더 나은 보살핌을 주고 싶어 요양원 간호사에서 장의사로 직업을 바꾼 여성, 사이클링이 건강에 좋다는 사실을 알리고 싶어 워크숍을 열다가 나중에는 그게 직업이 되어버린 여성, 말이 너무 좋은 나머지 어떻게 하면 말 옆에서 평생 일할 수 있을까를 고민하다가 말 인공수정 전문가가 된 남성 등등……

그들이 선택한 직업을 들여다보면 주스트의 말대로 직위나 수입은 전혀 고려하지 않은, 하나같이 보잘것없고 가능한 한 피하고 싶은 직업들이 대부분이다. 급여도 적고 사회적 인식도 턱없이 낮은 탓이다. 하지만 이들이 선택한 직업의 면면을 살펴보면 '꿈의 직업'이라는 표현에 고개를 끄덕이지 않을 수 없다. 자신이 가치 있다고 생각하고 행복을 느끼는 일을 직업으로 삼은 것보다 더 큰 행운은 없기 때문이다.

주스트는 여기서 한 발 더 나아가 "꿈의 직업을 거머쥔 사람만이 물질적 성공도 거머쥘 수 있다"고 말했다. 모든 사람들이 원하는 '꿈'과 '돈'은 공존할 수 없는 모순이 아니라, 반드시 공생할 수밖에 없는 필연이라는 것이 그의 생각이다.

"꿈이 직업인 사람은 누구보다 열정적으로 그 일을 하게 돼요. 단순히 돈을 벌기 위해서가 아니라 자기 삶을 통째로 건 모험이니까요. 그래서 꿈을 포기하지 않는 이상 성실과 실력은 자연스럽게 따라오는 덤 같은 거예요. 그다음에 성실은 신뢰를, 실력은 인정을 친구처럼 데려오죠. 결국 내 꿈을 향해 앞으로 나아갈수록 돈 벌기가 더 쉬워지는 셈이에요. 만약 당신이 지금 성공을 꿈꾸고 있다면 고민해야 할 건 오직 단 하나밖에 없어요. '이 직업이 정말 내가 꿈꾸는 일인가.' 이 질문에 '그렇다'고 답할 수 있다면 당신은 꿈의 직업을 가진 것이고, 조만간 자기 분야에서 값진 성공을 얻을 수 있을 거예요."

사실 장기적으로 보면 자신에게 행복을 주는 일을 선택하는 것이 경제적으로도 성공할 확률이 더 높다. 사람은 합리적인 동물이다. 주어진 목적 아래서 가장 효율적인 길을 찾는다. 단기적으로 수입을 추구하면 최소한의 노력으로 가장 빨리 돈을 벌 수 있는 길을 찾게 된다. 그렇게 되면 잠시 돈은 벌 수 있을지 모르지만, 가장 중요한 자기의 '성장'을 이룰 수 있는 기회를 놓친다. 반면 자신이 행복해하는 일을 하는 사람은 단기적으로 수입이 없더라도 일에서 계속 배워나가는 것을 즐기고 그 과정에서 꾸준한 자기성장을 이룰 수 있다. 시간이 지나면서 이런 성장이 축적되면 어느 순간 누구도 넘볼 수 없는 전문가의 경지에 올라 있게 된다.

현대는 가치가 다원화된 사회다. 어느 영역에서든 경지에 오르면 물질적 대가가 기하급수적으로 늘어난다. 장기적으로 벌어들일 수 있는 수입의 총량은 오히려 커질 수 있는 것이다. 이렇게 장기적인 시각에서 보면 돈과 행복 중에서 양자택일해야 하거나, 행복을 위해 수입을 희생해야 하는 것은 아니다.

어쩌면 "하고 싶은 일이 없어요" "뭘 해야 할지 모르겠어요"라는 말의 뒤편에는 세상의 시선과 편견 때문에 깊숙이 가려져 있는 열등감이 숨어 있을지도 모른다. 이제 직업의 '귀천'이 아닌 직업의 '호불호'를 느낄 수 있어야 한다. 그 느낌은 물론 타인의 취향이 아닌 온전히 나의 취향과 선택에 따른 것이어야 한다. 꿈의 직업은 화려하게 포장되어 배달되는 선물상자가 아니다. 마치 우리가 앞서 만난 네덜란드 목수학교의 젊은이들처럼 뚝딱뚝딱, 자신이 DIY해나갈 때 완성되는 노력의 결실인 것이다.

청춘들이여, 그대를 행복하게 하는 일을 하라.

'내:일'이 있어 행복한 사람들

그들이 말하는 나의 좌우명, 그리고 내가 일하는 이유

미래의 글로벌 잡트렌드 'FUTURE'와 나만의 일자리를 찾기 위한 전략 'MY JOB' 키워드를 설명하기 위해, 지금까지 우리는 세계 각국의 전문가와 젊은이들을 만나보았다. 이들은 자신의 경험과 이론뿐만 아니라, 자신이 가지고 있는 좌우명과 '내가 일하는 이유'에 대해서도 따로 얘기해주었다. 그들의 진솔한 체험담에서 찾을 수 있는 공통점은, 모두 "내:일이 있어 보람 있게 일하고 행복하게 살 수 있다"는 것이다. 그들의 목소리에 귀기울여보자.

좌우명이요? 거창한 좌우명은 갖고 있지 않고요, 해보지 않고 말하는 것을 꺼리는 편이에요. 특히 사업을 하는 사람에게 말이란 게 얼마나 허무하고 무책임한 것인지…… 근래 초보 사업가로서 느끼고 있는데, 말 한마디 더할 때 행동으로 보여드리고, 안 된다고 핑계대거나 남을 비난하기 전에 제가 더 나은 사람이 되고자 노력하고 있습니다.

— **유민주(헤이브레드 대표)**

저희는 주먹밥만 파는 게 아니라 지친 분들에게 에너지와 열정도 같이 팔고 있습니다. 저의 좌우명은 '가족뽀뽀'입니다. 여기서 말하는 가족은 꼭 혈연관계만이 아니라, 저와 같이 일하는 친구들도 저에겐 가족이라 생각합니다. 그래서 원초적인 단어인데 가족들 보면 뽀뽀하고 싶잖아요. 안아주고 싶기도 하고요. 그런 의미에서 저는 가족끼리 행복하자는 의미에서 '가족뽀뽀'라는 말을 늘 떠올리면서 일하고 있습니다.

— **최성호(웃어밥 대표)**

제 좌우명은 무지 단순한데요. '불광불급不狂不及'이라고, 저는 한 가지 일에 미치면 그것만 보는 스타일이기 때문에, 모든 일을 그렇게 생각하거든요. 미치지 않으면 미치지 못한다고. 그래서 항상 무슨 일이든지 최선을 다해서, 미친 듯이 하는 편입니다.

— **송재필(유어아우나츠 대표)**

제 일은 사람들을 끌어모으고 그들이 필요로 하는 것을 계속 찾아다니고, 사람들의 이야기를 들으면서 모아내는 작업이에요. 그 과정에서 내가 아닌 다른 사람들과 굉장히 많이 소통하고, 조정해야 하고, 사실 그게 가장 힘들기도 하고요. 하지만 사업을 해나가면서 여전히 사람 때문에 힘들기도 하지만, 사람 때문에 가장 힘을 얻기도 하는 것 같아요. 사실 저는 저 자신이 굉장히 약한 사람이라고 생각하거든요. 그래서 저와 같은 생각을 하는 사람을 만나면 무척 반가워요. 내 일을 설명했을 때 관심을 보여주는 사람, 의지가 되는 동료를 만났을 때, 아, 내가 지금 이 일을 진짜로 하고 있구나, 잘하고 있구나, 잘해나갈 수 있겠구나, 라고 생각하게 됩니다.

제 좌우명은 말랑말랑한, 굳지 않는 지점토 같은 사람이 되자는 거예요. 어느 면으로는 뿌리부터 단단해서 어떤 결정을 내리거나 선택을 할 때, 굳건한 의지로 또렷하게 결단을 내려야 하겠지만요. 제가 하고 있는 기획이나 여러 사람과 소통하는 일에서는 좀더 유연해지고 많이 흔들리고 싶어요. 저 스스로는 많이 흔들려서 힘들고 외롭지만, 내 일과 다른 사람에게는 그것이 도움이 될 수 있다는 생각이 많이 들거든요. 그렇다면 나는 끝까지 우유부단하기도 하고 흔들리기도 하는 말랑말랑한 지점토, 어떻게 만지든 모양이 그대로 잡혀갈 수 있는 지점토이고 싶다는 생각을 많이 합니다.

— **이승미(사회적 기업 이음 청년사업팀장)**

일이란, 전부죠. 항상 일만 생각하고 있습니다. 일은 제 전부이고, 삶의 핵심이기 때문에 살기 위해 일한다고 생각하지 않습니다. 그냥 지금 저는 일 자체가 좋고, 내 일을 사랑하고 있습니다.

— **장진수(아이니드 가구 공동대표)**

저는 이미 꿈의 직업을 갖고 있는 것 같아요. 목수의 일이 꿈의 직업인 것 같고요. 한 가지 더 꿈이 있다면 그 모든 꿈을 저희 직원들과 공유하고 싶다는 거예요. 저의 꿈이 그들의 꿈이 되고, 그들의 꿈이 내 꿈이 되어서 하나의 커다란 유기체, 마을, 군락을 꾸미고 싶습니다.

— 장민수(아이니드 가구 공동대표)

일하는 목적이요? 좋아서…… 정말 그냥 좋아서 하는 건데…… 이 일을 하는 이유는 예전에 제가 외국에서 아르바이트로 인력거를 끌었는데 정말 좋았거든요. 그래서 전 저뿐만 아니라 다른 사람도 이런 경험을 해봤으면 좋겠어요. 이런 인력거를 통해서 더 많은 일자리도 창출되고, 인간적인 길거리 공동체를 만들어가고 싶은 생각이 있습니다. 저는 이 일, 정말 좋아서 해요. 제가 좋으면 다른 사람에게도 좋을 것 같아서, 저뿐만 아니라 다른 사람도 같이 했으면 좋겠고요. 인력거를 더 늘리고 싶어요, 서울뿐만 아니라 다른 도시에도요.

— 이인재(아띠 인력거 대표)

나무로 하는 일을 다 좋아해요. 나무가 살아 있을 때도 좋고, 나무가 죽어서 하나의 제재가 됐을 때도 좋고…… 계속 나무와 가까이 있으면서 나무와 함께 일하고 싶어서 목수일을 택했습니다.

— 이재인(제주도 동네 목수)

저에게 일이란 감동을 주는 것입니다. 이렇게 감동을 전할 수 있다는 게 저한테도 다시 감동이 되고, 같이 일하는 친구들한테도 감동이고 저희 가족들 혹은 더 나아가 사회에도 감동이 되는 게 일이라고 생각해요. 그 수많은 감동적인 일들 가운데 제 일은 장사이기 때문에 저는 열심히 장사를 하고 있습니다. 저의 천직은 장사를 하는 거고요. 밝게 재미있게 장사를 해서 사람들한테 즐거움을 주는 것, 분명 그게 제 천직인 것 같습니다.

— 김윤규(청년장사꾼 대표)

저는 세계를 바꾸고 싶어요. 행동을 바꾸고 환경을 지키고 무언가를 하고 왜 그것을 하는지를 알고 싶어요.

— 아나 컴파니엇(디자이너)

새롭고 흥미로운 음식들을 많이 만들고 싶어요. 저에게 음식은 다른 사람들을 행복하게 만들어주는 매개체니까 더 새로운 것들을 만들고 싶어요. 저는 음식도 만국공통어라고 생각하거든요.

— 반(반미11 운영자)

제 직업을 얼마나 사랑하냐고요? 정말, 정말 좋아합니다. 누가 시키지 않아도 일 때문에 새벽 두시까지 깨어 있고 다섯시에 일어난다면, 그 직업을 정말 사랑하는 거겠죠. 제가 지금 그래요. 꿈을 좇으려는 사람들에게 꼭 전해드리고 싶은 두 개의 조언은요, 하나는 간단하게 생각하라는 거예요. 막상 부딪쳐보면 생각보다 어렵거나 복잡하지 않을 수 있거든요. 두번째는 자신의 일을 정말 사랑해야 한다는 거예요. 그리고 실패를 두려워하지 마세요. 저는 사람들이 새로운 것을 도전하기 두려워하는 이유는 실패의 가능성에 대한 두려움 때문이라고 생각해요. 우리는 항상 실패합니다. 하지만 그것은 다시 시작하기에 좋은 밑거름이 되어주지요. 그리고 일을 정말 사랑해야 합니다. 만약 정말 일을 사랑한다면, 일과가 끝난 뒤 오늘도 이러저러한 난관 끝에 결국 꿈을 이뤘다는 사실만으로도 매우 기쁠 거예요.

— **안(반미11 운영자)**

직업을 찾을 때 가장 중요한 건 자유와 독립입니다. 자신을 위해 스스로 뭘 해줄 수 있느냐는 거죠. 제 좌우명은 다른 사람들이 기대하는 대로 살 필요가 없다는 것입니다. 우리는 스스로에게 좋은 일이면서 다른 누군가에게도 좋은 일을 분명 찾아낼 수 있습니다.

— **크리스 길아보(작가)**

저는 제 미래가 자유로웠으면 좋겠어요. 돈에 얽매이지 않고요. 매일 평범하게 지하철을 타고 출근하는 사람이 되지는 않을 거예요. 일이 얼마나 바쁘든 상관없이 책 읽을 시간, 차 마실 시간, 영화 볼 시간은 있었으면 좋겠어요. 내게 아무도 건드릴 수 없는 독립적인 내면세계가 있었으면 좋겠어요. 실제로는 돈이 많지 않아도, 부유하지 않아도 그 내면세계는 독립적이고 풍부했으면 좋겠어요. 앞으로 제가 꿈꾸는 일은, 제가 마음대로 사용할 수 있는 시간이 있고, 오전 9시에 출근하고 오후 5시나 6시에 퇴근하는 평범한 삶이 아니었으면 좋겠어요. 그리고 두 가지 일을 같이 할 수 있어야 해요. 하나는 생활을 위해서 하는 일로 돈을 벌 수 있는 일이고, 다른 하나는 돈은 그렇게 많이 벌지 못하더라도 스스로 좋아하는 일이에요. 가끔 생활 때문에 머리가 아프거나 괴롭거나 무료하다고 여겨질 때 잠시 도피할 수 있도록요.

— **장방주(『신주간』 편집장)**

왜 일하느냐고요? 왜냐면 일을 해야 하니까요. 일하는 게 좋기도 하고요. 무엇이 저를 행복하게 만드느냐고요? 제가 열정을 가지고 있는 좋아하는 일을 하는 거요. 그리고 그 일을 잘해내는 거요!

— **제시 찬(스뮬 직원)**

제가 일하는 이유는 세상에 영향을 미치고 싶어서입니다. 우리는 인간으로서 다른 사람들의 삶을 더 낫게 만들 무언가를 창조해내지 않으면 완전함을 느끼지 못합니다. 그래서 저는 일을 합니다.

— **프라그 트로디아(스뮬 최고 과학자)**

직업이란 인생입니다. 직업이란 내 인생 그 자체이지요. 직업이 없으면 삶의 보람이 없습니다. 직업은 추상적이든 구체적이든 갖고 있어야 합니다. 창작활동을 하든 조직에 있든 직업은 반드시 필요하고 나 자신을 지탱하는 힘입니다. 누구든지 인생에서 직업을 선택했을 때 그것이 천직이고 자기한테 100% 맞는다고 생각된다면, 엄청난 행복이고 행운입니다. 그렇지만 천직이 아니더라도 일단 직업을 선택했을 땐 '후천적 천직'이 되는 겁니다. 이것이 내 천직이라고 생각하고 일해야 자기 인생을 책임질 수 있습니다. 그때 비로소 행복해질 수 있습니다.

— **김장언(서울대병원 남자 간호사)**

지금 제 팀원들과 계속 같이 가고 싶고요. 세상에 70억 인구가 있는데, 이들 모두가 스스로 달인인 것을 알게 하는 것이 저의 가장 큰 목표입니다.

— **권희택(교육서비스 오픈롤 대표)**

저 스스로 행복한 삶을 살고 싶어요. 사랑하는 사람들 곁에서 크게 압박감을 갖지 않고 제가 하고 싶은 것을, 하고 싶을 때 하면서 사는 삶을 꿈꾸고 있습니다.

— **오드레(메이크업 아티스트)**

진정으로 사랑하는 일을 하고 당신 자신에게 귀기울이고 자신을 발전시킨다면 우리는 분명 행복할 수 있습니다.

— **프레이 굽타(스뮬 CPO)**

트렌드의 중심에서 일자리를 외치다 : MY JOB for FUTURE

취업공고판을 향해 서 있는 그 사람의 등은
이 도시의 영원한 수수께끼
고형렬, 「너의 취업공고판 뒤에서」 중에서

우리 사회의 고질병을 해결할 실마리가 일자리 문제에 있다

일자리 창출 방안의 모색이 국가적 의제가 되고 있지만 단기간에 극적인 해결이 날 것 같지는 않다. 세계 경제가 기나긴 위기의 터널을 빠져나오지 못하면서 대외의존도가 높은 우리 경제도 침체의 늪에서 답보하고 있고, 정보화와 자동화에 입각한 경제구조로 변화하면서 고용 없는 성장이 상시화하고 있기 때문이다.

그렇다면 일자리 문제의 해결은 요원한 것일까?

일자리 문제는 우리 사회의 가장 뼈아픈 고통이자 그 자체로 사회의 많은 고질병들을 치유할 실마리를 쥐고 있는, 문제 해결의 출발점이기도 하다. 어려운 싸움이지만 반드시 답을 찾아야만 하는 이유다. 좋은 일자리가 많아지면 저소득계층에게 소득을 늘릴 수 있는 기회를 부여함으로써 빈곤에서 헤어나올 사다리를 제공할 수 있다. 일자리는 가장 근원적인 복지대책이다. 굳이 명문대학을 졸업하지 않더라도 얼마든지 좋은 일자리를 가질 수 있다면 과도한 사교육 경쟁을 벌이지 않아도 될 것이다. 일자리는 가장 근원적인 교육대책이다. 좋은 일자리가 많아진다는 것은 생산과 소비가 늘어나 침체된 경제가 살아난다는 것을 의미한다. 일자리는 가장 근원적인 경제대책이다. 어디 이뿐일까? 일자리 창출은 나라를 막론하고 현대 국가에서 수많은 정책의제와 맥이 닿아 있는 핵심적인 과제다.

사실 이러한 측면을 몰라서 문제를 해결하지 못하는 것은 아니다. 정부와 자치단체의 정책이나 정당의 공약을 보면 일자리 대책이 빠지지 않고 최우선의제로 등장하고 있다. 그럼에도 불구하고 일자리 사정이 나아지지 않는 것은 제반 사회경제적 환경이 호락호락하지 않기 때문이다.

자동화 및 정보통신기술이 비약적으로 발달하면서 제조업의 성장이 더이상 일자리의 증가를 동반하지 않게 됐다. 의학기술의 발달로 평균연령은 늘어났지만 그에 합당한 일자리는 제한돼 있으며, 오히려 은퇴시기는 앞당겨지고 있다. 장노년층의 일자리 문제가 새로운 과제로 떠오른 것이다. 산업 각 분야에서 일자리 창출 전략이 제안되지만 여러 가지 제약조건과 규제 때문에 나라 전체의 일자리 총량은 답보 상태이다. 이러한 와중에 가장 피해를 보는 것은 이제 사회에 막 첫발을 내딛는 젊은이들이다. 단군 이래 가장 우수한 역량을 갖추었다는 대한민국 청춘들이 엄청난 청년실업의 벽에 막혀 신음하고 있다.

가장 확실한 일자리 대책은 꺼져가는 대한민국 경제성장의 엔진을 다시 점화하는 일일 것이다. 하지만 이마저도 쉽지 않다. 글로벌 경기 침체의 영향으로 세계 경제 자체가 불확실한 상황에서 수출의존도가 높은 우리 경제의 규모를 키우기가 쉽지 않기 때문이다. 더구나 중국을 비롯한 개발도상국의 기술경쟁력이 높아지면서 우리의 바로 턱밑까지 추격하고 있다.

갈등의 제로섬 게임에서 벗어나 미래 전망과 트렌드로 제안한 '내:일'

상황이 이처럼 절박함에도 불구하고 문제 해결의 단초를 구하기란 쉽지 않다. 일자리 창출 정책은 중소기업 육성, 지역경제 활성화, 창업 육성, 채용정보 확산, 평생직업교육 진흥 등과 밀접한 관계를 맺고 있는데, 이 모두가 각각 중요하지만 그 자체만으로도 결코 달성이 쉽지 않은 정책의제이다.

더구나 일자리 창출 문제는 단순한 경제정책이 아니라 매우 민감한 이념적 주제다. 구체적인 수준으로 들어갈수록 갈등이 심해진다. "일자리를 창출하자"는 총론에는 누구나 공감한다. 하지만 각론에 이르면 어느 하나 실행을 위한 국민적 합의를 이끌어내기가 쉽지 않다. 잘 크고 있는 중소기업이 고용을 300인 이상으로 늘리게 되면 법적으로 중소기업의 지위를 잃게 되어 있다. 이러한 규제를 철폐해야 하는가, 더 약한 중소기업을 보호하기 위해 이 제한을 계속해야 하는가? 고령화 사회에 맞추어 정년을 연장하자는 목소리가 높아지고 있다. 이러한 정년 연장은 가뜩이나 심각한 청년실업을 더 악화시킬 것인가, 오히려 직업 안정성에 긍정적인 영향을 미칠 것인가? 기업을 경영하는 이들은 고용을 유연화해야, 다시 말해 해고를 쉽게 해야 오히려 고용의 총량을 늘릴 수 있다고 주장한다. 반면, 그렇게 되면 전 국민이 언제 해고당할지 모르는 불안정한 고용 상황 속에서 평생을 불안에 떨어야 할 것이라고 많은 사람들이 우려한다. 어느 쪽의 말이 맞는가? 유연한 일자리를 더 많이 만들기 위해서는 동일 노동에 동일 임금을 지급하는 등, 비정규직과 정규직의 격차를 줄여나가야 한다는 주장이 거세지만 기존의 정규직 노동자들과 기업 경영자들은 단호하게 반대한다. 휴일을 늘리고 노동시간을 감축해야 생산성이 높아지고 여가산업이 성장하는 등 일자리 창출에 도움이 될 것이라는 주장과, 그렇게 되면 인건비 상승으로 오히려 일자리에 악영향을 줄 것이라는 걱정이 교차한다. 또 제조업보다 고용 창출의 효과가 월등한 서비스업을 키워나가기 위해 영리병원이나 카지노 등을 많이 만들자는 주장이 있지만, 이에 대한 반론도 만만치 않다.

요컨대 우리나라에서 일자리 창출은 주요 문제 해결의 출발점이면서도 노동자와 사용자, 대기업과 중소기업, 수도권과 지방, 정규직과 비정규직, 청년과 장년 등 사회의 여러 갈등 요소들이 결국 첨예하게 만나고 마는 대립의 장이 되고 있다. 좋은 일자리 창출 대책이 역대 정부의 가장 핵심적인 영역이었음에도 가시적인 개선점이 보이지 않았던 데에는 이런 이유가 있었던 것이다.

오늘날 어느 언론매체에도 일자리 관련 이슈가 보도되지 않는 순간이 없을 정도로 뜨거운 이슈이면서도 상황이 지지부진한 것은 일자리 관련 논의가 지나치게 이념적이고 '제로섬zero-sum'적인 프레임에서 논의됐기 때문이 아닌가 하는 우려를 한다. 앞서 말했듯 일자리 문제는 누가 이기고 누가 지는 구도로 해결해서는 다원화된 현대사회에서 답을 구하기 어렵다. 오히려 끊임없이 변화하며 다가오는 미래사회의 트렌드에 맞춰 위기의식을 공유하고 공통의 이익을 증진할 수 있도록 좀 더 호혜적이고 미래지향적인 논의를 할 수 있어야 할 것이다. 이 책에서 'FUTURE'로 압축되는 미래 일자리 트렌드 키워드는 그런 논의의 출발점이 되고자 했다.

청춘은 짬짜면을 좋아한다?

기성세대는 청년들의 일자리 문제를 '취업 vs. 실업'이라는 흑백논리로만 본다. 그 일자리가 무엇인지, 당사자가 그 일을 좋아하는지 상관없이 지금 일하고 있으면 '무조건 괜찮고', 놀고 있으면 '무조건 안 된다'는 생각이다. 하지만 지금의 '청춘'들은 이 생각에 동의하지 않는다. 그들에게 취업은 짬뽕 먹을래 짜장면 먹을래 같은 단순한 질문이 아니다. 이들은 당당하게 '나는 짬짜면을 먹을래'라고 말한다. 이 책을 위해 10개국을 돌아다니면서 만난 많은 브라운칼라들은 바로 '짬짜면'을 선택한 청년들이다. 기성세대가 만들어놓은 직업의 기준과 취업 시스템에 자신을 맞추지 않고, 과감하게 '내 일'을 선택하고 새로운 일을 창조해나가는 기특하고 부러운 청춘들이다.

브라운칼라의 개념은 단순히 블루칼라와 화이트칼라의 중간이 아니다. 지금 청춘들의 꿈과 희망이 버무려진 거대한 '잡패러다임Job Paradigm'이다. 일이 조금 힘들고, 남들이 뭐라 해도 나만 좋다면 즐겁게 일하고,

남들이 '안정'이라는 상행선을 탈 때 '모험'이라는 하행선을 타고, 연봉을 더 받기보다는 삶의 행복을 선택하고, 나의 행복뿐만 아니라 남의 행복까지 챙겨주는 일을 선택하는 신인류가 바로 브라운칼라다. 짬짜면이 짬뽕의 칼칼함과 짜장면의 고소함을 섞지 않고 상생하듯이, 화이트칼라와 블루칼라가 공존하는 브라운칼라는 이율배반적인 '아수라 백작'이 아니라 자신의 다양한 스펙과 적성을 창조적으로 결합할 줄 아는 '능력자'라고 할 수 있다.

스티브 잡스의 '스마트 잡스'

지금의 청춘들은 '스마트폰' 같은 존재다. 수없이 다양한 기능을 갖고 있는 고가의 스마트폰으로 고작 통화만 하는 누군가를 본다면 누구나 한심하다고 할 것이다. 마찬가지로 양질의 교육을 받고, 그 어떤 세대보다 좋은 스펙을 갖고 있는 청춘들이 자신의 능력을 제대로 발휘할 기회조차 갖지 못한다면, 이것 또한 낭비고 비극이다. 지금까지 청춘이라는 스마트폰은 제대로 충전되지 않고, 심지어 켜지지 않은 경우도 많았다. 청년실업의 원인을 그들 스스로의 무기력함 혹은 무능력에서 찾거나 글로벌 경제불황, 고령화 사회의 어쩔 수 없는 상황으로 치부하는 것은 그야말로 '스마트'하지 못한 생각이다. 그렇다면 그 '스마트한 청년'들을 깨울 수 있는 '스마트한 방법'은 과연 무엇일까? 바로 그들의 '능력'과 '열정'의 파워 스위치를 켜는 것이다. 그리고 그들에게 안정적인 전기를 공급하는 것은 정부, 기업, 기성세대의 의무라고 할 수 있다.

한때 우리 사회 전체가 애플의 스티브 잡스를 우상처럼 떠받들고, 그를 본받아야 한다고 호들갑을 떨었다. 하지만 잡스가 남긴 가장 중요한 교훈을 놓친 듯하다. 그는 단순히 아이폰이라는 히트 상품을 만들고, 엄청난 경제적 수익을 거둔 '천재 사업가'가 아니다. 그의 위대함은 무엇보다 앱스토어라는 공간을 만들어 수많은 사용자들의 상상력을 일깨웠다는 데 있다.

2011년 TED 강연 무대에 열두 살 소년 토마스 수아레즈가 올라 화제가 됐다. 토마스는 '캐럿코프CarrotCorp'라는 앱 개발사의 창업자로 '어스 포춘Earth Fortune(지구의 색상 변화로 자신의 운세를 보는 앱)' '버스틴 지버Bustin Jieber(일종의 두더지잡기 게임 앱)' 같은 인기 애플리케이션을 개발했다. 앱을 만들어보고 싶다는 생각으로 앱을 공부하고, 학교에 앱 클럽을 만들어 기술을 나누고 수익을 창출하고 기부하는 일까지 하고 있다. 앱스토어 덕분에 열두 살 토마스의 상상력과 꿈이 단번에 이뤄진 것이다.

아이폰을 위해 개발된 애플리케이션의 숫자는 100만 개가 넘고, 지금도 하루에 200~600개씩 추가되고 있다. 스티브 잡스가 살아 있을 당시 애플 본사에서 열린 앱 개발자 대회에는 전 세계에서 5천 명이 넘는 개발자들이 몰려들었다고 한다. 더욱 놀라운 것은 앱스토어가 창출하는 경제적 가치다. 앱스토어가 열린 이후 앱 개발자들은 900억 달러 이상을 벌어들였고, 매초마다 800건의 앱 구매가 이루어진다. 최근 안드로이드 진영과 애플 진영은 거대한 앱 시장을 선점하기 위해 치열한 경쟁을 벌이고 있는데, 우리나라의 경우 약 9만 명의 앱 개발자, 1200개의 스마트 콘텐츠 회사가 있는 것으로 알려져 있고, 이들이 창출하는 경제 규모도 2조 원에 이를 정도로 커졌다고 한다. 스티브 잡스는 손 하나로 움켜쥘 수 있는 작은 크기의 아이폰으로 수십만, 수백만 명의 사업가를 만들어냈다. 그의 이름처럼 잡스Jobs, 즉 일자리들을 이렇게 엄청난 규모로 스마트하게 만들어낸 것이다.

청년 일자리가 없다고 모두가 아우성이다. 사실이다. 고통도 너무나 크다. 하지만 이제는 '없어질' 일자리에 목매기보다 '생겨날' 일자리에 관심을 돌릴 시점이 됐다. 어려운 고시를 패스하고, 바늘귀 같은 대기업 취업에 성공한 이들에게만 박수를 치는 사회는 더이상 미래가 없다. 일자리 피라미드의 밑에 있는 이들에게 '하기도 싫은' 일자리를 적당히 나눠줄 것이 아니라 그 자체로 가치 있고 의미 있는 일자리를 제시하고 만들어줘야 한다. 이 책을 통해 만났던 '브라운칼라' '노마드 워커' '컨트리보이스' '마이크로창업자' 들이 바로 그런 케이스들이다. 하지만 아쉽게도 우리나라에는 아직 새로운 일자리가 생겨날 만한 생태계가 조성돼 있지 못하다. 직업에 대한 선입견, 일류대 선호 현상, 출세주의 등 독소적인 관습 때문에 새로운 일자리가 자라기도 전에 죽어버리기 일쑤이다. 더이상 기다릴 수 없다. 2030년까지 50%의 일자리가 사라진다고 한다. 앞으로 15년 후에 직업을 갖게 될 다음 세대들에게 뭔가 해줘야 한다. 시간이 많이 남지 않았다.

이 척박한 구조 속에서도 미래를 설계하고자 하는 마음의 청춘들에게

일자리는 일차적으로 사회적 의제이다. 구직자들에게 더 열심히 하라고 닦달하기에 앞서 사회가 먼저 좋은 일자리를 많이 만들어줘야 한다. 따라서 앞으로도 경영자와 노동자, 대통령과 정부, 여야 정치인, 많은 지방자치단체가 힘과 지혜를 모아 좋은 일자리를 지속적으로 만들어낼 수 있는 선순환의 구조를 만들어낼 수 있기를 희망한다. 하지만 직업을 찾는 사람들, 특히 미래를 짊어지고 나갈 청년들에게 사회가 좋은 일자리를 많이 만들어줄 때까지 손 놓고 무작정 기다리라고 하는 것도 무책임하다. 우리에게는 척박한 구조 아래에서도 일정 부분 자신의 미래를 개척해나가야 할 인생의 책임이 여전히 존재한다.

이 책을 통해 자신의 미래를 설계하는 마음의 청춘들에게 묵직한 충고를 들려주고 싶었다. 어렵게 진학한 대학에서 자기 직업을 고민하기 시작한 아들에게 진정 어린 조언을 들려주고 싶었다. 나의 대답은 과거에 좋았다는 일, 남들이 좋다고 하는 일에 목을 맬 것이 아니라, 보다 진취적으로 스스로의 내일을 만들어나가야 한다는 것이다. 그러자면 2부에서 MY JOB의 키워드로 요약한 것처럼, 세계를 향해 시야를 돌리고 사회 변화에 대한 정보를 모아 미스매치를 줄이며 평생 지속적으로 배워나감으로써 스스로가 브랜드가 되어야 한다는 것이다. 그럴 수 있을 때 비로소 단지 생계를 위해서가 아니라 행복을 위해 일할 수 있는 사람이 될 것이다.

해외유학을 마치고 유명 금융기관에서 일하다가 모두 내던지고 종로에서 인력거를 끌던 '아띠 인력거'의 이인재씨가 생각난다. 내가 인력거에 오를 때 그는 내 눈을 똑바로 쳐다보면서 말했다. "한 가지만 말씀드리겠습니다. 저는 즐거워서 이 일을 합니다. 그러니까 언덕길이 나오더라도 인력거꾼이 힘들겠다고 생각하지 않으셨으면 좋겠습니다. 그냥 편안하게 주변의 경치를 구경해주셨으면 좋겠습니다." 힘차게 인력거를 끌고 고개를 오르면서 그는 만나는 사람들마다 큰 소리로 "안녕하세요!" 하고 인사를 했다. 내외국인 관광객들은 신기해서 사진을 찍었고, 안면이 익은 동네 어르신들마다 손을 흔들며 미소로 화답해주었다.

그때 언젠가 갔던 필리핀 여행이 생각났다. 패키지 투어 중에 팍상한 폭포를 뗏목으로 오르는 프로그램이 있었는데, 뗏목꾼들이 연신 나를 보며 한국말로 "힘들어 죽겠다" "배고파"를 연발했다. 고생했으니까 이따 내릴 때 팁을 좀 많이 달라는 의미였다. 영화 〈지옥의 묵시록〉을 촬영했다는 원시의 비경을 보면서도 전혀 즐겁지 않았다. 절대로 팁을 많이 주지 말라는 가이드의 말이 생각나서 '도대체 얼마를 팁으로 줘야 하나?' 마음이 시끄러웠기 때문이다.

좋아서 하니까 전혀 힘들지 않다고 미리 말해주던 인재씨의 환한 미소와 한국어로 "힘들어 죽겠다"던 필리핀 뗏목꾼의 일그러진 표정이 교차했다. 무엇이 다른 것일까? "힘들어 죽겠다"와 "안녕하세요" 사이에는 열정, 재미, 자부심, 보람, 그리고 기업가 정신이 있다. 인재씨는 앞으로 이 인력거 사업을 한국의 대표적 관광지, 나아가서는 세계의 명승지에까지 확장하고 싶다고 했다. 그러기 위해 홈페이지와 페이스북 계정을 만들고 인력거의 경유지마다 영어와 한국어로 스토리를 담은 콘텐츠도 개발하고 있다고 한다. 중국 북경의 스차하이 호수 인근을 가득 메운 인력거를 본 적이 있는가? 일본의 아사쿠사나 유후인, 또 베트남, 캄보디아, 인도 등에서 보듯이 사실 인력거는 매우 규모가 커질 수 있는 비즈니스다. 뉴욕에는 무려 400달러짜리 인력거 관광 프로그램이 있다. 또 주변 관광지, 상점, 호텔 등과 연계하면 시너지도 엄청날 것이다. 나는 인재씨가 열정과 아이디어를 불태우면 머지않은 시간 안에 꿈을 이룰 수 있으리라고 생각한다. 아마도 그때쯤이면 금융회사 직원으로는 상상할 수 없는 부와 자부심도 함께 가질 수 있으리라.

물론 아띠 인력거의 세계적인 성공을 '장담'할 수는 없다. 하지만 한 가지는 분명하다. 인생은 끊임없는 도전이라는 것, 도전하지 않으면 성공도 없다는 것, 그리고 그 도전을 위해서는 남과 다른 용기와 열정이 필요하다는 것.

이러한 도전정신을 젊은이들 각자의 개인적 패기에만 기댈 수는 없다. 사회적 여건 마련과 가족의 응원이 필요하다. 다양한 직업에 대한 존중이 필요하다. 그러기 위해서는 자신과 다른 가치를 인정하고 흔쾌하게 성원해줄 수 있는 인식의 변화가 선행되어야 한다. 농경사회의 '사농공상' 마인드로는 글로벌화된 초연결사회의 일자리를 설계할 수 없다. 2만 개가 훨씬 넘는다는 현대사회의 다양한 일자리, 거기에는 서열도 귀천도 없다. 다만 그 일들을 씨줄로 삼고, 기업가 정신, 아이디어, 실행력을 날줄로 한다면 누구도 흉내 낼 수 없는 내일Tomorrow을 만들 수 있는 내 일My Job이 될 것이다.

'1+1+1' = 삶, 일 더하기 일 더하기 일은 '삶'이다.

우리는 평생 얼마나 일을 할까?

21세부터 65세까지 주당 평균 40시간을 일한다고 했을 때 약 91250시간에 이른다. 우리가 78세까지 산다고 친다면 일생에서 먹고 자는 시간을 빼고 22.4%에 해당된다고 한다. 그야말로 거의 평생 일만 하다가 생을 마감한다는 생각이 든다. 이 계산은 미국 사람이 한 거니까 아마 노동시간이 긴 우리나라의 경우 더 큰 수치가 나올 것이다. 그렇다. 우리는 인생에서 가장 많은 시간을, 가장 중요한 시기를 일로 채우고 있다. 평생 어떤 일을 했느냐에 따라 그 삶에 대한 평가가 좌지우지된다고 해도 과언이 아니다. '일 더하기 일 더하기 일은 단지 삼(3)이 아니라 삶'인 것이다. 일은 우리의 삶 바깥에 있는 것이 아니라 내부의 한 구성요소이다. 하루종일 녹초가 되도록 일하고 집에 돌아와야 비로소 삶이 시작되는 것이 아니다. 이런 측면에서 우리가 흔히 쓰는 '삶과 일의 밸런스'는 틀린 말이다. 이보다는 '삶을 위한 일의 밸런스'가 맞는 말이다. 일은 삶의 중심에서 나의 운명을 좌지우지하는 지렛대의 역할을 한다. 일이 없거나 사라지는 순간 삶은 방향을 잃고 사방팔방으로 흩어져버린다. 일은 단순한 경제적 수단이 아니라 인생을 살아가는 하나의 방식이다. 자신의 일을 사랑하지 않고는 인간으로 성숙할 수 없고, 성공도 이룰 수 없다는 메시지를 우리가 만났던 전 세계의 청춘들은 실천하고 있었다.

그들은 분명 일을 사랑했지만 일을 무턱대고 '많이' 하지는 않았다. 일에 열정을 다했지만 압도되지는 않았다. '일'을 자신의 삶에서 따로 떼어 어떻게든 기피하거나 억지로 하지 않고, 삶의 일부로 적극적으로 받아들여 행복과 꿈의 도구로 사용한 '깨달은 자'들이었다.

이 책을 읽는 청춘들에게 다시 한번 당부하고 싶다.

"내 일이 없으면 내 삶도 존재하지 않는 것이다."

어려운 시대이다. 일자리 문제는 쉽게 해결되지 않을 것이다. 그러나, 그럼에도 불구하고, 청년들이여, 안간힘을 다해 이 시대의 한계를 이겨내고 세상에 제 몫을 요구하며 내 일을 찾으라. 지금 당장의 밥벌이가 곧 직업이라고 말하는 목소리들을 딛고 반드시 행복하게 일할 수 있는 나만의 일을 발견하라. 내:일을 찾는다는 것, 그것은 청춘의 사명이자, 반드시 그리 될 수 있도록 구직자들을 지원하고 끝까지 대안을 모색해야만 할 우리 사회의 의무이다.

장차 어느 날, 이 책의 후속판을 만들 때는, 우리가 바로 그대를 찾아갈 수 있길 바란다. 그대 스스로 자기만의 내:일을 트렌드로 만든 선구적 모범사례로 등장해 그 잡트렌드의 전파자가 될 수 있길 바란다.

청년들이여, 내 일이 이끄는 삶, 내일이 이끄는 삶을 살라.

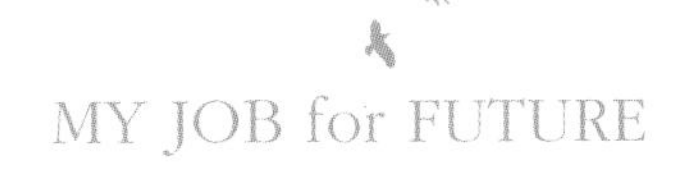
MY JOB for FUTURE

김난도의 내:일

내 일을 잡으려는 청춘들이 알아야 할 11가지 키워드

1판 1쇄 2013년 7월 4일
1판 2쇄 2013년 7월 10일

지은이 김난도 이재혁
펴낸이 강병선
책임편집 이연실 | 편집 염현숙 | 자료정리 조미선 | 독자모니터 강정은
디자인 MONO 엄혜리 | 저작권 한문숙 박혜연 김지영
마케팅 우영희 이미진 나해진 김은지
온라인마케팅 김희숙 김상만 이원주 한수진
제작 서동관 김애진 김동욱 임현식 | 제작처 영신사

펴낸곳 (주)문학동네
출판등록 1993년 10월 22일 제406-2003-000045호
임프린트 오우아
주소 413-120 경기도 파주시 회동길 210
전자우편 editor@munhak.com | 대표전화 031)955-8888 | 팩스 031)955-8855
문의전화 031)955-2660(마케팅) 031)955-2651(편집)
문학동네카페 http://cafe.naver.com/mhdn | 트위터 @munhakdongne

ISBN 978-89-546-2191-5 03320
* 오우아는 문학동네 출판그룹의 임프린트입니다.

* 이 도서의 국립중앙도서관 출판시도서목록(CIP)은 e-CIP 홈페이지(http://www.nl.go.kr/ecip)와 국가자료공동목록 시스템(http://www.nl.go.kr/kolisnet)에서 이용하실 수 있습니다.
(CIP제어번호: CIP2013009897)

www.munhak.com